de Daniel Barbey

déc. 03

MÉMOIRE
D'UNE SUISSE EN GUERRE

Fabienne REGARD – Laurent NEURY

MÉMOIRE D'UNE SUISSE EN GUERRE

La vie... malgré tout (1939-1945)

ÉDITIONS
CABÉDITA
2002

L'éditeur ainsi que les auteurs tiennent à exprimer leur sincère reconnaissance aux institutions et cantons suivants qui ont permis la réalisation de cette œuvre de mémoire. Il s'agit de la Loterie Romande, du Fonds de loterie SEVA du Canton de Berne, de Pro Helvétia Fondation suisse pour la culture à Zurich et du Département de l'instruction publique et des affaires culturelles du Canton de Neuchâtel.

Couverture: La rencontre entre une SCF et un aviateur (coll. Davoine-Rosselet).

BP 16, F-74500 Saint-Gingolph
Internet: www.cabedita.ch

ISBN 2-88295-365-8

Préface

Les souvenirs des acteurs et des témoins de la période de la Seconde Guerre mondiale en Suisse auraient pu être patiemment et sereinement recueillis et archivés au fil des ans. Mais nombreux étaient ceux qui estimaient que l'histoire avait été écrite une fois pour toutes et qui considéraient les récits de la «Mob» comme de vieilles rengaines pour les soirées de contemporains. L'intérêt pour la mémoire de cette période était quasi inexistant.

A partir de 1996, les citoyens suisses ont été confrontés à une série de nouvelles interprétations de leur passé, que certains ont ressenties comme autant d'électrochocs. En particulier des hommes, à qui avait été imposé le lourd sacrifice de la mobilisation générale durant plusieurs années de guerre, ont mal compris qu'on puisse émettre des doutes *a posteriori* sur leur apport au maintien de la paix en Suisse de 1939 à 1945. Qu'y avait-il de vrai dans les accusations portées? Comment interpréter les documents et les faits sans tenir compte de leur contexte? Il semblait difficile de réévaluer le passé sans que cela soit assimilé à une tentative de déstabilisation de l'identité helvétique. Un fossé paraissait se creuser entre le langage des documents et les explications de la génération de la guerre. Celle-ci s'est opposée à la nouvelle historiographie pour défendre l'histoire de sa vie, jamais remise en cause jusque-là. C'est dans cette situation que s'est fait particulièrement ressentir l'ignorance de ce que les Suisses et Suissesses avaient vécu durant la guerre. La connaissance de cette mémoire devenait alors un enjeu majeur permettant notamment d'intégrer les nouvelles interprétations historiques dans une vision plus approfondie du passé tel qu'il avait été vécu et ressenti.

C'est dans ce contexte qu'est né le projet Archimob, Association pour la collecte et l'archivage des témoignages sur la période de la Seconde Guerre mondiale en Suisse, fondée en mai 1998. Son objectif était d'instaurer un dialogue avec la génération concernée afin de combler le manque d'informations à disposition sur le vécu du peuple suisse durant cette période et de créer, sur la base d'une grande collection de témoignages filmés, une «mémoire audiovisuelle». Les récits de vie de cinq cent cinquante-six témoins, qui ont été recueillis dans toutes les régions du pays et dans les quatre langues nationales, nous transmettent une connaissance qui va au-delà des simples faits et qui révèle des expériences personnelles, des pensées, des sentiments, des ambiances, des souvenirs individuels et collectifs. Ils nous informent sur l'expérience subjective et sur une multiplicité de points de vue qui n'apparaissent pas ou peu dans d'autres documents historiques.

Dresser à partir de ce matériau un portrait historique est un exercice délicat: une représentation réaliste se situe quelque part entre les faits et la subjectivité, quelque part entre les documents et l'expérience vécue, l'histoire personnelle. Il ne s'agit pas de prendre parti, mais de donner à voir la multiplicité des voix et des parcours de vie qui les ont façonnées.

C'est à cet exercice complexe que se sont attelés cinq historiens associés depuis l'origine à l'aventure Archimob. Le présent ouvrage de Fabienne Regard et Laurent Neury, fondé sur les sources romandes, est en effet doublé d'un ouvrage écrit en allemand par trois historiens à partir des sources alémaniques. Ces livres montrent tous deux la richesse que révèlent nos archives audiovisuelles. Nous remercions ces cinq auteurs pour leur patient travail et espérons vivement qu'il incitera d'autres chercheurs, historiens, enseignants, passionnés de l'histoire, à explorer cette matière première constituée de mille heures d'entretiens.

Pour l'association Archimob en Suisse romande:
Frédéric GONSETH (président), Nadine FINK, Laurence NICOLET,
Marc REYMOND, Marc-Antoine SCHÜPFER

Introduction

«Vous qui étiez en Suisse de 1939 à 1945, aviez-vous l'impression d'être en guerre?» A cette question un peu provocante, la plupart des témoins francophones répondent par l'affirmative. Etre en guerre, c'était être mobilisé comme simple soldat ou comme officier, frémir au survol de sa maison par les avions alliés ou allemands, ne pas pouvoir sortir d'un pays qui s'entourait de barbelés, souffrir du rationnement et des réquisitions, etc., bref, avoir le sentiment de vivre une situation effrayante et éprouvante. Etre en guerre, c'était aussi et surtout vivre «tout simplement», faire des rencontres, se marier, concevoir un enfant, aller au travail, faire son marché, partir en vacances, pratiquer des loisirs, aller au théâtre ou au cinéma. Si le quotidien pouvait être exceptionnel, il était majoritairement normal et banal, comme si la vie d'avant continuait envers et contre tout. «La vie… malgré tout!» La photographie de couverture souligne le paradoxe apparent de la situation: une histoire d'amour entre deux mobilisés, l'un aviateur et l'autre SCF surveillant les passages d'avions au-dessus du sol helvétique. Certains pilotes descendaient en rase-mottes pour admirer de près ces jeunes filles qui les observaient avec des lunettes d'approche. Un contact plus suivi, une fois l'avion posé… Sans la Mob, ils ne se seraient sans doute jamais rencontrés!

En visionnant les récits Archimob, on peut affirmer que la Suisse était «un pays en guerre» ou du moins que les Suisses en avaient l'impression, les civils comme les militaires. Juridiquement, le principe de neutralité permettait à la Confédération de ne pas être considérée comme un belligérant, la Suisse n'étant en conflit ni avec l'Axe, ni avec les Alliés. Concrètement, les indigènes ou les étrangers accueillis en Suisse vivaient les conséquences des hostilités comme une situation *de facto* de guerre. La mémoire collective suisse se structure autour de cette idée: si elle a su éviter d'entrer en guerre, la Suisse n'a pas pu préserver ses habitants des répercussions du conflit qui se jouait autour de son territoire. Souvent, le témoignage vise cette reconnaissance d'un statut que les critiques actuelles ne prennent pas en compte.

Cet ouvrage s'inscrit dans une période spécifique de la mémoire collective suisse face à la Seconde Guerre mondiale. Pendant presque cinquante ans, les Mobards ont été perçus comme des héros ayant sauvé la Suisse d'une invasion des forces de l'Axe. Célébrés lors des manifestations commémoratives, n'ont-ils pas préservé, au prix de lourds sacrifices, les valeurs fondamentales de l'Helvétie? Soudain, en 1995, les critiques extérieures ont démoli un mythe progressivement construit par les historiens officiels et les Mobards eux-mêmes. Les voix dissidentes sont devenues majoritaires, le politiquement correct a changé de camp. Destitués, les héros d'hier ont rejoint le banc des accusés, dans un rôle qu'ils ne sont pas prêts à assumer. L'opinion publique ne reconnaît plus ses intellectuels, l'Etat en charge d'autres d'écrire une nouvelle histoire officielle. Sept ans plus tard, le rapport final de la Commission indépendante d'experts suisse-Seconde Guerre mondiale paraît. Surmédiatisé, il est présenté comme la conclusion d'une relecture historique entamée depuis plusieurs décennies. La sanction est immédiate, les protagonistes s'insurgent.

En 1997, un cinéaste vaudois, Frédéric Gonseth écoute en coulisses ces voix venues du passé. Germe alors l'idée d'un projet novateur: enregistrer et filmer ces témoignages en leur restituant une valeur historique. Dans un premier temps, les historiens officiels ne manifestent aucun intérêt pour une entreprise jugée irréalisable. Suivant les conseils de Daniel Bourgeois (Archives fédérales de Berne), Frédéric Gonseth contacte l'équipe de recherches du CHERSA. Rapidement, Archimob se crée avec l'idée de réunir historiens oralistes, documentaristes cinéastes et archivistes. Deux ans sont nécessaires pour financer la collecte et la conservation de plus de cinq cents témoignages filmés de personnes ayant vécu en Suisse, de 1939 à 1945. Sur l'ensemble du territoire, trois équipes – soit une cinquantaine de collaborateurs – travaillent dans les quatre langues nationales. De 1999 à 2002, cinq cent cinquante-six récits de vie sont recueillis, enregistrés par des professionnels, indexés et mis en valeur par une base de données.

Ecrit à quatre mains, *Mémoire d'une Suisse en guerre* est l'un des trois projets d'utilisation des interviews Archimob. Deux ouvrages destinés à un large public – un en allemand et celui-ci en français – sont rédigés par les historiens de l'équipe Archimob disposant d'une utilisation prioritaire des données collectées. Ecrit par Tanja Wirtz, Thomas Gull et Christophe Dejung, le livre *Landigeist und Judenstempel,* sera publié par Limmat Verlag, en 2002. Sur support audiovisuel, une exposition nationale tournera, à partir de janvier 2004 dans la plupart des grandes villes, puis sera présentée à l'étranger. Dans la majorité des cinémas suisses, un film interactif sera projeté dans les salles et permettra au public de choisir lui-même son voyage au cœur de l'Histoire et de la mémoire. Se fondant essentiellement sur les témoignages francophones de la collection Archimob, ce livre est rédigé par deux universitaires genevois de l'IUHEI: Fabienne Regard, docteur en sciences politiques, chargée d'enseignement, spécialiste en histoire orale et Laurent Neury, doctorant en histoire et politique internationales.

N'étant pas un simple recueil de témoignages, *Mémoire d'une Suisse en guerre* explore les méandres des souvenirs de deux cent six individus: femmes, enfants et hommes nés en Suisse ou en Europe qui se sont trouvés en Suisse pendant la Seconde Guerre mondiale, par hasard ou par nécessité. Venant de divers horizons géographiques, socioprofessionnels, confessionnels et politiques, ils ne partagent pas les mêmes expériences de vie. Leurs récits permettent de peindre un tableau nuancé de la Suisse de l'époque. Dans leur diversité, ils sont représentatifs de la complexité d'une réalité nationale. Certains, désireux de répondre aux accusations portées contre leur génération, souhaitent prendre la parole et expliquer leur point de vue. Tous ont signé une lettre-accord autorisant Archimob à utiliser publiquement leur entretien. Si nombre d'entre eux s'investissent dans les débats en cours, d'autres restent loin des polémiques. Ces derniers ont accepté de répondre à nos questions par pure gentillesse et désir de participer à une recherche scientifique.

Un historien et un cameraman/preneur de son se sont rendus au domicile du témoin pour l'interview. En moyenne, les entretiens durent une heure et demie pendant laquelle le témoin aborde librement les

Un tournage Archimob (France, 2001) (coll. Archimob).

thèmes présélectionnés. Après la collecte des cinq cent cinquante-six interviews, un travail d'indexation systématique des données a permis de mesurer la richesse du matériel recueilli et d'en envisager l'utilisation scientifique et artistique. Le bilan: 556 récits, 900 heures d'images et de son, une centaine de sujets, 36 000 mots clés.

Lors des entretiens, les témoins ont mentionné ou montré des documents personnels tels que photographies, lettres, journaux intimes, films, presse de l'époque, cahiers d'école, dessins/caricatures, recueils de recettes de guerre, livrets de service et objets souvenirs de la Mob (tabatière, portraits du Général Guisan, porte-monnaie, sucrier, cendrier, couteau suisse, morceau d'obus, armes, vêtements, uniformes). Ces petits bouts d'un réel encore présent semblaient, d'une certaine manière, apporter une preuve de la véracité de leurs récits de vie. Au domicile des interviewés, un scannage a permis de numériser nombre de ces trésors oubliés.

Dans la mesure du possible, les témoignages et les discours historiques sont mis en résonance. N'oublions pas que les écrits historiques sont des constructions *a posteriori* sur une réalité vécue une seule fois et non réactualisable. Toutefois, le scientifique essayera, s'il le peut, de restituer l'événement, ses significations et son contexte. Attention, il n'est pas question de vérifier la véracité des dires en les comparant à un document écrit qui serait plus «objectif». S'il entre en contradiction avec d'autres sources, le témoin n'a pas automatiquement tort. Il existe autant d'erreurs, d'approximations et de contrevérités fortuites ou volontaires dans les sources écrites que dans les autres.

La conception de cet ouvrage vous surprendra peut-être, au début. La lecture de ce livre est conçue comme un voyage au pays des mémoires. Laissez-vous porter par l'écho de ces voix qui racontent leur passé et se répondent sans s'être jamais rencontrées. Laissez-vous emmener pour une visite guidée dans le quotidien de ces témoins par le truchement d'une centaine de photographies, toutes inédites, et de documents d'époque. Sur la centaine de thèmes répertoriés dans notre collection, nous avons retenu trois pôles: la vie quotidienne, la défense du pays et le refuge.

Leurs vies

De nombreux témoins appellent les historiens à se pencher sur la vie quotidienne de la guerre: si ces derniers comprennent les difficultés d'alors, ils relativiseront leurs critiques. Selon eux, il s'agit d'expliquer qu'une existence en temps de guerre n'est pas une sinécure et qu'il est facile de porter un jugement hors contexte.

Après 1945, les historiens étudient plutôt la dimension politique et militaire de la Suisse pendant la guerre. Ce n'est qu'à partir des années 1970 que l'histoire sociale acquiert ses lettres de noblesse et se penche sur le quotidien, les femmes, la vie! Depuis peu, les débats historiques se focalisent sur des thèmes plus polémiques: l'or nazi, la politique de collaboration du gouvernement, les transactions avec l'Allemagne, le refuge ou les refoulements des juifs. La mémoire du quotidien est transmise par les grands-parents à leurs petits-enfants, au gré des conversations ou des repas familiaux.

Entre 1939 et 1945, l'une des priorités de nos témoins est d'assurer le quotidien des leurs. Si les situations divergent, les préoccupations basiques sont les mêmes quels que soient les milieux socioculturels ou les régions: manger, n'avoir ni chaud ni froid, se vêtir convenablement, s'informer, se divertir. Au regard de nos conditions de vie actuelles, ces soucis n'ont pas la même portée. Il faut se resituer dans le contexte de la guerre où une perte d'argent induit des situations catastrophiques, où les tâches les plus banales deviennent problématiques, où la moindre peur est amplifiée. Tous ces hommes, femmes et enfants vivent sous une chape d'angoisses qui détermine, dans une certaine mesure, leur vie quotidienne. On ne peut comprendre leurs actes et pensées sans se replonger dans l'atmosphère de cette période: liée à la situation géostratégique, à la guerre aux portes du pays, à la présence allemande réelle ou supposée.

«ON A PEUR!»

Actuellement, la peur devient un enjeu dans les débats sur l'attitude de la Suisse pendant la Seconde Guerre mondiale. Des mots tels que «angoisse», «peur», «crainte», «trouille», «frousse» reviennent à de nombreuses reprises. Selon nos témoins, elle justifie certaines décisions qui, avec le recul, apparaissent choquantes. Tous insistent sur cette angoisse vécue au quotidien: crainte des bombardements, de l'invasion, des espions, de la Cinquième colonne. En ces temps troublés, doutes, suspicions, rumeurs, faux bruits sont amplifiés et peuvent se transformer en hystérie collective.

Le syndrome de l'encerclement

Dans toutes les interviews, y compris celles des réfugiés et internés, ce thème est récurrent:

> «La Suisse encerclée, ce n'est pas du tout une image! C'est la vérité! Nous étions encerclés!»
> *Edmond Pidoux, interviewé le 27 janvier 2000, par N. Fink, à Pully*

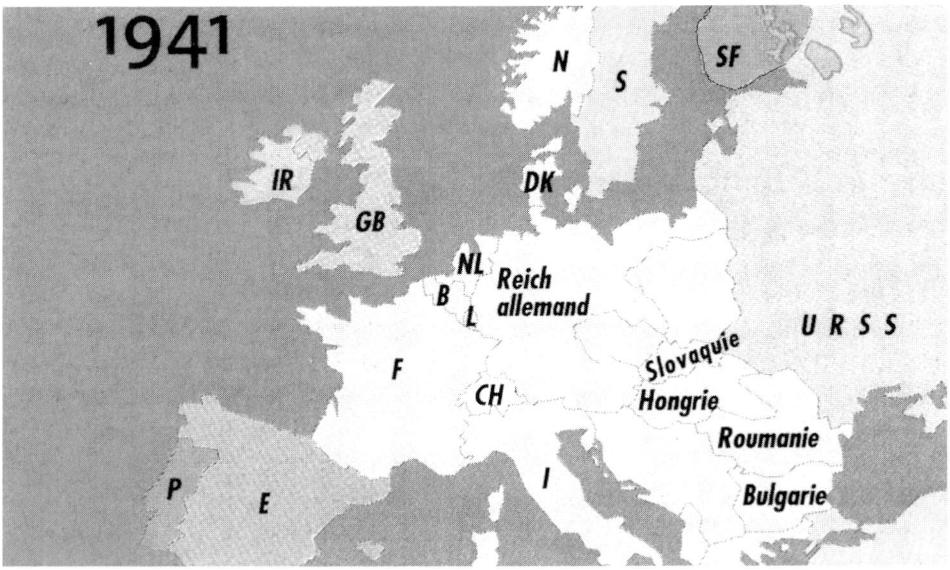

La Suisse encerclée par l'Axe, in La neutralité de la Suisse, *Berne, Service de la documentation du DDPS, 2000.*

Tous les témoins insistent sur cette sensation d'être étouffés et cernés. Ils s'attendent à une invasion, à ce que la Suisse entre officiellement en guerre. Assez rapidement, les autorités s'en rendent compte et tentent d'y remédier par les mesures suivantes:

Le 15 février 1939, le Conseil fédéral prend un arrêté sur l'évacuation obligatoire de la population civile, en temps de guerre, sur ordre de la direction de l'armée. Celle-ci doit assurer le transport des civils dans une première zone de protection, aux frais de la Confédération. L'Office fédéral de guerre pour l'assistance a la responsabilité de choisir les localités où les évacués sont mis à l'abri. Les cantons et communes d'accueil doivent préparer et assurer leur réception. Le 7 mars 1939, en cas d'évacuation, les ménages vivraient en commun avec des compatriotes de condition similaire. Le 20 avril 1940, le Conseil fédéral et le commandement de l'armée communiquent des directives en cas de combat aux frontières ou dans le pays. Les militaires non mobilisés, ainsi que tous les hommes dispensés, en congé, doivent se présenter immédiatement à l'autorité militaire. La population civile est encouragée à poursuivre son activité et respecter les consignes. Les plans d'évacuation prévoient le départ de presque 455 000 hommes, dont 173 000 pour la ville de Zurich (position de la Limmat), 40 000 pour Bâle.

Pour les civils

Dans les régions frontières, germanophones ou italophones, les témoins se sentent moins rassurés en raison des mouvements de troupes dans les pays voisins. A contrario, la Suisse romande est décrite comme relativement insouciante malgré l'arrivée des Allemands puis des Italiens, en Haute-Savoie. A Lugano, Vera Conelli-Rey craint les soldats de l'Axe qui n'ont que les ponts à traverser pour pénétrer sur territoire helvétique. A La Neuveville (BE), Fritz Burki est sûr que les troupes du Reich vont envahir la Suisse alémanique. En mai 1940, son père policier reçoit des consignes afin d'organiser la lutte et le repli en cas d'attaque. D'une manière générale, les Suisses des montagnes se sentent plus en sûreté que les autres. Ces derniers s'estiment protégés par les remparts naturels qui les entourent: les blindés ne sont pas prêts de franchir les cols alpins!

En revanche, l'angoisse étreint toutes les classes sociales, professions et milieux culturels en particulier au moment où les Suisses apprennent la défaite et la débâcle françaises. A la mi-1940, la nouvelle de l'arrivée allemande aux frontières, après l'Armistice signé avec Pétain, se propage rapidement. L'apprenant de la bouche de son père, Robert Iselin ressent une «trouille colossale»! Cette expression désigne, selon lui, le sentiment général éprouvé en 1940. Sur les conseils de son père mobilisé, Madeleine Cressier se prépare à un exode, à l'intérieur du pays (elle appelle cet endroit «Réduit» même si, à cette date, ce dernier n'est pas encore effectif):

«Ce que je me rappelle surtout, c'est de juin 40. C'est là qu'on a le plus pris conscience de l'état de la guerre! Parce qu'on s'attendait à ce que les Allemands passent par la Suisse. On était presque sûrs d'être envahis! D'ailleurs, on avait dû préparer des valises pour être évacués dans le Réduit national. Et, mon père nous avait téléphoné, il était, à ce moment-là, remobilisé du côté d'Argovie; il nous avait téléphoné: ‹Si vous pouvez venir me voir dimanche, essayez de venir parce que probablement qu'on sera envoyé en première ligne sur le Rhin!› Il était pontonnier! ‹On sera envoyé en première ligne, sur le Rhin, et on sera les premiers attaqués et on ne sait pas si on se reverra!› On avait préparé un petit bagage avec le strict nécessaire. Je crois que tous les Suisses du Plateau ont dû le faire!»
Madeleine Cressier, interviewée le 23 mai 2001, par L. Neury, à Lugnorre

Le départ des Bâlois qui se replient vers la Suisse intérieure renforce cette angoisse:

Entre le 14 et le 16 mai 1940, plus de 20 000 personnes quittent la région bâloise pour la Suisse centrale ou la Suisse romande, en voiture ou en train.

Mobilisé à Dietikon, Jo-Johnny ressent «sa première peur» lorsqu'il assiste à «l'évasion» de ces Bâlois: «ça sentait un peu le gaz»! Quand Fritz Burki voit ces «fuyards», son père policier reçoit un coup de téléphone annonçant un risque maximum d'invasion. A Champéry (VS), Marguerite Constantin-Marclay se souvient des pensionnaires louant le chalet familial nommé le Bon-Accueil. Ils dissimulent des valises remplies, selon elle, de bijoux, d'actions, de billets ou de papiers de valeur.

«On avait des Suisses allemands qui venaient en vacances et puis se cacher. Nous, on a loué, pendant deux ans, ici, à une famille Stampfli, de Soleure; le frère de ce monsieur était Conseiller fédéral. Ils avaient peur d'être envahis par les Allemands! Et, je me souviens toujours que ce Stampfli – il y a un cagibi, dans la pièce au-dessus – l'avait rempli de valises avec du linge et des choses de valeur. C'était secret et bouche cousue! Et papa et maman avaient, sous leur lit – c'était bien de la naïveté ça aussi! – une valise. Monsieur et Madame Stampfli avaient dit: ‹S'il arrive quelque chose, laissez tout ce qu'il y a au Bon-Accueil mais sauvez cette valise!› Je sais pas ce qu'il y avait dedans

mais certainement pas des petits cailloux ou des petits colliers en couleurs! Le jour où ils sont partis, je sais que papa et maman, ils ont fait ‹ouf› quand la valise est partie!»
Marguerite Constantin-Marclay, interviewée le 10 mai 2000, par F. Regard et L. Neury, à Champéry

Nous pouvons expliquer cette panique de mai-juin 1940 par plusieurs facteurs dont les protagonistes n'ont pas conscience alors: le choc de la guerre éclair, le survol de la Suisse par des avions, l'arrivée des soldats français en déroute, la propagande allemande, les cafouillages des SR suisses, les ratés des autorités chargées de l'évacuation, l'alarmisme des médias, le manque d'informations qui facilite la propagation des rumeurs et des on-dit. Peu de témoins évoquent les plans d'invasion de la Suisse qui circulent dans la presse ou sous forme de tracts distribués par les avions nazis. Seule Simone de Rham affirme avoir eu en main des cartes géographiques nazies incluant la partie germanophone de la Suisse, en un «grossdeutschland». Beaucoup insistent sur la diffusion de rumeurs d'invasion amplifiées par le bouche à oreille mais «peut-être sont-elles fausses», concède Pierre Cuenoud.

Nous pouvons distinguer plusieurs opinions parmi la population:

«Il n'y aura pas d'invasion, l'Allemagne n'a que faire de la Suisse!» nous disent certains. Cette tendance, largement minoritaire, se retrouve dans le témoignage de René Krebs. A proximité de la frontière jurassienne, il travaille pour les SR suisses et passe, souvent, de l'autre côté. Habitant en France avant la guerre, il a connu l'Exode et se trouve à Vichy au moment où Pétain y installe son gouvernement. Cette expérience lui permet de relativiser et de se sentir en confiance lorsqu'il est en Suisse.

«On est prêts! L'Allemagne peut attaquer, on se battra jusqu'au dernier!» rétorquent d'autres. En 1939, Simone de Rham apprend à tirer au fusil, avec sa mère et sa sœur, au stade de Lausanne.

«En 1939, je suis allée au stade de la Pontaise pour apprendre à tirer au fusil de guerre et pouvoir faire de la guérilla de maison à maison, s'il le fallait. Je tire encore pas mal du tout; je vais, chaque année, au tir aux pipes, à Lausanne. On était beaucoup de femmes: ma mère, ma sœur et nous n'étions pas seules! Nous avions la certitude d'être envahies et qu'il fallait nous défendre jusqu'à la dernière. Cette angoisse, nous l'avons eue jusqu'au dernier jour!»
Simone de Rham, interviewée le 17 août 2000, par F. Regard et L. Neury, à Lonay

A l'Hôpital universitaire de Zurich, médecin,Verena Stoeckli est mobilisable par l'armée, en cas d'invasion. Paysanne des Verrières, Germaine Garin souhaite qu'en cas d'invasion, on lui donne une mitraillette pour «anéantir quelques Boches».

«Il faut se montrer réalistes et attendre de connaître son sort, une fois que l'Allemagne sera maître du pays!» concèdent d'autres civils. Cette tendance s'exprime jusqu'à la fin de l'année 1940. Ils évoquent les bruits (avions, sirènes, explosions) qui déclenchent une crise d'angoisse car ils sont perçus comme l'annonce d'une invasion soudaine. Lorsqu'elle entend les sirènes et les avions, Georgette May se réfugie dans la cave et attend. Jacques Stendler se rappelle l'hystérie de sa mère lorsqu'elle écoute, depuis La Brévine, sauter les ponts français, en mai 1940. Toutefois, France Christoff-Secretan établit une nuance que l'on retrouve dans de nombreux témoignages: être inquiet ou avoir peur ne signifie pas être défaitiste et vouloir s'aligner. Nous pouvons davantage y voir un processus d'accommodation forcée face à un contexte qui leur échappe. Robert Iselin est plus catégorique: si les Allemands attaquent, les Suisses vont avant tout «sauver leur peau»!

Pour les militaires

Dans le monde militaire, le défaitisme n'est jamais évoqué, sauf pour condamner quelques «brebis galeuses».

Le 15 mai 1940, le Commandant en chef de l'armée, Henri Guisan, adresse un ordre d'armée urgent à l'intention de la troupe. En cas d'invasion de la Suisse, il recommande la résistance à outrance. «Tant qu'un homme a encore une cartouche à tirer ou son arme blanche, il n'a pas le droit de se rendre!»

Pour nos témoins, la peur de l'invasion, si elle est oppressante, fonctionne comme un catalyseur: ils parlent du *Widerstandsgeist*, l'esprit de résistance. Les injonctions du Général Guisan, relayées par une propagande militaire efficace, fonctionnent pour quatre raisons: le respect de la hiérarchie et la confiance en une autorité supérieure incarnée par Guisan; le modèle de l'homme viril et combatif qui ne transige pas, diffusé dans la société d'avant-guerre; la volonté de défendre les valeurs prônées par la *Landi*; la peur pour ses proches et ses biens que les Allemands ne doivent pas toucher.

Selon Georges-André Chevallaz, de juin à août 1940, officiers et soldats entrent dans une période d'incertitude face à une éventuelle invasion de la Suisse. Pour répondre à cette menace, les préparatifs s'accélèrent: préparation des positions, missions de garde. Juin 40 est «le moment du grand danger»!

> «Quand j'y réfléchis, quand je pense aux campagnes des blindés de Guderian, à travers la France, et que je vois le mince rideau que le cours de la Mentue ou les forêts du Jorat faisaient, je me dis: ‹Nous n'aurions pas tenu le coup, là, les Allemands auraient pu envahir d'un coup et arriver jusqu'à nous.› Pourquoi ne l'ont-ils pas fait? Parce qu'ils ne tenaient pas à créer un nouveau théâtre de guerre qui eût été, quand même, un théâtre de résistance. Ils s'attendaient à ce que les Suisses se battent sérieusement et ils craignaient qu'ils se réfugient dans les Alpes pour y barrer les axes principaux et qu'ils mènent, là, une guerre de guérilla qui serait coûteuse. L'autre raison, c'était l'utilisation de la neutralité suisse pour leur commerce et la fabrication d'armes. Les deux choses ont joué un rôle. Ça, nous ne le savions pas dans le détail! C'est l'historien que je suis qui, cinquante ans après, a étudié et est reconnu!»
> *Georges-André Chevallaz, interviewé le 6 octobre 1998, par F. Gonseth, à Epalinges*

La majorité de nos témoins identifient clairement la menace, en mai-juin 1940. L'armée nazie peut soit traverser le pays afin de gagner la France, soit occuper la Suisse de manière définitive. Les troupes du Reich viendraient de la terre (une percée des blindés allemands contre lesquels on pose des lance-mines, des mines antichars ou des obstacles de béton et barbelés) ou de l'air (surveillance accrue du trafic aérien par les SR, les SCF et les soldats). En juin 1940, Maurice Challandes craint une attaque par le ciel, des parachutistes pouvant être largués par des avions.

> «On se rendait compte, les Allemands sont terriblement forts. Nous, on est la prochaine victime! Je me souviens, on était encore au mois de mai quand on avait su qu'il y avait les parachutistes qui avaient attaqué la Hollande, etc. On craignait beaucoup les parachutistes en Suisse! On se disait: ‹C'est plus simple, pour eux, de venir par en haut que de passer par les montagnes!› Je devais aller sur un promontoire, dans le Val-de-Ruz, avec une section pour surveiller les parachutistes qui venaient. Depuis le matin, à trois heures et demie, on attendait

les parachutistes. Ils sont jamais venus! C'était un rendez-vous manqué, vraiment!»
Maurice Challandes, interviewé le 16 juillet 2000, par M. A. Schüpfer, à Neuchâtel

De nombreux Mobards échafaudent des scénarios catastrophes: quelle aurait été notre défense en cas d'attaque allemande contre la Suisse? Selon Pierre Scherler et Edmond Pidoux, les Suisses sont mieux préparés que les Français ou les Belges. Ils peuvent résister plus longtemps et avoir les Allemands à l'usure.

«Nous n'étions pas en guerre, nous étions sur pied de guerre! Si la guerre avait éclaté et qu'il avait fallu se battre, tout aurait changé mais les plans étaient faits pour cette modification. Chacun savait exactement ce qu'il devrait faire le jour où ce serait la mobilisation de guerre! Nous avions, tous, dans notre livret militaire la petite feuille rose. Nous savions exactement où aller et on devait y aller par n'importe quel moyen, c'était la rapidité qui comptait et on devait avoir deux jours de vivres. Les ennemis possibles savaient à quel point la Suisse était bien préparée, ils en ont tenu compte! La préparation a été plus importante que la présence de soldats aux frontières. La préparation a été la vraie défense nationale!»
Edmond Pidoux, interviewé le 27 janvier 2000, par N. Fink, à Pully

Paul-Emile Dentan est plus sceptique quant à la capacité de résistance de l'armée helvétique:

«J'avais trouvé un peu ridicule parce qu'ils avaient construit un petit abri, le long de la piste de l'aéroport de Cointrin, qui était longue de huit cents mètres, à l'époque. C'était pour des petits avions. Ils avaient creusé une espèce d'igloo en terre, ils avaient mis une mitrailleuse dedans, le long de la route qui menait à Ferney. Je me disais: ‹Si les troupes allemandes qu'on voit défiler dans les actualités cinématographiques passent par là, ils tiendront pas longtemps!»
Paul-Emile Dentan, interviewé le 18 février 2000, par M. A. Schüpfer, à Genève

Leurs prospectives aboutissent à une même certitude: en cas d'invasion, la défense se ferait sous forme de guérilla et de politique de la terre brûlée. La comparaison avec la Résistance française est d'ailleurs fréquente. Dans le cadre de la «pat-de-cha», Georges Candaux dissimule des munitions et repère des grottes, dans la région de Leday (VD), pour harceler d'éventuels envahisseurs:

«Avec la ‹pat-de-cha›, on était une équipe pour surveiller la région. On connaissait bien la région. Partout, il y avait des grottes! Il fallait amener des munitions. On pouvait s'y cacher. Une fois que l'ennemi vient, on pouvait lui foutre un coup par derrière! Une fois que les Allemands seraient rentrés dans notre région, on pourrait se terrer et attaquer par derrière!»
Georges Candaux, interviewé le 18 février 2000, par D. Pattaroni, à Vaulion

Cette tactique dite de «la petite guerre» est déjà théorisée en 1939, pour la Suisse, par des experts militaires:

«Guérilla, guerre de francs-tireurs ou de partisans, petite guerre, ce sont différents noms d'une seule et même chose. C'est la forme primitive du combat entre clans ennemis. C'est un combat qui ne recherche pas l'issue décisive, car il n'a pas encore été conçu sous la forme moderne dite totale; mais causer le plus de mal possible à l'adversaire, tel est le but poursuivi.»
Max Barthell, *La Défense de la Suisse en cas d'invasion*, Paris, Payot, 1939; pp. 98-99.

La perception du danger est différente de celle des civils car:
Les soldats sont en première ligne. Ils sont plus exposés, savent qu'ils risquent leur vie, en cas d'invasion. Tous nos Mobards pèsent le poids de leur responsabilité: il faut défendre les civils restés à l'arrière, les biens de tous, la culture et la mentalité helvétiques. En 1940, à Dietikon, Jo-Johnny reçoit l'ordre «d'engager la cartouche dans le fusil»: «On n'avait plus qu'à armer et à tirer!». Edmond Pidoux tente d'expliquer à l'interviewеuse la signification de l'encerclement:

«La peur, ce n'est pas ce que vous imaginez! Si j'avais cédé à la peur, je n'étais qu'un pauvre type effondré! Y a des ressources de vitalité, on a envie de se défendre des menaces. Ce qui fait que s'il avait fallu, à ce moment-là, passer la frontière et envahir ou la France ou l'Allemagne, on l'aurait fait! Certainement! Ça nous a été épargné mais c'était une des possibilités qui étaient envisagées par l'Allemagne nazie et le contraire, les Alliés.»
Edmond Pidoux, interviewé le 27 janvier 2000, par N. Fink, à Pully

Le refus de devenir allemand – ou nazi, ce qui est pire pour eux – se retrouve chez tous nos soldats, même au prix de leur propre mort. «Si les Allemands avaient envahi la Suisse, je ne serais pas là pour vous parler» rappelle Philippe Mottu.

Souvent, les militaires sont en contact direct avec la menace qui guette de l'autre côté des barbelés. Depuis le contournement de la fameuse ligne Maginot, tous savent qu'aucune frontière n'est infranchissable et que les «Boches» sont prêts à tout. A Saint-Cergue, en 1940, Albert Cordey épie, depuis l'observatoire, l'installation des garnisons allemandes. Parfois, les soldats suisses échangent même quelques mots avec leurs homologues allemands. Reclus à l'intérieur de Pré-Giroud, Willy Helfer se souvient de l'arrivée des Allemands à la douane du Creux. Il se rend alors compte de la supériorité de leur armée:

> «Les choses ne se passaient pas très loin de nous! On a vu, sur les crêtes du Mont-d'Or, on a vu arriver les soldats allemands qui patrouillaient. On les a vus arriver à la douane du Creux. Le premier soldat allemand est arrivé, il a mis son drapeau sur le portail du Creux!»
> *Willy Helfer, interviewé le 31 août 2000, par L. Neury, à Lausanne*

Durant son service actif, Willy Helfer ne connaît qu'une seule alerte sérieuse, lorsque les Français font sauter le portail du tunnel du Mont-d'Or, en juin 1940.

Face aux Allemands, à la douane du Creux (1940) (coll. Cachemaille).

La peur du bombardement

Le survol des bombardiers

> Le 9 octobre 1939, la population est invitée à prendre certaines dispositions en cas de survol du territoire national par des avions étrangers:
> 1. Si elle entend un tir contre avions ou perçoit un grand bruit de moteurs, elle doit se réfugier dans les abris spéciaux ou dans les caves. Il est interdit de demeurer sur place par curiosité et, en particulier, de monter sur les toits.
> 2. Dans les localités où la DAP est organisée, il faut quitter la rue dès que retentit le signal «alerte aux avions» (son de la sirène croissant et décroissant). Les abris et les caves ne peuvent être abandonnés qu'après le signal «fin d'alerte» (son de sirène élevé et continu) et l'autorisation ainsi donnée de la reprise du travail.
> Le 15 août 1940, la DCA peut ouvrir le feu sur les avions étrangers qui survolent le territoire suisse. L'attention des civils est attirée sur le fait qu'ils ne doivent, en aucun cas, se tenir à l'air libre pendant que la DCA tire.

Les habitants des régions frontalières ont peur des avions qui survolent le territoire car ils craignent un bombardement suite à une erreur d'appréciation des pilotes. Tous évoquent le bruit de ceux qui vont pilonner l'Italie, son différent à l'aller et au retour, en raison du poids des bombes. La plupart des témoins obéissent aux instructions données par les autorités. En cas d'alerte, ils se réfugient dans les abris souterrains ou les caves des immeubles. Malgré son angoisse, Alice Linder refuse de descendre: «Je me disais si ça tombe, je serai là-bas au fond, je préfère rester à la maison. Mourir en bas ou ici, c'est la même chose!» Lorsqu'elle entend, la nuit, les forteresses volantes survoler Champéry, la mère de Marguerite Constantin-Marclay les encourage:

> «Quand les avions anglais allaient bombarder Milan, ils passaient toujours ici vers minuit. On sortait sur le balcon parce qu'ils avaient les petites lumières! Maman leur donnait une bénédiction: ‹Allez, allez seulement, allez, donnez-leur seulement une bonne secouée.»
> *Marguerite Constantin-Marclay, interviewée le 10 mai 2000, par F. Regard et L. Neury, à Champéry*

Alice Siegrist a un autre point de vue:

«Quand ils allaient bombarder Milan, ils passaient toujours sur nos têtes, on avait le cœur serré parce qu'on se disait: ‹Ils vont faire, quand même du sale boulot, en allant bombarder là-bas.› Et, quand ils rentraient, on se disait: ‹Il y a des familles où tout est détruit, les maisons.› Ça nous impressionnait, malgré tout!»
Alice Siegrist, interviewée le 28 avril 2000, par D. Pattaroni, à Genève

Les bombardements sur la Suisse

Le 12 juin 1940, la gare de Renens est touchée par des bombardements alliés causant deux morts. La même nuit, d'autres bombes tombent aux alentours de Daillens ainsi qu'à Genève où deux personnes décèdent. Près d'une vingtaine de blessés sont hospitalisés à Lausanne et à Genève. Le gouvernement britannique reconnaît sa responsabilité due à des «conditions atmosphériques défavorables» et exprime ses profonds regrets à Berne. Les aviateurs anglais semblent avoir confondu la gare de Renens avec celle de Gênes ou de Côme. Le 16 décembre 1940, dans la nuit, des avions étrangers larguent des bombes, à deux reprises, sur Bâle. Douze bombes causent la mort de quatre civils. L'enquête établit que les avions sont de nationalité britannique. Le 1er avril 1944, trois escadrilles de bombardiers américains (quadrimoteurs Liberator B-24) lâchent des bombes sur Schaffhouse ce qui cause 36 morts, plus de 100 blessés, 105 habitations détruites.

Quelques-uns de nos interviewés sont sur place lorsque les bombes frappent le territoire suisse. C'est le cas d'Eliahou Eilon, réfugié juif qui se trouve à Bâle. Georges Candaux est sentinelle au moment du bombardement de Renens, il voit les explosions et les bombes éclairantes. Les Genevois évoquent le bombardement qui détruit partiellement Beau-Séjour. Le père de Robert Iselin est immédiatement informé de l'incident:

«Tout à coup, une sirène! Dans la propriété où vivaient mes parents, il y avait une maison de maître avec des caves, alors on se réunissait là-bas. Chaque fois, à une heure, deux heures du matin, on les entendait passer, les avions; sirène, on allait dans la maison de maître, chez

Bombardier américain Liberator, aérodrome de Dübendorf (mai 1944) (coll. Cachemaille).

le notaire. Peu à peu, comme il se passait jamais rien, on n'y allait plus. On s'en fout, on continue à dormir! Je peux vous raconter le bombardement de Genève. La bombe est tombée à Beau-Séjour. Beau-Séjour était occupée par des soldats, ça servait de petite caserne. Mon père était pas commandant de place mais c'était un copain à lui et il est revenu à la maison avec des morceaux d'obus. Il les a mis sur la table et a dit: ‹Regarde, ça fait un cercle, si tu prends ton centimètre, tu verras, c'est des mesures britanniques, c'est en pouces, c'est pas en centimètres.› On a su après coup, ce petit malin était pas très fort en géographie, a confondu Gênes (Genova) et Genève. Il y a des histoires qui sont revenues à la maison. Il y avait un soldat qui avait reçu le mur qui était à côté de son lit, sur sa tête. Il paraît qu'il s'était assis sur son lit et pensait que c'était une blague des copains et il a dit: ‹Bandes de salauds!› Tout le monde espérait que ce soit des Allemands! Que ce soit pas des Britanniques! Mais, mon père a dit: ‹Je suis désolé, c'est les Anglais!›»
Robert Iselin, interviewé le 4 juin 1999, par M. A. Schüpfer, à Genève

Charles Pochon affirme ne jamais avoir peur de l'ennemi mais, pendant le bombardement de Renens, s'être senti en insécurité. Selon André Ruffieux, le bombardement de Schaffhouse n'est pas «innocent» en raison de la présence d'usines d'armement. Deux témoins insistent sur le fait que la Suisse a été épargnée (mis à part les cas isolés évoqués précédemment). En particulier, Jean Buhler se demande comment les habitants auraient réagi sous des pilonnages intensifs, comme ceux de Londres.

Les peurs liées à l'obscurcissement

Les consignes d'obscurcissement semblent bien comprises par nos témoins. Les femmes posent des rideaux sombres aux fenêtres, éteignent les lumières aux heures indiquées, ferment les volets, bouchent les persiennes. Les cyclistes changent les phares de leur vélo contre des lumières bleues. Les Suisses s'équipent en lampes de poche ou s'entraînent à rouler de nuit.

Le 6 octobre 1940, le Commandant en chef de l'armée communique que les enseignes lumineuses, les lampes à arc et autres éclairages extérieurs qui ne font pas partie des éclairages publics normaux ou ne sont pas indispensables au trafic des entreprises de transports publics, sont interdits de la tombée de la nuit à l'aube. Le service territorial est chargé de veiller, en liaison avec le service de la DAP, à ce que la présente interdiction soit observée. Le 7 novembre 1940, à la suite de la violation de l'espace aérien suisse par des avions britanniques, le Commandant de l'armée, en accord avec le Conseil fédéral, ordonne l'obscurcissement de tout le territoire suisse dès 22 heures et cela jusqu'à l'aube. Les éclairages extérieurs doivent être supprimés et remplacés, quand cela est nécessaire, par des lumières bleues. Les éclairages intérieurs ne sont permis que si des mesures sont prises pour qu'ils soient invisibles du dehors. Il est recommandé de ne circuler qu'en cas de nécessité, en respectant les mesures d'obscurcissement. Le 1er avril 1942, l'obscurcissement débute à 21 heures et dure jusqu'à 4 heures. Par ailleurs, les feux des véhicules à moteur et des tramways sont blancs à condition d'être masqués afin de rester invisibles d'en haut. La lumière bleue de faible intensité est maintenue pour les cycles et les autres véhicules sans moteur. Le 13 septembre 1944, le Conseil fédéral décide, d'entente avec le Commandant en chef de l'armée, de supprimer l'obscurcissement nocturne sur tout le territoire suisse.

Pendant quatre ans, personne n'ose protester contre l'obscurcissement, malgré les désagréments: angoisse, accidents de circulation, limitation des sorties nocturnes. Gardien d'un immeuble genevois, Charles Bullinger fait, le soir, le tour des appartements pour vérifier que toutes les sources de lumière sont camouflées. Ces instructions ne sont pas toujours utilisées à bon escient. Parfois, elles contribuent à créer une atmosphère jugée inquiétante par les femmes seules. Georgette May nous raconte que plusieurs femmes décident de ne plus sortir le soir de peur d'être volées, agressées, accostées dans le meilleur des cas.

> «Les dames, elles devaient courir vite de temps en temps parce qu'il y avait des types qui profitaient de l'obscurcissement. Il y avait des attentions peut-être louables mais pas tout à fait avouables!»
> *Robert Iselin, interviewé le 4 juin 1999, par M. A. Schüpfer, à Genève*

Pendant la guerre, la nuit devient un moment «oppressant», négatif où l'on risque, parfois, sa vie. L'obscurcissement a sans doute contribué à la formation de cette peur collective. On ne traîne pas le soir, on hésite à laisser les gens seuls, on va vite se coucher en attendant avec impatience que le jour se lève.

Le fantasme de la Cinquième colonne

Cette peur est évoquée, sans incitation de notre part, lors de pratiquement chaque interview. Il est difficile d'oublier une atmosphère lourde de suspicion et culpabilisatrice. Selon nos témoins, les espions sont partout: voisins, camarades de mobilisation, étudiants, artistes, commerçants, réfugiés appartiennent à cette armée de l'ombre, à cette force invisible et subversive. Chacun se rappelle les campagnes d'affichage appelant au silence et à la méfiance:

> «La guerre, c'était: chut, taisez-vous, on vous écoute! Attention, vous êtes suivis! Faites attention, on vous écoute! Pourquoi est-ce que vous parlez? Pourquoi est-ce que vous marchez? Dans les gares, partout,

> partout, partout, il y avait une affiche: ‹Taisez-vous, taisez-vous, taisez-vous, on vous écoute!› Vous savez, ça, ça pèse à la longue!»
> *Marcelle Lecomte, interviewée le 28 avril 2000, par F. Regard et D. Pattaroni, à Bernex*

Cette angoisse correspond-elle à une réalité ou n'est-elle qu'un fantasme collectif? En tous les cas, nos témoins sont persuadés que des espions les surveillent et les écoutent réellement. Pour eux, envoyée par Hitler, «la Cinquième colonne» s'infiltre en Suisse et menace la quiétude de leurs foyers. Cette expression entre dans le langage courant, ils l'entendent à la radio ou la lisent dans les journaux, elle alimente les conversations de bistrots.

Où se cache-t-elle?

Souvent, le problème de nos témoins est de reconnaître les membres de cette organisation secrète et silencieuse. Vu que l'on ne dispose d'aucun profil type, toutes les hypothèses sont possibles et chaque individu est soupçonnable, surtout s'il est de nationalité allemande. Jeune fille «peureuse», Anne-Lise Wehrli-James surveille du coin de l'œil leur domestique allemande. Depuis sa chambre, elle élabore des stratagèmes pour la pousser en bas des escaliers, en cas d'attaque nazie.

> «La Cinquième colonne nous écoutait et on faisait attention, dehors, de ne pas parler de la guerre et de quoi que ce soit! Nous avions eu, une fois, une bonne qui nous a toujours semblé bizarre. Elle était allemande, elle avait un comportement bizarre, renfermé et curieux. Et puis, mes parents disaient: ‹C'est une espionne!› Nous n'étions pas tranquilles à son égard. Heureusement, elle a dû recevoir un ordre et elle est partie!»
> *Anne-Lise Wehrli-James, interviewée le 16 août 2000, par F. Regard et L. Neury, à Chêne-Bougeries*

De même, Robert Iselin soupçonne un camarade de classe d'origine allemande de vouloir voler les cartes d'état-major de son père, employé à la SDN et officier. Selon lui, ce garçon, fils du consul allemand, provoque, en 1941, un incendie au Collège Calvin.

Les étrangers, les asociaux, les marginaux sont jugés plus dangereux et, donc, surveillés, questionnés et isolés. La méfiance éprouvée à l'égard des réfugiés est entretenue par l'idée qu'en leur sein, s'infiltrent des espions. Vera Conelli-Rey évoque les interrogatoires auxquels son père assiste en tant qu'interprète, dans les camps. Le tout n'est pas seulement d'identifier l'individu susceptible d'appartenir à la Cinquième colonne.

Il faut systématiquement dénoncer les individus louches ou les personnes indiscrètes. La délation est encouragée par les autorités:

> «Surtout, on disait: ‹Silence, l'ennemi vous entend!› J'étais aux bains, à Berne, à midi. Voilà une môme qui raconte, en toute largeur, son bureau, bla, bla, bla! C'était, en fait, un bureau de contre-espionnage, de chez nous! Alors, moi, j'ai retenu le numéro de téléphone. Et puis, j'ai prévenu mon directeur: ‹Monsieur, voilà, ce que j'ai entendu aux bains.› Pour une fois, j'ai mouchardé. M'enfin, on se donne pas comme ça en public, dans un bain public, en racontant tout ce qu'on fait, dans tel ou tel bureau. Secret!»
> *Armand Wolf, interviewé le 16 août 2000, par F. Regard et L. Neury, à Lonay*

Il faut les empêcher de nuire et employer les grands moyens lorsqu'ils s'avèrent trop dangereux:

> «En 1940, on était conscients, en Suisse, qu'il y avait une Cinquième colonne qui s'était créée. La Cinquième colonne, c'étaient des nazis! Et puis, je recevais, comme tous les commandants de compagnie, un ordre secret que tel et tel soldats étaient de la Cinquième colonne. J'en ai un dans ma compagnie et il y en avait deux dans le village où j'habitais. On avait l'ordre de les liquider en cas de conflit déclaré avec l'Allemagne. On savait où ils étaient et je savais qui était le nazi dans ma compagnie.»
> *Willy Hubacher, interviewé le 20 novembre 2000, par F. Regard, à Diolly*

Pour lutter contre les rumeurs et faux bruits, il faut privilégier l'information:

> «Le but d'Armée et Foyer, c'était de diffuser l'information, avoir des oreilles parce que, souvent, il y avait des rumeurs, il y avait des défaitistes qui lançaient des bruits, des faux bruits. On allait être bouffés par les Allemands! Il valait mieux rester dans une bonne disposition pour accueillir les Allemands, des bruits comme ça. C'était ce qu'on appelait la Cinquième colonne et puis, il y avait l'incitation à l'espionnage. Armée et Foyer avait été institué pour lutter là contre, et puis pour rétablir la vérité. On devait écouter des conférences qui peu à peu formaient nos esprits. Il fallait éviter tout ce qui était des faux bruits, des choses qu'on trouvait un peu suspectes. On devait annoncer ça, à l'adjudance générale d'Armée et Foyer. J'avais des adresses! Il y a des gens qui racontaient des bêtises, on essayait de les remettre dans la bonne direction. Ils racontaient des choses qu'on

percevait comme néfastes pour la population. On voyait des espions. Moi, je n'en ai jamais vus mais on parlait de l'espionnage. Dans cette Cinquième colonne, c'était bourré d'inconnus! Il y avait des tas de personnages inconnus mais c'était quand même des gens qui étaient néfastes.»

Louis Grandjean, interviewé le 9 mai 2001, par L. Neury, à Bulle

Une lutte de chaque instant

Dans la vie civile

Le silence devient un acte civique à la portée de tous! La rumeur est un facteur jouant un double rôle dans cette question. D'un côté, on accuse les Allemands d'être à la source de la diffusion de fausses nouvelles défaitistes ou néfastes au pays. D'un autre, il suffit de suspecter quelqu'un pour que les bruits à son propos se diffusent, dans un esprit de lutte contre l'ennemi intérieur. Le système s'autoalimente, se nourrit des peurs, des ressentiments, des querelles individuelles ou des fantasmes collectifs. A Genève, Jacqueline Chappuis-Reymond se souvient qu'on suspecte le magasin de bas Ramax car son propriétaire est soupçonné d'appartenir à l'organisation secrète. D'autres «nids à espions» sont présumés tels par ce témoin qui les évite:

«Il y avait une période où on voyait des Cinquièmes colonnes partout. Un parent qui habitait à la rue de l'Athénée, il nous dit: ‹Il paraît qu'il y en a au parc Bertrand!› On n'osait plus aller au parc Bertrand! Il n'y avait rien, quelqu'un avait vu quelqu'un et on avait dit: ‹C'est peut-être un Cinquième colonne!»

Jacqueline Chappuis-Reymond, interviewée le 18 août 2000, par F. Regard et L. Neury, à Genève

Au service

«En 1940, la signification du secret militaire devait être enseignée au peuple suisse. Le slogan ‹Qui ne sait se taire nuit à son pays› empêcha plus d'un Suisse de se vanter de ses connaissances militaires, surtout après que, en 1942, les premiers espions condamnés pour service d'information interdit et pour trahison furent fusillés.»

Hans Rudolf Schmitt, *Le Général*, Ringier, Lucerne, 1975; p. 11.

Un zeppelin allemand atterrit à Genève (1939) (coll. Neury).

L'espionnage militaire est dénoncé par tous nos témoins à qui on ordonne de rester vigilants. Les enjeux ne sont pas les mêmes que dans le civil! Selon Albert Hahling, des zeppelins allemands survolent la Suisse, dès 1938, pour photographier les forteresses.

Gilbert de Montmollin évoque la tension permanente dans laquelle les mobilisés vivent, tension entretenue par les autorités mêmes. Si, pour lui, «la partie mythe est aussi importante que la réalité», il reconnaît que la propagande fonctionne puisque les soldats finissent par y croire:

> «On a eu la Cinquième colonne, on finissait presque par y croire! C'était des informations qui étaient diffusées par l'Allemagne chez nous. Une nuit, nous étions dans les hauts de Fribourg, c'était l'automne 39. On est subitement alarmés, toute la compagnie se trouve debout. Le commandant de compagnie me dit: ‹Il y a des choses qui se passent à Fribourg. Il y a des choses qui sautent.› On a envoyé une équipe. Il y avait les gens du tram qui réparaient les rails et soudaient les rails, l'éclairage d'un coup de soudure dans une ville noire! On voyait comme un feu d'artifice! On était tellement pris dans cette peur, on croyait, on croyait pas, c'est comme si on vous fait peur en permanence! On a pensé à la Cinquième colonne! La Cinquième colonne était une chose qui, pour nous, existait, il y a eu tout un mouvement à l'intérieur de notre armée pour effacer ces mauvaises

impressions. C'était pas que nous, c'était le public aussi. Il y a eu dans la presse des appels à la raison pour ne pas se laisser prendre!»
Gilbert de Montmollin, interviewé le 17 août 2000, par F. Regard et L. Neury, à Lonay

Les instructions du 18 avril 1940 invitent les soldats à se taire, être discrets et suspicieux! Jean Marti date de mai-juin 1940 les présomptions de Cinquième colonne. Face à cette peur, il juge abusif le secret militaire: ne pas dire où il est en poste de campagne. Pour lui, cette interdiction est théorique et ne peut être appliquée en réalité. A l'inverse, Jacqueline Davoine-Rosselet prend très au sérieux ce règlement. SCF, elle cache à tous, y compris à sa famille, son lieu d'affectation exact. Dans un train, elle rencontre un ecclésiastique connu qui lui demande d'où elle vient. Malgré la confiance que lui inspire le prélat, elle refuse de répondre et explique le pourquoi de son silence. Tout bavardage intempestif peut entraîner sanctions et punitions pour le fautif et, selon eux, la mise en danger du pays!

Chez les diplomates et les politiques

Dans les milieux informés de Berne comme dans les postes de campagne, un seul mot d'ordre: chut! Participent aux soirées mondaines et autres sauteries, des responsables de légations étrangères ainsi que l'élite politique, économique, militaire et diplomatique du pays. Tout impair peut s'avérer gravissime! Au sein de ce monde feutré, se comprend mieux l'obsession de ne pas dévoiler de secrets d'Etat. Simone de Rham peine à comprendre cet univers du silence:

«Se taire et ne rien dire! Et comment on avait peur de la Cinquième colonne! Dans toute la Suisse, il y avait des affiches avec le doigt sur la bouche, taisez-vous, attention, les oreilles vous écoutent! A Berne, dans cette société mondaine, on ne disait rien! Au bal de la Grande, on parlait de tout, mais surtout pas de choses intéressantes!»
Simone de Rham, interviewée le 17 août 2000, par F. Regard et L. Neury, à Lonay

Cette peur est rapportée par Ferdinand Dufour, alors deuxième secrétaire de la légation suisse, à Ankara (Turquie). En 1944, chargé de la protection des intérêts du Reich, il travaille au consulat général allemand d'Istanbul et assiste au manège quotidien des espions ou hommes et femmes présumés tels. Les historiens se demandent si l'affaire Cicéron n'est pas un mensonge diffusé par le contre-espionnage nazi.

«Les rapports des légations étaient confidentiels. Il fallait les envoyer à la Centrale. On n'était pas censé raconter ce qu'il y avait dedans! Il y avait un curieux personnage à l'ambassade d'Allemagne, c'était d'ailleurs notre voisin! C'était Ludwig Moyzisch, l'homme de l'affaire Cicéron! Il avait un système d'espionnage à l'ambassade de Grande-Bretagne, avec un informateur qui avait comme nom de code Cicéron. Alors, il paraît que pas mal d'informations, par l'ambassade de Grande-Bretagne, allaient à Berlin via Cicéron et Moyzisch, notamment les projets de débarquement, en Normandie. Mais, à Berlin, on n'a pas pris ça au sérieux!»
Ferdinand Dufour, interviewé le 7 août 2000, par F. Regard et L. Neury, à Lonay

En conclusion, comme le soulignent nos témoins, les autorités luttent contre la rumeur de Cinquième colonne qui risque de démoraliser les soldats, d'inquiéter les populations, d'introduire du désordre et, donc, de profiter à l'ennemi. Toutefois, nous pouvons nous demander si le silence ne sert pas à créer un état d'esprit uni, non critique et obéissant au refus du défaitisme prôné par le gouvernement. Se taire, c'est renoncer à exprimer ses opinions, à se plaindre, à revendiquer une amélioration de son sort. Ce mutisme, cette surveillance continue des mots et des actes renforcent l'abnégation demandée à tout un chacun et contribuent à justifier la censure, la rétention d'informations et peut-être un bâillonnement des consciences.

«ON N'A PAS FAIM!»

Le thème de l'alimentation est jugé essentiel par la majorité de nos témoins quel que soit leur sexe ou milieu socioculturel. Se nourrir convenablement, malgré le rationnement, permet de lutter contre la peur, ne pas tomber malade, faire grandir ses enfants, accomplir les marches imposées pendant le service ou tenir lors des longues journées de travail. Tous insistent sur les restrictions et la difficulté à composer des menus décents mais louent les autorités pour leur compétence.

Les réserves

Sur les instructions du Département fédéral de l'économie publique du 5 avril 1939, nos témoins font «scrupuleusement» des réserves alimentaires. Les principales denrées remisées sont les œufs, les confitures, les conserves, la farine, le riz, les pâtes, etc., c'est-à-dire celles qui constituent la base de l'alimentation et sont les moins périssables. Souvent, cette précaution s'accompagne du dépôt de ses économies à la banque, sur un livret d'épargne. «Au cas où!», Jacques Stendler se souvient qu'en 1940, sa mère enfouit de l'argent sous les choux du potager. Ce que, cinquante ans plus tard, il a encore du mal à comprendre! Selon les interviewés, l'idée de faire des réserves naît de la mauvaise expérience de la Première Guerre mondiale et des ordres transmis par les autorités publiques aux populations. Constituer des réserves est alors assimilé à un véritable devoir civique:

> «Pour nous, l'important c'était qu'on soit nourri tous les jours! On a créé ce qu'on appelait l'économie de guerre où chaque ménage avait l'obligation de constituer pour trois ou quatre mois de réserves alimentaires.
>
> »– Et vos parents l'avaient fait?
>
> »– Oh oui, bien sûr, très scrupuleusement! La majorité des Suisses avait constitué ces réserves. A l'époque, j'habitais chez mes parents, juste en dessous.
>
> »– Est-ce que vous vous souvenez des produits que votre mère avait mis en réserve?
>
> »– Du sucre, du riz, des pâtes et puis de l'huile et du vinaigre.»
>
> *Paul-Henri Glardon, interviewé le 14 juin 2000, par F. Regard et L. Neury, à Lausanne*

L'angoisse face à l'inconnu augmente la peur de manquer, en cas de «coups durs»:

> «Le gros, c'est quand même quand il y a eu la mobilisation et qu'on a commencé à avoir un petit peu peur de ne pas avoir à manger! Je me souviens bien, mon papa avait été chercher de l'argent à la banque. Ça devait être septembre-octobre à ce moment-là et il avait fait des réserves. On avait dans une des pièces du chalet à côté, où il avait fait des tablards, du café en grains, du café vert – alors on le grillait au four. Il y avait du sucre et des confitures!»
>
> *Marguerite Constantin-Marclay, interviewée le 10 mai 2000, par F. Regard et L. Neury, à Champéry*

La peur de l'invasion justifie l'idée d'être capable de tenir un siège sans compter sur l'aide extérieure. Les réserves ont un effet dissuasif sur l'ennemi puisqu'il sait que les Suisses peuvent se retrancher. Selon Vera Conelli-Rey, la principale difficulté est de conserver ces denrées, sans réfrigérateur.

> «Je me souviens que, pendant les vacances, il fallait faire des réserves! Et alors, on allait chercher dans le coin, à bicyclette, chez les paysans, chercher du beurre, du fromage, chercher des œufs. Et puis, il fallait conserver les œufs, il y avait toute une manière de fabriquer les choses! Fallait mettre de l'eau avec du sel. La chose la plus drôle, c'est qu'on mettait le sucre dans la baignoire. Comme ça, on pouvait en entasser, en mettre beaucoup! Mais, on risquait d'ouvrir le robinet d'eau froide et puis de faire couler le sucre. Je me souviens qu'en Suisse allemande, on faisait beaucoup de réserves!»
> *Vera Conelli-Rey, interviewée le 19 août 2000, par F. Regard et L. Neury, à Puplinge*

Chez nos témoins, la constitution de réserves accompagne la peur née du déclenchement de la guerre. Dès la mise en place d'un système organisé de ravitaillement, ce souci est moins présent. Tous sont extrêmement favorables à cette mesure de survie qui, dans les années 1939-1940, leur permet d'attendre le rationnement.

A la campagne comme en ville

Celui-ci est mis en place tout de suite après le début de la guerre. A la fin du mois d'octobre 1939, sont distribuées des cartes de rationnement, sur présentation d'une pièce d'identité ou d'un livret de famille.

Malgré un consensus autour de cette question, l'un des témoignages nous laisse supposer l'existence de mécontents qui estiment ne pas recevoir assez et se plaignent auprès des personnes chargées de la distribution des cartes et coupons. Leurs doléances ne semblent pas avoir été prises au sérieux, du moins par Claire Cachemaille:

> «J'aidais à délivrer les cartes de rationnement. Ça se faisait dans chaque localité! Je le faisais simplement par gentillesse. C'était un paysan qui était dépositaire et qui m'avait dit: ‹Tu pourrais pas venir m'aider, ça me donnerait un coup de main!› Les personnes venaient les toucher. Bon, y avait des personnes qui étaient très agréables, d'autres vraiment difficiles à vivre parce qu'elles voulaient pas se soumettre: ‹Oh, je n'ai que ça, c'est pas vrai!› C'était pas toujours la joie! Elles étaient un peu rébarbatives! On comptait, il y avait tant de personnes, tant d'enfants. C'était tout à fait logique! Ça se délivrait de manière tout à fait logique!»
> *Claire Cachemaille, interviewée le 9 juin 2000, par F. Regard et L. Neury, à Yverdon*

Se nourrir à la campagne

A la campagne, le ravitaillement se vit différemment. En zone rurale, il est pratique, alors qu'en ville il faut se démener pour garnir la table. Les réseaux de solidarité familiale jouent à plein. Les citadins profitent, parfois au grand dam de leurs «parents», des ressources difficilement cultivées. Souvent, les gens de la ville viennent s'approvisionner dans les fermes ce qui est jugé illicite par les autorités. En effet, il est interdit de vendre ou d'acheter de la viande, des œufs, de la farine et du beurre sans tickets de rationnement. Germaine Garin habite dans un village frontière, Les Verrières; cette paysanne se souvient que le marché noir ne se pratique qu'entre les habitants du bourg. Dans les localités plus proches des grandes villes, les sollicitations sont fréquentes et les citadins n'hésitent pas à enfourcher leur vélo pour faire la tournée des fermes de parents et alliés afin d'améliorer leur quotidien.

De nombreux témoins décrivent l'existence à la campagne comme plus facile, voire idyllique: on s'y nourrit mieux, on y est moins exposés au danger (bombardements, espionnage). La plupart des témoignages commencent par l'idée d'un privilège:

> «On avait de la chance, pendant la guerre, parce que nous, franchement, on n'a jamais manqué de rien! On avait dû faire des provisions, alors nous, on avait acheté un sac entier de café vert. On tuait un porc, on avait de la graisse, alors je redonnais mes coupons de graisse aux gens du village. On gardait un peu de lait. Le fruitier nous donnait un peu de présure, alors on se faisait des petites tommes avec ça, on appelait ça des tommes fraîches. On mettait des énormes champs de pommes de terre, on semait des carottes dans les champs, on mettait des haricots, des laitues, du persil, du cerfeuil, tous les légumes dans le fond, des côtes de bettes. Nous, les paysans, on manquait de rien! D'autre part, on avait des poules, on avait des œufs, on avait les poules à manger quand elles étaient vieilles, on pouvait tuer nos lapins.»
>
> *Germaine Garin, interviewée le 10 novembre 1999, par F. Regard, aux Verrières*

La cuisine de guerre

L'adaptation du régime alimentaire aux exigences de l'économie de guerre nécessite la recherche de nouvelles recettes de cuisine. A partir de 1942, Bluette Delafontaine fréquente l'école ménagère de La Sarraz où on enseigne la gastronomie «restrictive»:

A partir de décembre 1939, l'Office fédéral de guerre pour l'alimentation publie de nombreuses circulaires pour aider les ménagères dans la composition de leurs menus. Cette ingérence de l'Etat dans la consommation des individus semble très bien perçue. A la radio ou dans les journaux, de nombreux conseils sont donnés aux ménagères pour qu'elles utilisent de préférence tel ou tel aliment et en bannissent d'autres. Par exemple, le remplacement de la viande par le poisson est encouragé alors que s'imposent «des jours sans viande». Les œufs en poudre ou le lait condensé font leur entrée dans les placards. Face aux restrictions, les cuisinières font preuve d'esprit inventif pour mettre en valeur les produits de saison. Certains produits sont moins appréciés car les Suisses sont peu habitués à les consommer. La mère de Robert Iselin essaie en vain de faire avaler à sa progéniture des topinambours. Rien à faire! Les deux enfants refusent:

> «On préférait avoir faim! On trouvait ça dégoûtant! Quand elle nous disait: ‹Vous n'avez qu'à manger ça›, mon frère répondait: ‹On connaît la chanson, les petits Allemands, les petits Français, les petits Anglais, ils n'ont pas ça, ne vous plaignez pas!› Elle poussait sa chansonnette! On ne voulait pas manger ce genre de choses!»
> *Robert Iselin, interviewé le 4 juin 1999, par M. A. Schüpfer, à Genève*

Plusieurs témoins affirment avoir du mal à consommer le pain rassis et noir, alourdi par les farines de pommes de terre, parfois moisi. Pendant la guerre, la vente par les boulangers n'est autorisée qu'après un délai de 48 heures: «le pain de la veille». Des essais de pain de pommes de terre sont même tentés. Ils ne sont guère couronnés de succès. Gilberte May qui en goûte l'apprécie peu et fait une moue de dégoût lorsqu'elle nous le décrit. Selon elle, en plus d'être «infect», il a le désavantage d'être plus lourd pour la digestion et de ramollir plus rapidement.

Faire preuve de créativité, c'est aussi utiliser des ersatz à la place de produits manquants. Claire Cachemaille énumère, avec fierté, ces produits promus par les autorités: huiles végétales, cafés d'orge et de blé, sucre de betteraves, sauce à salade sans huile, farines de pommes de terre, etc.

> «A ce moment-là, on faisait preuve de pas mal d'innovations! Par exemple, pour l'huile qui était rationnée, comme on avait du terrain, on avait un champ de pavots. On récoltait ces pommes de pavots pour en faire de l'huile. L'huile de noix également! Ça faisait déjà deux corps gras! Et puis, par exemple, pour le café, on faisait aussi preuve d'imagination! Comme il y avait de l'orge et du blé, alors c'est

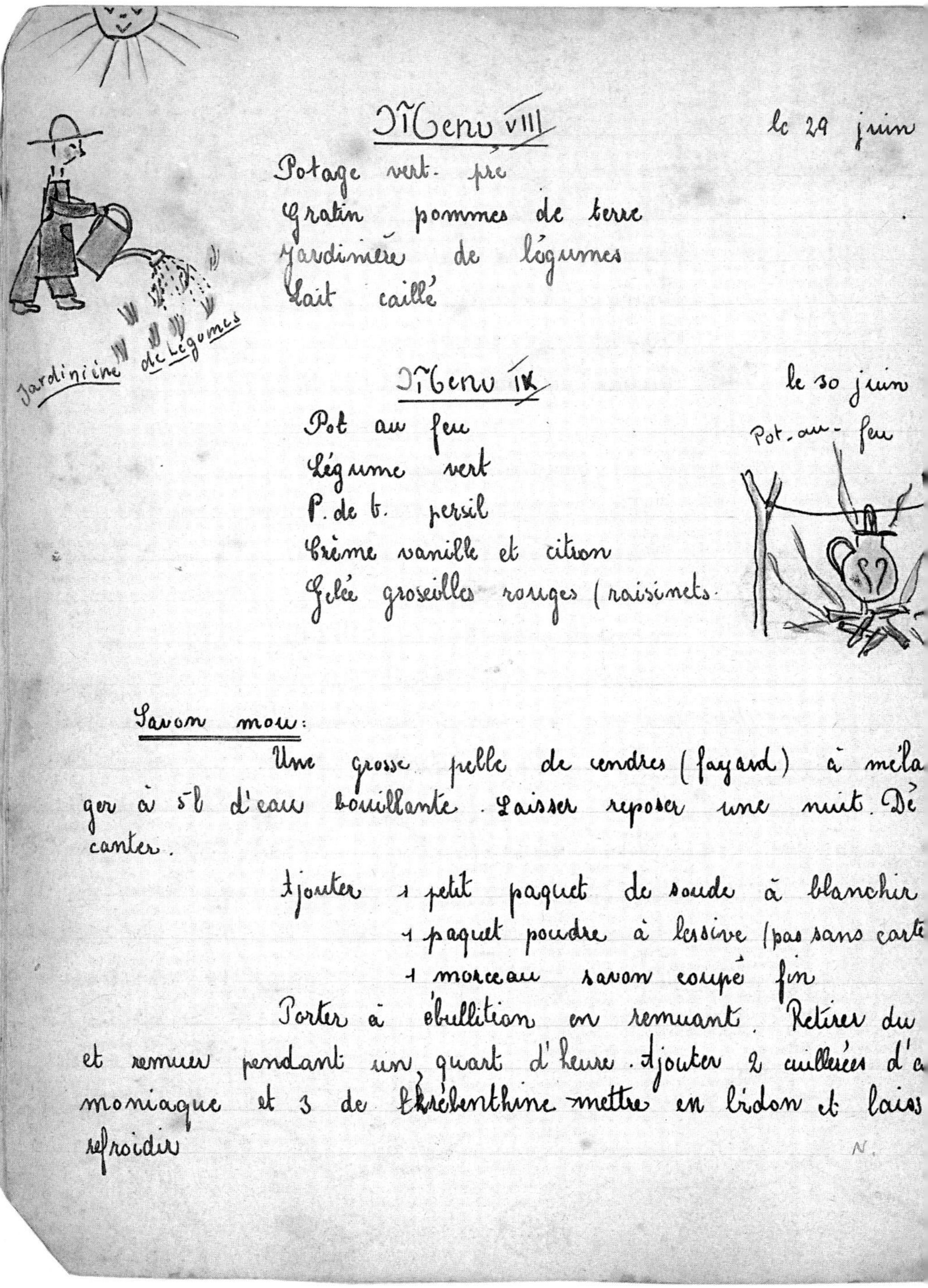

Menu VIII — le 29 juin

Potage vert. pr

Gratin pommes de terre

Jardinière de légumes

Lait caillé

Jardinière de Légumes

Menu IX — le 30 juin

Pot au feu

Légume vert

P. de t. persil

Crème vanille et citron

Gelée groseilles rouges (raisinets.

Pot-au-feu

Savon mou:

Une grosse pelle de cendres (fayard) à méla-ger à 5 l d'eau bouillante. Laisser reposer une nuit. Dé-canter.

Ajouter 1 petit paquet de soude à blanchir
1 paquet poudre à lessive (pas sans carte
1 morceau savon coupé fin

Porter à ébullition en remuant. Retirer du et remuer pendant un quart d'heure. Ajouter 2 cuillerées d'a-moniaque et 3 de térébenthine mettre en bidon et laiss refroidir

Cahier de cuisine (1942) (coll. Delafontaine).

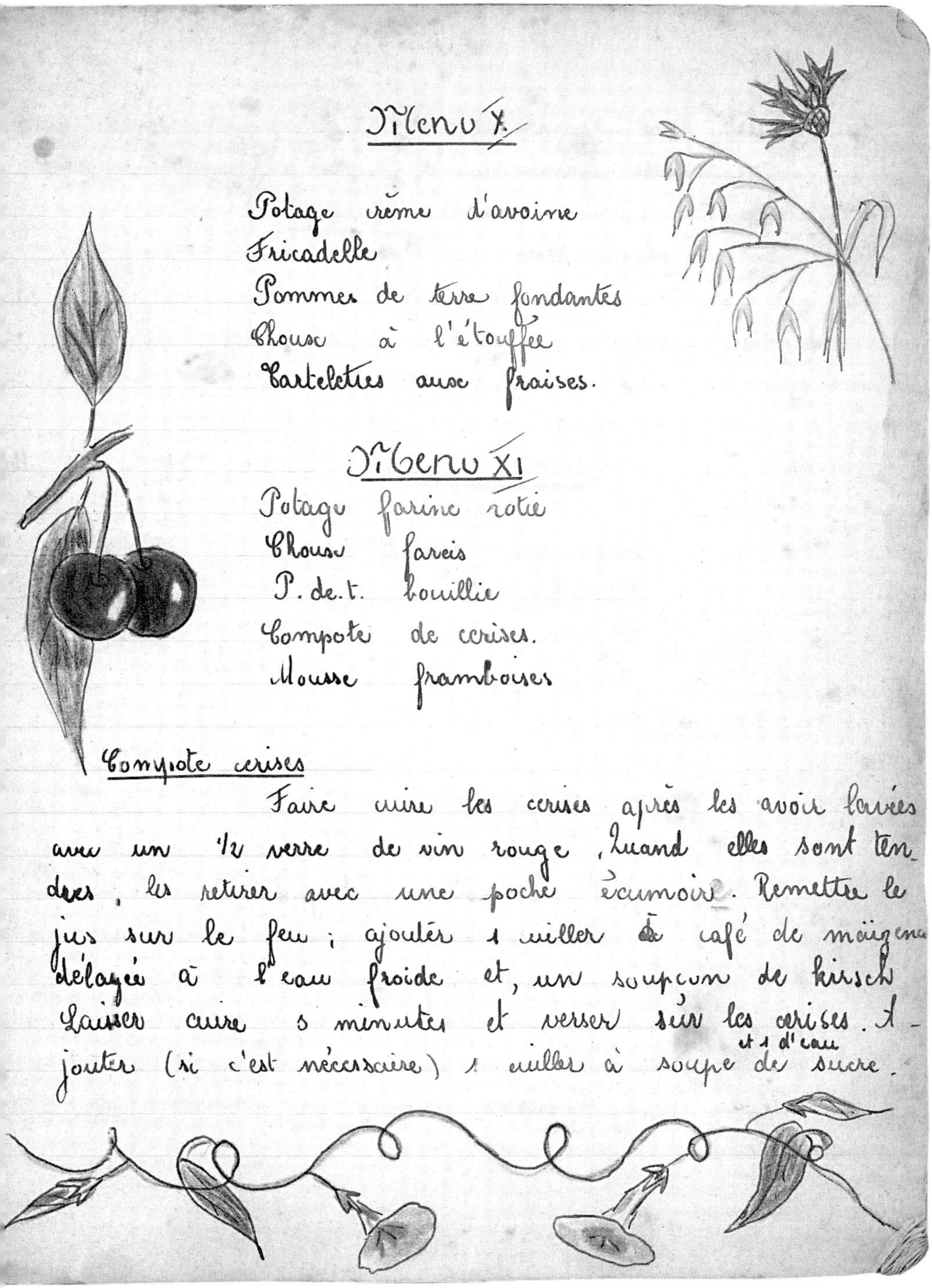

Menu X

Potage crème d'avoine
Fricadelle
Pommes de terre fondantes
Choux à l'étouffée
Tartelettes aux fraises.

Menu XI

Potage farine rotie
Choux farcis
P. de t. bouillie
Compote de cerises.
Mousse framboises

Compote cerises

Faire cuire les cerises après les avoir lavées avec un 1/2 verre de vin rouge, Quand elles sont tendres, les retirer avec une poche écumoire. Remettre le jus sur le feu ; ajouter 1 cuiller à café de maïzena délayée à l'eau froide et, un soupçon de kirsch Laisser cuire 5 minutes et verser sur les cerises. Ajouter (si c'est nécessaire) 1 cuiller à soupe et 1 d'eau de sucre.

l'orge qui ressemblait le plus au café lorsqu'il était grillé. On pressait cette orge, on le grillait comme on fait avec des marrons, torréfiait un peu. Voilà, ça nous donnait du café en remplacement. C'était un peu amer! Pour le sucre, il y avait des cultures de betteraves à sucre. Alors on avait ici un coin de betteraves et puis elles étaient emmenées à la sucrerie. On avait le droit d'avoir dix pour cent de la récolte. Alors, on n'a jamais manqué de sucre!»

Claire Cachemaille, interviewée le 9 juin 2000, par F. Regard et L. Neury, à Yverdon

La plupart de nos témoins parlent volontiers de leurs efforts pour se ravitailler chez des fournisseurs et paysans locaux et trouver les aliments qu'ils ne peuvent produire eux-mêmes. Les plus jeunes ne participent pas directement aux efforts de leurs parents. Ils avouent alors leur méconnaissance de ce sujet ou rejettent la question posée en constatant qu'il n'y a aucun problème. Certains se contentent de louer les efforts de leur mère ou de leur épouse qui, «astucieuse», «débrouillarde» joint les deux bouts avec les moyens du bord. Fritz Burki évoque «les tours de magie maternels» pour que les enfants ne dévorent pas, en deux jours, les rations de beurre et de confiture du mois.

Se nourrir en ville

Même si la situation semble moins idyllique qu'à la campagne, nos témoins s'accordent à dire qu'ils n'ont jamais souffert de la faim. En milieu urbain, le rationnement est bien organisé. Ils décrivent une alimentation peu diversifiée composée essentiellement de pommes de terre et féculents. Pour cette raison, un jardin d'appoint est un complément indispensable pour avoir des légumes frais, des fruits et quelques volailles. Très vite, les jardins s'agrandissent et peuvent occuper des superficies étendues. Décidée dans le cadre du Plan Wahlen, la mise en culture s'inscrit dans cette tendance. Le père de Bluette Delafontaine transforme le parc de l'Hôpital de Saint-Loup (VD) en potager:

«Même devant l'hôpital, où il y avait des fleurs, il a ouvert, il a planté, il a semé. Tout au fond du jardin, il y avait ce qu'on appelait le plantage avec beaucoup de haricots, de choux et tout ça. Il était le responsable! C'était le Plan Wahlen!»

Bluette Delafontaine, interviewée le 14 juin 2000, par F. Regard et L. Neury, à La Sarraz

Ce jardinier tente de nouvelles cultures, comme le pavot:

Champs de pavots à l'Hôpital de Saint-Loup (1942) (coll. Delafontaine).

Lancé en novembre 1940, le Plan Wahlen vise à tripler les surfaces cultivées qui passent de 180 000 à 366 000 hectares. Le degré d'autosuffisance alimentaire passe de cinquante-deux à cinquante-neuf pour cent.

Plusieurs témoins genevois se souviennent de la plaine de Plainpalais transformée en champs de pommes de terre. L'autosuffisance est encouragée par les autorités jusque dans les foyers. Globalement, nos témoins répondent favorablement à ces consignes. Toutefois, certaines femmes, comme Alice Linder, soulignent la difficulté d'entretenir ces potagers en l'absence des maris mobilisés:

> «C'était un jardin de deux cents mètres carrés. Fallait que je m'en occupe quand mon mari était pas là! Il fallait l'arroser. Après, il n'était pas là à la période de l'arrachage des pommes de terre. Il fallait arracher les pommes de terre. Il fallait s'occuper de tout!»
> *Alice Linder, interviewée le 5 septembre 2000, par L. Neury, à Genève*

Ces citadins reconnaissent l'importance des réseaux de solidarité. Ainsi, Perle Bugnion-Secretan, Guy Zwissig et Charles Pochon se ravitaillent chez des parents qui possèdent un jardin. L'aide intra et interfamiliale permet de se procurer des produits manquants et difficiles à dénicher sur le circuit traditionnel. En plus de posséder ce grand jardin de deux cents mètres carrés, Alice Linder ne souffre d'aucune privation car sa sœur travaille dans un commerce et son beau-frère est boucher.

Malgré un rationnement proportionnel à l'activité physique des citoyens, certains jeunes hommes ont l'impression d'avoir juste la ration suffisante pour tenir. Mécanicien dans une usine, puis bénévole dans des camps pour réfugiés, Roger Egglof apporte un témoignage plus nuancé sur la nourriture en ville:

> «Nous avions les cartes de rationnement; j'ai retrouvé celle-là dans les affaires de mon père. On avait juste assez à manger! Il y a certains produits qui manquaient cruellement, le beurre, l'huile, le café étaient sérieusement rationnés. Il est fort possible que des paysans qui ont été à la source du ravitaillement aient profité de la situation!»
> *Roger Egglof, interviewé le 19 juillet 2000, par L. Neury, à Montreux*

Appartenant à un milieu aisé, Philippe Mottu remarque qu'à l'époque la population suisse ne s'est jamais aussi bien portée! La consommation de graisse, de sucre et de viande est limitée, les maladies cardio-vasculaires plus rares (selon Jürg Hasler-Steiner, médecin de campagne). Cette remarque n'est pas isolée:

> «Nous n'avons pas eu faim en Suisse, faut dire vraiment que ça a été bien, que les gens ont maigri, ils se portaient plutôt mieux. Moi, j'avais des parents très forts, mon père pesait plus de 100 kilos et ma mère faisait pas loin des 90, ils s'en étaient très bien trouvés, ils étaient très contents!»
> *Jacqueline Davoine-Dufour, interviewée le 18 août 2000, par F. Regard et L. Neury, à Genève*

Malgré ces avis relativement positifs, il est vrai que certaines familles souffrent du rationnement pendant la guerre. Des Suisses connaissent la faim d'autant que leurs faibles revenus leur interdisent d'avoir un petit jardin ou d'accéder au marché noir.

La débrouillardise

On peut se demander si le succès du rationnement n'est pas déterminé par le fait que les autorités ont l'esprit assez large pour permettre de petits accommodements avec les instructions en vigueur. Claire Cachemaille raconte quelques petits écarts de conduite qui passent inaperçus et n'entraînent aucune conséquence:

> «La farine, bon, il y avait le rationnement, mais le meunier, il était un peu large sur les bords. Pour le lait, c'était possible aussi! Les cartes de rationnement c'était moins strict qu'en ville!»
> *Claire Cachemaille, interviewée le 9 juin 2000, par F. Regard et L. Neury, à Yverdon*

Les ruraux s'arrangent pour détourner les contingents, avec la complicité du boucher, du laitier ou du fromager.

> «Les contingents, c'est facile à les falsifier! On dit: ‹On a tant et tant de quantités›, et on en produit plus! On n'a jamais rien eu comme problème! On tuait le cochon, on avait le droit de tuer un cochon et on avait toujours deux têtes!»
> *Juliette Pellet, interviewée le 4 juillet 2000, par F. Regard et L. Neury, à Echichens*

A cette époque, les ménages consomment au maximum leur propre production. Ceci est plus économique et les épiceries sont moins achalandées qu'auparavant. Même en milieu urbain, se multiplient les élevages de lapins, de canards et de poules. Les pouvoirs publics se rendent vite compte qu'ils sont détournés de leur sens premier. En cas de surplus, il est relativement facile de le revendre au marché noir, ce qui constitue un appoint apprécié. Afin de mettre fin aux abus, des recensements sont organisés aux niveaux communal, cantonal et fédéral. Tous les propriétaires sont invités à se présenter à la mairie pour faire les déclarations nécessaires, sous peine d'intervention de la police. Le 15 avril 1940 est notamment effectué un comptage des volailles élevées chez les particuliers. Habitant Genève, la famille Iselin invente des stratagèmes afin d'échapper aux contrôles réalisés à leur domicile par des inspecteurs:

«Nous, on avait de la chance parce qu'on habitait cette propriété, route de Malagnou. On avait le droit d'avoir une poule et demie par personne. Comme on était cinq, ça faisait sept et demie. Alors, je sais pas comment vous avez une demi-poule! Enfin, nous, on en avait plus! Y avait un type qui venait vérifier combien on avait de poules. Mon frère, le plus jeune, il était chargé de chasser les poules vers les buissons. On en avait une douzaine! Et, on livrait les œufs. Si vous aviez sept poules, vous deviez livrer septante-cinq œufs, on vous donnait dix centimes. Le reste, vous avez le droit de garder! Puis moi, j'avais des lapins. J'ai eu jusqu'à trente lapins, on demandait à un jardinier de les tuer parce qu'on avait la larme à l'œil. Et puis, on l'avait encore quand on mangeait le lapin. Parce qu'on les avait soignés, on leur donnait du café au lait car ça donnait une excellente chair! Et puis, j'ai eu des canards, c'était encore bien plus tragique! Quand on a dû manger le canard, on n'a pas pu. Il avait fait des petits canards qui couraient à travers le jardin.»
Robert Iselin, interviewé le 4 juin 1999, par M. A. Schüpfer, à Genève

Selon Emmanuel Meynet, les cartes d'alimentation des enfants améliorent le quotidien des parents, soit en autoconsommation, soit en vendant les aliments au marché noir. Cette pratique est condamnée par d'autres témoins qui, malgré leurs besoins, refusent de profiter de la situation et donnent leurs coupons supplémentaires. Le ton se trouve parfois à la limite du regret!

«Nous, on était bien parce qu'on avait les cartes d'enfants et puis les cartes de grossesse. Pendant la grossesse, on recevait trois cartes alimentaires d'enfants, donc on pouvait faire les provisions pour bébé. Le marché noir, c'était fou! Alors, je me suis dit: ‹J'étais quand même bécasse, on avait tous ces coupons et je n'en ai jamais vendus, j'en ai même donnés à ma sainte belle-mère, j'en ai fait des heureux!»
Marcelle Lecomte, interviewée le 28 avril 2000, par F. Regard et D. Pattaroni, à Bernex

Dans les témoignages, les inspecteurs sont ou bien naïfs ou bien accommodants: que ce soit pour le sucre destiné aux abeilles ou encore pour le nombre de poules déclarées!

«Il avait des abeilles, mon papa! On leur donnait du sucre, de l'eau sucrée. Faut du sucre! Alors, on avait des coupons spéciaux pour les abeilles. Il venait un inspecteur, il regardait: ‹T'as neuf ruches, t'as douze ruches.› Nous, on en avait douze, quinze. Alors, à l'automne,

on recevait le contingent de sucre pour nourrir les bestioles. Papa, il détruisait deux, trois ruches et puis on avait le surplus de sucre pour nous! Quand revenait le printemps, qu'il y avait les essaims, d'habitude on tue un essaim, on tue la reine et on la met dans la maison-mère, pour ne pas affaiblir les colonies. Lui, il gardait tout et quand revenait le contrôle en octobre, on avait toujours le sucre pour faire les confitures, si on déclarait quinze et qu'on en nourrissait dix!»
Marguerite Constantin-Marclay, interviewée le 10 mai 2000, par F. Regard et L. Neury, à Champéry

Le ton de ces déclarations montre que les témoins sont plutôt fiers de leur «débrouillardise». Ils ne remettent pas en question leur attitude d'insoumission face à l'économie de guerre. Germaine Garin, Paul-Henri Glardon et Robert Iselin ont un discours moralisateur lorsqu'ils parlent des écarts de conduite des autres, en particulier des réfugiés. Ces propos détonnent complètement avec des actes d'incivilité qu'ils jugent somme toute normaux et même drôles, *a posteriori*. Le troc ou l'échange de service est également utilisé comme moyen pour se procurer ce dont on a besoin. Nadine Barbezat envoie son mari chez l'épicière pour faire les courses car elle estime que, grâce à son charme, il a plus de chance d'obtenir du rabiot sans coupons.

Le marché noir

Ce phénomène apparaît, au regard des interviews, plus complexe qu'une simple transgression de la loi. Les bilans de l'inspectorat de l'Office central pour l'économie de guerre, créé en juillet 1940, semblent dérisoires et démesurés face aux récits de nos témoins. En avril 1942, une nouvelle section de l'Economie de guerre est chargée de la répression du marché noir. Des contraventions sont dressées, des peines pénales ainsi que des incarcérations prononcées.

Le 2 mai 1941, l'inspectorat de l'Office central pour l'économie de guerre présente son activité. Il a dressé vingt-deux contraventions pour vente de pain frais, vingt-deux autres pour fabrication de pain en dehors des prescriptions légales. Il a prononcé six fermetures de boulangeries et enregistré huit cas de vente sans coupons de denrées rationnées. Il a constaté que 160 000 kilos de charbon avaient été vendus sans coupons, de même que deux cas de mazout et sept cas d'essence (11 000 litres) vendus dans les mêmes conditions. Il a découvert que 800 kilos de savon avaient fait l'objet d'une vente clandestine tandis qu'il a enregistré 51 000 kilos de stock de marchandises non déclarées. Du 1er mai au 31 août 1941, la même institution inflige neuf contraventions à des commerçants pour des stocks de denrées alimentaires non déclarés, six pour la vente de pain frais, trois pour la vente de savons sans bons, quatre pour vente de beurre et de crème sans bons, vingt-huit pour infraction à la récupération des déchets, etc., soit un total de soixante-six contraventions.

Willy Hubacher se souvient, alors qu'il travaille dans les mines de la région, d'une scène violente. Au château de Gruyères où des paysans sont enfermés pour marché noir, leurs collègues jettent des pierres sur le bâtiment, exigeant leur libération. Ce témoignage est confirmé par celui de Fritz Burki dont le père est policier dans le canton de Fribourg. Auguste Rossi raconte qu'au marché sont présentés des produits «avec coupons» et d'autres «sans coupons», écrits sur des pancartes.

Une stratégie pour économiser ses tickets de rationnement consiste à prendre ses repas à l'extérieur. Cela n'est possible officiellement que jusqu'en mars 1941, date à laquelle un nouveau système est instauré pour les repas pris dans les ménages collectifs (restaurants, hôtels, cantines, etc.). Trois témoins signalent l'existence, à Genève, de restaurants prisés car ils renoncent à exiger des tickets de rationnement. Le bruit se répand et les clients affluent! Dès que le restaurant est fermé par les autorités, les Genevois se précipitent dans un autre de ces établissements:

> «Y avait un bistrot dans la vieille ville où on allait manger ce qu'on appelait, à l'époque, un trois-étages! C'était un festin! Une tranche de pain grillé ou deux, une belle assiette, et puis il y avait une couche de fromage, une couche de jambon grillé, lui aussi, et puis, deux œufs au-dessus. Un beau jour, le bistrot a été fermé pour marché noir. Tout le monde se lamentait! Pour manger un trois-étages, normalement, il fallait donner les tickets de repas. Pas là! Il s'est fait choper!»
> *Robert Iselin, interviewé le 4 juin 1999, par M. A. Schüpfer, à Genève*

Le marché noir est considéré par les interviewés comme un mal nécessaire. Il n'y a aucun jugement de valeur négatif sur les petits trafics perçus comme des systèmes D, valorisés et valorisants. Habitant Lausanne, Paul-Henri Glardon s'interroge sur la condamnation de tels actes:

> «Est-ce qu'il y avait du marché noir, à Lausanne?
> »– Franchement, il y en avait partout! A peu près toutes les familles avaient quelqu'un à la campagne. On avait tous un oncle, un cousin, une cousine, un grand-père, une grand-mère qui était paysan, et puis bon, qui pouvait passer, de temps en temps, quelque chose. Certainement, il y a eu du marché noir! Est-ce que c'était une incivilité comme on dit aujourd'hui? Je ne sais pas! Mais, il y avait des organismes de répression du marché noir lorsqu'il se développait sur une grande échelle, c'était normal d'intervenir!»
> *Paul-Henri Glardon, interviewé le 14 juin 2000, par F. Regard et L. Neury, à Lausanne*

Les témoins ne semblent pas définir ce terme de la même façon que nous. Pour eux, le marché noir est une conséquence de la guerre, il n'est pas considéré prioritairement comme une activité lucrative mais comme une solution d'appoint permettant d'accepter d'autres concessions. Les interviewés distinguent deux types d'attitude:

– Ceux qui font fortune en vendant coupons et produits agricoles à des prix prohibitifs;

– Les autres qui aident les personnes dans le besoin, en leur vendant à juste prix ce dont ils manquent cruellement. Leur leitmotiv est: «Moi! Je n'aurais jamais pu profiter de la situation!»

> «Oh, bien sûr, il y avait du marché noir et surtout avec la viande. Non pas moi, mais mon frère, il était boucher! Je sais qu'il a fait du marché noir, je crois que tous les bouchers étaient plus ou moins obligés de faire du marché noir. Oui, il gagnait bien là-dessus. Cela faisait partie de la guerre tout ça!»
> *Nadine Barbezat, interviewée le 23 mai 2001 par L. Neury, à Lausanne*

Certains vont plus loin, en mettant en évidence le caractère ludique du marché noir. Ce dernier est vécu comme une aventure, un défi aux autorités, un acte sans conséquences. Faire du trafic avec les paysans, vendre ses coupons, soudoyer le boucher, le meunier ou l'épicier n'entrent pas dans cette catégorie, selon eux. Ils semblent fiers de leurs actes! Né en 1932, Jean-Claude Bouvier est fils de commerçant. Son père est gérant de la coopérative de Porrentruy. Il nous décrit – car il y a «prescription» – la participation des hommes de la famille au marché noir:

«Mon père ne se gênait pas. En 43-44, j'y ai même participé! Il affrétait un camion de Porrentruy. On partait comme ça vers les 10 heures, le soir. Sur le pont du camion, il y avait toutes sortes de marchandises et puis, une espèce de balance, ces balances à plateaux. Puis, le trafic se faisait de village en village sur des trocs: je te donne ceci et tu me donnes la farine, des produits qui étaient revendus, etc. C'était de la nourriture: farine, lard, y compris des pommes de terre. Il y avait à la fois un trafic normal et le trafic de marché noir. Ce qui me plaisait, c'était d'être là-dedans, de pas être à la maison et puis de rentrer comme ça entre le chauffeur et mon père à 3, 4 heures du matin. Voyez pour un gamin, le reste ce qui se bricolait dans le détail! D'après ce que je me souviens, cela tournait surtout autour de la farine. On allait dans les moulins. Seulement, c'était surveillé! Alors, il fallait y aller à la bonne heure! Y a des détails que je ne pourrais pas vous raconter car j'ai qu'un souvenir de gamin! J'étais seulement spectateur et puis mon père me prenait, tellement je le bringuais, sachant qu'il y avait une opération mystérieuse qui se tramait. C'était l'histoire de ne pas être à la maison et de faire un peu enrager ma mère. Ça ne lui plaisait pas du tout! J'ai le souvenir que, juste à la fin de la guerre, mon père s'était fait pincer, y compris avec un meunier de la région. Et, ça s'était terminé au Tribunal de Porrentruy! Par hasard, je me trouvais dans son bureau quand les deux condamnés sont revenus, qui avaient été condamnés assez sérieusement. C'était dans les 2000, 3000 francs. Ça représentait une grosse somme en 44-45. Alors, ils se regardaient et ils avaient bu le champagne: ‹Par rapport à tout ce qu'ils ne savent pas, on s'en tire bien!»
Jean-Claude Bouvier, interviewé le 9 avril 2000, par F. Regard et L. Neury, à Porrentruy

En avril 1942, le marché noir inquiète les autorités helvétiques. La Centrale fédérale de l'économie de guerre désigne Fritz Ammann, avocat et juge d'instruction militaire, comme chef d'une nouvelle section de l'Economie de guerre chargée de la répression du marché noir. Le Département fédéral de l'économie publique invite en outre chaque canton à désigner un office chargé de lutter contre ce «fléau social». En deux années de guerre, 45 000 infractions à la réglementation sur le ravitaillement sont signalées, trente mille d'entre elles sanctionnées par des peines diverses.

Elles émanent de toutes les régions de la Suisse, sans distinction. Les tribunaux commencent à rendre public le nom des personnes condamnées, ce qui gêne la plupart des inculpés.

Cinquante ans plus tard, nous avons l'impression que l'idée de dénoncer publiquement les trafiquants est inopérante étant donné l'image globalement positive de ces personnages. Ces derniers sont considérés comme des hommes débrouillards et malins. C'est comme si une autre échelle de valeurs se trouve en vigueur pendant la Mob. La condamnation, lorsqu'elle est énoncée, ne touche pas le vendeur, considéré plutôt comme obligé par les circonstances, mais le client, égoïste qui se goinfre sur le dos des pauvres!

> «Il y avait une tante qui disait: ‹J'ai pas de problème de cartes, il y a des gens qui ont beaucoup d'enfants, alors je leur achète leurs cartes.› Et puis, ma douce mère, elle dit: ‹Ce serait mieux que tu leur donnes l'argent de la part pour que le gamin puisse manger. Parce que, quand toi, tu manges la carte des autres, eux, ils doivent manger sur le reste.› Il y a toujours cet égoïsme latent à cette époque!»
> *Marcelle Lecomte, interviewée le 28 avril 2000, par F. Regard et D. Pattaroni, à Bernex*

Les mesures prises pour augmenter l'autonomie alimentaire du pays, les «efforts» demandés aux ménagères, le sentiment de s'être privé «un peu», la mise en place de systèmes D ou combines destinées à détourner les rationnements constituent un facteur de rassemblement. Elles sont psychologiquement importantes pour la Défense nationale, non seulement sur un plan économique mais également dans une communion de pensées. Nos témoins soulignent l'abnégation de la population suisse, pendant la guerre: si certains ont froid et faim, ils ne se plaignent pas et forment corps avec leurs compatriotes plus privilégiés. Pour rendre les privations moins pesantes, on s'entraide, on trafique, on subit! Tout est mis en œuvre pour que le quotidien soit plus supportable, la souffrance telle qu'on la vit en Suisse n'est rien comparée à celle des autres pays européens. Tous les interviewés sont conscients de ce privilège!

«ON A FROID, MAIS ON RESTE DIGNES!»

L'hygiène/la propreté

Pour les femmes et les enfants

Pour nos témoins, l'hygiène a une valeur à la fois physiologique et morale. Se laver est décrit comme une activité nécessaire rendue difficile par les restrictions de chauffage et les conditions de vie. A leur arrivée, les étrangers sont frappés par le sens de l'ordre et le goût du propre qui caractérisent, à leurs yeux, les Suisses de l'époque. Au-delà du cliché, cette représentation témoigne d'un idéal: dans une Europe en proie à la guerre et à l'anarchie, le pays doit rester «propre-en-ordre»!

Encore faut-il en avoir les moyens! Par exemple, Alice Siegrist évoque le confort de la résidence de Winchester (GB) où elle donne des cours de français, en 1930. En Suisse, à la même époque, elle ne connaît pas de telles installations. Cet état de fait est confirmé par Nadine Barbezat et Marguerite Constantin-Marclay qui décrivent, avec fierté, les équipements sanitaires de leur maison familiale. Toutes deux disposent de la première salle de bains de leur village, véritable luxe qui confère un certain rang social. Pour le plus grand nombre, en raison des rationnements et par souci d'économie, les bains et les douches sont limités par les autorités. A Genève, la famille Iselin prend un bain seulement le week-end, malgré la salle d'eau installée dans leur propriété de Malagnou (GE).

Le 22 mai 1940, le Département fédéral de l'économie publique limite l'approvisionnement en eau chaude. L'emploi de charbon et de combustibles liquides pour chauffer l'eau est interdit, sauf le samedi. Seuls sont exceptés l'industrie, les établissements hospitaliers et de bain. L'emploi d'électricité et de gaz pour chauffer l'eau reste libre. En octobre 1942, l'Office de guerre pour le travail et l'industrie réduit la consommation d'électricité durant l'hiver: «La consommation d'électricité pour l'éclairage public sera réduite de cinquante pour cent; l'éclairage des vitrines et des réclames lumineuses devra être interrompu à 19 heures. La préparation d'eau chaude et l'utilisation d'électricité pour les besoins de la cuisine restent permises jusqu'à nouvel ordre. En revanche, il faudra la reporter à la fin de la semaine pour les bains ou autre utilisation. Les chauffe-bains ne devront pas être enclenchés du lundi à la première heure au vendredi soir.»

Lorsqu'il n'y a ni salle de bains, ni eau chaude courante, se laver n'est pas tâche facile. Dans les foyers plus modestes, la toilette se fait dans le lavabo de la cuisine ou de la buanderie. A Pérolles (FR), Rosette Doutaz se débrouille comme elle peut; cette situation est d'autant plus difficile qu'elle élève un enfant en bas âge:

> «On était rationnés en eau chaude. On n'avait pas d'eau chaude pendant quinze jours, à Pérolles. Tous les quinze jours on pouvait se baigner, mais autrement pas. On chauffait l'eau et on menait ça à la chambre de bains, c'était pas un problème, on avait connu ça toujours.»
> *Rosette Doutaz, interviewée le 28 février 2001, par L. Nicolet et M. Reymond, à Fribourg*

Si une petite pièce est aménagée, elle est, souvent, glaciale et obscure, ce qui n'incite pas à y rester durant de longues heures. Tel est le cas d'Henriette Ducret, institutrice, qui, à l'époque, n'a ni le temps, ni les moyens pour ce genre de «futilités».

> «Pendant la guerre, ce qui fut le plus dur, c'est l'absence d'eau chaude et l'absence de chauffage! Nous avions un grand appartement, très allongé, avec une salle de bains tout au bout, non chauffée. C'était pas possible de la chauffer. Alors, je vous explique: les toilettes, ça se passait très vite! On faisait pas des heures à la salle de bains, pas comme les jeunes filles d'aujourd'hui!»
> *Henriette Ducret, interviewée le 13 mai 2000, par F. Regard et L. Neury, à La Croix-de-Rozon*

Pour les soldats

Les hommes mobilisés loin de leur foyer sont fréquemment cantonnés dans des endroits isolés. En pleine nature, ils campent sous des abris sommaires et, parfois, insalubres. Pour eux, la toilette devient «acte de résistance» et contribue au maintien de l'image de soi et à la sauvegarde du moral. En période de guerre, la dignité n'est-elle pas un moyen de lutter contre le défaitisme? Etre propre sur soi, c'est conserver un fond d'humanité, combattre le laisser-aller et le désordre.

Surtout, l'hygiène est un problème concret lorsque des hommes se retrouvent, en espace confiné, après des efforts physiques liés aux manœuvres et aux divers exercices. Les odeurs de sueur et «de pieds» empestent, selon de nombreux témoins, l'air des casemates. Soldat dans la DAP, Charles Cachemaille se souvient que la propreté corporelle des

Paul Curdy se rase pendant le service (coll. Curdy).

soldats est déplorable. L'atmosphère des cantonnements ou des postes de garde devient vite irrespirable! Lors de ses premières affectations, Fritz Burki est plus chanceux: il est mobilisé en face de la maison de ses parents. Il rentre donc chez lui pour se laver et faire nettoyer ses chaussures par sa mère. Malheureusement, cette dernière ignore les exigences de l'armée et le jeune soldat se fait «taper sur les doigts» par son capitaine. Lorsqu'il rentre en congé chez ses parents, à Bâle, Alfred Graff-Hamsler va immédiatement se doucher et se changer, ces activités correspondant à une sorte de rite de passage entre le militaire et le civil.

La lessive

Pour les civils

La majorité des témoins qui abordent cette question sont des femmes. Souvent, la lessive accompagne le repassage, le «raccommodage», le reprisage ou le tricot. Dans les familles aisées, des jeunes filles – suisses alémaniques en Romandie, romandes ou tessinoises outre-Sarine – sont engagées pour aider la maîtresse de maison. Pour Juliette Pellet et Berthe Chablais, entre seize et vingt ans, la domesticité est un revenu non négligeable pour leur famille, elles sont placées chez des citadins. Les souvenirs de toutes ces femmes sont loin de la représentation bucolique du lavoir, lieu de convivialité, de rencontres, de rires et de bavardages.

«La machine à laver, on n'en a pas eue! On faisait tout à la main! On habitait à Pérolles, on avait, toutes les cinq semaines, le droit de faire la lessive. Je me levais à 5 heures du matin pour dégrossir jusqu'à ce que mon mari parte et après, je continuais avec les enfants. C'était pénible! C'est une période que j'ai assez mal supportée: la lessive! A Pérolles, on avait l'eau chaude, tous les quinze jours, tous les samedis, tous les quinze jours.
»– Vous alliez au lavoir?
»– Non, c'était dans la maison! C'était une buanderie. On devait faire le feu, on devait faire cuire le linge dans la machine puis le sortir avec des grands bâtons. J'ai souvent fait une crise de foie après. L'odeur de la lessive, ça étouffe! Alors maintenant, j'apprécie quand on n'a plus qu'à tourner sur les boutons.»
Rosette Doutaz, interviewée le 28 février 2001, par L. Nicolet et M. Reymond, à Fribourg

La lessive se fait péniblement à la main, dans un lavabo, un bassin ou de grandes lessiveuses, lourdes et brûlantes. Etant donné la qualité du produit nettoyant – le savon est rationné, voire remplacé par des ersatz peu efficaces (cendres, pissenlits, jus d'épinards, etc.) – les ménagères doivent frotter énergiquement la saleté incrustée dans le linge. Elles regrettent de ne pas pouvoir laver aussi souvent que nécessaire.

«Les lessives, on devait les faire sur une lessiveuse à la cuisine. On avait une grande lessiveuse qui coulait. Il fallait prendre chacun d'un côté, traverser toute la maison et, ensuite, aller la verser dans la baignoire et tout rincer à l'eau froide. C'était extrêmement difficile et non commode!»
Henriette Ducret, interviewée le 15 mai 2000, par F. Regard et L. Neury, à La Croix-de-Rozon

Comme dans le cas de la propreté corporelle, la lutte contre les microbes s'inscrit dans une perspective hygiéniste enseignée dans les écoles ménagères. Il faut combattre les virus car il est difficile et coûteux de se soigner en cas de maladie. Médecin de campagne, Jürg Hasler-Steiner recommande à ses patientes de bien laver le linge des enfants et de le désinfecter en cas d'épidémies ou de grossesses difficiles.

Pour les militaires

En service actif, porter du linge propre est un devoir. Tous les témoins soulignent la solidarité des femmes, leurs efforts pour améliorer un quotidien pas toujours rose. Elles organisent des comités de bienfaisance où, réunies dans une salle communale, elles tricotent, «raccommodent» et reprisent les chaussettes, les gants, les écharpes des mobilisés et des prisonniers de guerre.

A partir du 18 mars 1940, tous les soldats peuvent envoyer leur linge sale ou en mauvais état à la lessive de guerre. Des femmes numérotent les pièces pour éviter toute confusion, lavent, repassent puis renvoient le linge à son propriétaire, y ajoutant souvent une douceur ou un paquet de cigarettes. Ce travail est accompli volontairement et les frais sont payés par le Don national.

Habitant la région de Zurich, Verena Stoeckli évoque les longues heures passées à laver l'uniforme et le linge de corps de son mari mobilisé.

«Mon mari a été mobilisé tout le temps! On faisait la lessive pour les soldats: on recevait un petit sac avec le linge sale, on le renvoyait avec du linge propre. Et au début, je devais tout le temps ‹raccommoder› les chaussettes parce qu'il n'y avait pas encore de ces matériaux résistants. Finalement, je ne pouvais plus regarder un homme sans penser à qui va recoudre ses chaussettes!»
Verena Stoeckli, interviewée le 21 août 2000, par F. Regard et L. Neury, à Lonay

Le chauffage

Le 19 juin 1940, le Conseil fédéral autorise le Département de l'économie publique à réduire ou arrêter les appareils de chauffage, d'éclairage, de cuisine, d'eau chaude; veiller à l'utilisation rationnelle des sources d'énergie et de chaleur; prendre des mesures pour l'utilisation d'énergie électrique avec des tarifs particuliers.

Souvent, le chauffage est un tracas quotidien. Sans feu, les femmes ne peuvent pas faire la cuisine, la lessive, la toilette, bref, faire fonctionner le ménage. Durant les hivers rigoureux de la guerre, la chaleur permet d'habiter la maison qui reste le lieu de vie principal. La sensation de froid est davantage mentionnée par les femmes dans le cadre de leur travail, à domicile ou dans des lieux précis, comme les camps de réfugiés. Par exemple, Verena Stoeckli se bat pour que l'Hôpital universitaire, où elle travaille comme ophtalmologiste, soit mieux chauffé. Secrétaire dans un grand magasin d'Yverdon, Claire Cachemaille a froid mais ne se plaint pas:

> «On avait un chauffage, plus que modeste, c'était un chauffage à la sciure parce que naturellement le mazout, le pétrole, tout était limité! Alors le matin, quand on arrivait, il faisait souvent 10, 11° dans le bureau. Le patron, à côté, il disait: ‹Il faut vraiment avoir un tempérament polaire pour rester là.› Tranquillement dans la journée, cela se réchauffait un peu, mais alors, avec la sciure, c'est pas immédiat!»
> *Claire Cachemaille, interviewée le 9 juin 2000, par L. Neury et F. Regard, à Yverdon*

A l'époque, les particuliers subissent les restrictions de combustibles (charbon, bois, gaz, électricité). Dès le 11 juin 1940, l'Allemagne suspend ses livraisons de charbon à la Suisse, ce qui pose des problèmes d'approvisionnement. Le bois ou le charbon sont rationnés, les autorités, par la radio ou la presse, invitent les Suisses à les économiser. Ceux qui habitent à proximité de forêts puisent directement dans ces riches réserves naturelles. A Glattfelden, Albert Hahling ramasse des pommes de pin et des branchages pour alimenter le poêle. D'autres ersatz sont utilisés: la tourbe ou les briquettes de papier mouillé. Souvent, les enfants et les adolescents sont chargés de collecter ou fabriquer les futurs combustibles. Constatant l'importance du recyclage (en particulier pour le cuivre), Claire Cachemaille nous explique, en mimant les gestes d'hier, la méthode pour fabriquer une briquette de papier:

> «Même chez mes parents, pendant ce temps-là, à part le chauffage à bois, on faisait des briquettes qui étaient faites avec du papier humecté, bien séchées après, cela maintenait les braises. C'était pas compliqué à faire!
> »– Où est-ce qu'on trouvait le papier?

»– Du papier journal; rien n'était vilipendé, on ne jetait rien, même pas le papier, on recyclait tout!»
Claire Cachemaille, interviewée le 9 juin 2000, par L. Neury, et F. Regard, à Yverdon

D'autres moyens plus simples sont utilisés pour combattre le froid: les familles se regroupent dans une seule pièce autour du feu de cheminée, les veillées sont écourtées.

Dans les lieux publics, afin d'éviter le gaspillage d'énergie, le temps de chauffage détermine les horaires d'ouverture. A partir d'octobre 1941, Henry Spira étudie à Zurich, à l'Ecole polytechnique. Dès février-mars, il a deux mois de vacances forcées en raison de l'incapacité à chauffer les locaux.

Le 19 juin 1940, les autorités fixent les heures d'ouverture des locaux de vente, de réunion ou de divertissement, des auberges et des restaurants, la durée du travail, les heures d'enseignement dans les écoles. Dès le 15 mars 1941, il est interdit de chauffer les locaux publics, sauf dans les cas exceptionnels et uniquement avec l'autorisation de l'Office central pour l'économie de guerre.

Conscientes de ces problèmes, les mères habillent plus chaudement leurs enfants et maris. Durant toute la guerre, les aiguilles à tricoter n'ont cessé de s'animer dans les foyers helvétiques. Seule à la maison, Perle Bugnion-Secretan tricote sans relâche pour ses enfants: pull-overs, écharpes, gants, mitaines, chaussettes. Parfois, ces efforts sont oubliés par les maris absents qui n'assistent pas aux soucis quotidiens de leurs épouses en charge du foyer. Pour ces femmes seules, même dans les milieux privilégiés, les démarches pour se procurer du combustible sont pénibles et coûteuses. En 1938, Perle Bugnion-Secretan quitte sa famille pour se marier avec le fils des propriétaires du palais de l'Hermitage, à Lausanne. Venant d'un milieu modeste «mais cultivé», elle se charge, à Champel, d'un grand appartement et éduque plusieurs enfants en bas âge:

«Quand l'hiver est venu, mon mari, très prudemment, s'était procuré des petits poêles. Il les avait installés quand nous avions déménagé à Champel. Nous avions un grand appartement! On avait installé un petit poêle dans la cheminée du salon, un petit poêle dans le corri-

dor, un petit poêle dans la chambre des enfants. Encore fallait-il surveiller que les enfants ne se brûlent pas ou Dieu je sais quoi! Sur les poêles, on avait des marmites avec de l'eau qui chauffaient, les vapeurs se dégageaient, il fallait pas perdre de l'énergie! Toujours, il fallait remettre une bûche ou quelque chose. Je pouvais me procurer du bois à l'Hermitage, c'était encore une des facilités que j'avais! Il fallait faire avec les moyens de fortune; tout ça prenait du temps, énormément de temps, de tensions, de soins!»
Perle Bugnion-Secretan, interviewée le 12 mai 2000, par F. Regard et L. Neury, à Crans-près-Céligny

Le 12 octobre 1940, le Département fédéral de l'économie publique interdit l'utilisation des installations de chauffage central, avant le 31 octobre (le 15 octobre, au-dessus de 600 mètres), à moins que la température extérieure à 18 heures ne soit au-dessous de 10°, 3 jours de suite, ou qu'elle s'abaisse à 5°. Les chambres communes ne doivent pas être chauffées à plus de 18°, les chambres à coucher 10°. Les portes et fenêtres qui ferment mal doivent être calfeutrées et les doubles fenêtres posées avant l'utilisation du chauffage.

«ON TRAVAILLE SANS CESSE!»

La vie quotidienne est bouleversée par les longues périodes de mobilisation des hommes, impliquant des absences répétées et des congés estimés trop courts. Pendant la guerre, l'organisation de la société change. Les femmes prennent en charge des tâches auparavant assurées par leurs mari et père. Il faut remplacer les mobilisés que ce soit dans l'éducation, dans les usines ou encore dans les champs. Les personnes âgées reprennent de l'activité. La plupart des enfants participent aux efforts communs, seules quelques familles privilégiées continuent à leur offrir une existence dorée d'études et de loisirs. Le travail est une question de survie, de patriotisme, une valeur en soi et, parfois, un plaisir.

Les enfants

A la campagne, les enfants sont particulièrement actifs. Chaque saison apporte son lot de tâches qu'ils préfèrent ou non. Le travail est toujours vécu comme une obligation, parfois comme un jeu, souvent comme un devoir. Une des phrases clés du témoignage suivant est: «Le prix de la guerre, ce sont les enfants qui l'ont payé!»

«Je vais vous raconter peut-être comment, nous, enfants, on voyait la guerre, quelle histoire nous racontions. Alors, nous croyions être très forts; je ne sais pas du tout d'où venait ce genre de conviction. C'est une histoire qu'on se racontait entre gamins! Il y a des Allemands qui rentrent dans leur tank et demandent aux soldats suisses de tirer avec le canon suisse contre le tank allemand. Les Suisses tirent et on disait: ‹On n'a plus retrouvé une miette du tank allemand.› Alors, les autres soldats allemands ont demandé aux soldats suisses d'aller dans leur tank, les Allemands ont pris leur canon à eux et ils ont fait boum et tout à coup, les soldats suisses sortent du tank en rigolant. Il y avait une simple petite cabosse sur le tank suisse. Nous jouions aux soldats. Je me suis souvent demandé où j'ai vu cela; je crois que c'est à la Fête-Dieu, nous avions les soldats qui avaient leur fusil, habillés en militaire. Alors nous, effectivement nous jouions aux soldats, nous nous mettions en rang, nous avions un morceau de bois chacun que nous portions comme un fusil et nous étions vraiment très fiers d'être des soldats suisses!»
M. M.

A cinq ans, en 1943, cet enfant est envoyé pour aider une parente âgée et seule, en Valais. Sa grand-mère a besoin d'un domestique pour l'aider dans ses tâches quotidiennes. A la question sur son appréciation de la relecture de l'histoire, ce témoin répond par une phrase qui, à elle seule, justifie qu'on lui donne la parole:

«Qui fait la relecture de l'histoire? On charge des gens de faire une relecture de l'histoire. L'Histoire, la vraie, c'est le vécu des gens, ce que nous essayons de faire maintenant, j'essaie de vous dire comment se sont passées les choses. Je ne suis pas allé au front mais j'estime que nous avons tous fait la guerre, ici: les femmes, les enfants, les vieux parce qu'à eux, on leur a demandé quelque chose de plus. On a demandé quelque chose de plus à ces enfants qui n'ont pas eu l'enfance pour jouer, c'était l'enfance pour travailler! Mais une enfance volée!»

M. M. nous décrit la vie d'un petit Valaisan:

«J'estime que j'ai eu là presque le travail d'un esclave! Tous les lundis matin, par exemple, j'étais chargé de nettoyer les chaussures de tout

le monde, avec une brosse, j'avais même pas le droit de mouiller, d'utiliser de l'eau pour enlever la boue puisqu'on n'avait pas de chemin goudronné. Je devais faire tout un tas de travaux, je n'avais pas une minute pour moi. Elle (sa grand-mère) m'avait fait faire une hotte adaptée à ma taille pour aller chercher des betteraves dans une cave qui était proche de l'église. Nos jardins produisaient des grosses betteraves fourragères; j'en mettais une, deux dans la hotte, des fois en la coinçant, j'en mettais trois dans la hotte, mais c'était très lourd. Des vieilles personnes trouvaient que c'était pas normal qu'un enfant de mon âge portait une charge comme celle-là. Au printemps, dans les vignes, il y avait des tantes qui travaillaient les vignes, c'est entre 550 et 700 mètres; le village est à 1250. Alors, au printemps, au mois de mars, on devait aller porter le dîner, un repas chaud dans les vignes. On sortait de l'école à 11 h 30, fallait aller à la maison, attraper un ou deux bidons pour apporter le dîner dans les vignes, au pas de course, descendre par l'ancien chemin, apporter le repas, et remonter pour recommencer l'école à 13 h 30. On devait manger un bout de pain, avaler la soupe, rappelez-vous: leste pour manger, leste pour travailler. Au mois de mai, on allait enrayer, c'est-à-dire porter la terre. On avait des champs en terrasses. Comme on laboure toujours vers le bas, pour ne pas perdre la bonne terre, ma mère et nous, les enfants, on allait chercher avec une civière et on chargeait la bonne terre qu'on amenait en haut du champ. On faisait, c'était pas qu'une journée, on avait trois ou quatre champs de 200, 300 mètres carrés où il fallait porter la terre. Donc, le lendemain, vous deviez quand même porter la civière avec vos ampoules éclatées, vous aviez la peau qui s'en allait.»
M. M.

Nous disposons du témoignage d'un autre enfant, fils de commerçants jurassiens. Jean-Claude Bouvier vit l'insouciance des enfants qui peuvent jouer, aller à l'école, pratiquer des loisirs, manger des douceurs. Il a suffisamment de nourriture, à Porrentruy. Sans doute, est-il important de prendre conscience que ces deux réalités coexistent, amplifiées peut-être par la guerre! Les témoignages d'enfants et jeunes des campagnes ressemblent davantage au récit de M. M.

Pendant la guerre, l'enfance n'apparaît pas comme une période valorisée en soi, telle qu'elle l'est actuellement. Elle est vécue comme un handicap, une phase d'attente de la vraie vie qui serait celle des adultes. Les enfants dérangent leurs aînés dans les tâches importantes, doivent rester sages, ne pas se salir, ne pas créer de travail supplémentaire, se faire oublier, se taire et, dans la mesure de leurs capacités, contribuer à l'économie domestique. Les personnes âgées sont mieux considérées car elles semblent jouir du droit à la parole et d'un certain respect. Ce privilège est la résultante de toute la souffrance endurée auparavant. Le travail est, plus que jamais, au cœur des échelles de valeur et des représentations de l'individu, dans cette société des années de Mob.

Les adultes

Nos interviewés sont instituteur, professeur de gymnastique, hôtelier, réceptionniste, importateur de caviar, gendarme, médecin de campagne, assistante au service de la Division des intérêts étrangers à Berne, secrétaire à l'Hôpital Nestlé, secrétaire d'un grand magasin, grainetier, scieur, banquier, manœuvre, vendangeur, caviste, potier, diplomate, biologiste, acteur, humoriste, étudiant, etc. Nous pourrions dresser un portrait passionnant de chacune de ces vies professionnelles car la guerre influence le quotidien de tous, ne serait-ce qu'en raison de longues absences de mobilisation.

Le point commun entre la plupart de ces expériences est la difficulté à exercer une activité normale. L'étudiant mobilisé jongle entre les livres, les cours à rattraper, les révisions en chambrée, après de longues marches. Parfois, l'échec à l'examen sanctionne l'impossibilité de tout faire, vite et bien:

> «Notre génération, on n'a pas pu aller à l'étranger, tout était bouclé! Les études, on n'a pas pu les finir en temps utile. Par exemple, j'ai un copain, il est devenu médecin avec trois ans de retard, il était tout le temps mobilisé, il a dû interrompre les cours et les reprendre. Moi aussi! Tout le monde! Les instituteurs, ils ont pas pu finir l'école normale. Cela a fait des perturbations complètes. Quand la guerre a été finie, il y avait beaucoup de jeunes qui devaient finir leurs études et qui ne pouvaient pas entrer sur le marché du travail.»
> *Curt Weideli, interviewé le 17 novembre 1999, par F. Regard, à Aigle*

Le père de Fritz Burki, gendarme, fait face à l'augmentation des infractions dues au marché noir et à la hausse de la criminalité. Médecin de campagne, Jürg Hasler-Steiner, sort malgré l'obscurcissement, soigne convenablement ses patients en dépit de la pénurie de médicaments et la recrudescence de certaines maladies, trouve de l'essence pour la voiture, rassure et console les femmes seules. Secrétaire, Claire Cachemaille travaille, en hiver, dans un bureau sans chauffage correct et gère les restrictions de papier et d'encre.

Selon nos témoins, la guerre bouleverse l'organisation générale du monde du travail: horaires, salaires, rythmes, infrastructures, clientèles, perte de gains, etc. Des ingénieurs et ouvriers du bâtiment sont engagés par la Confédération pour entretenir les fortifications, à partir de 1942. Au collège d'Aubonne (VD), Albert Cordey organise des cours de gymnastique pour les garçons, au son de «la marche du Général Guisan». Professeur de mathématiques, il remplace ses collègues mobilisés et enseigne des matières pour lesquelles il n'est pas formé:

> «On avait des ordres mais ce n'était pas formel! Il fallait que les jeunes, surtout les garçons, fassent un peu de gymnastique, quand même! Il fallait que les élèves, dix minutes par jour, fassent les mêmes mouvements. C'était sur le perron, il y avait tout le monde, ils étaient septante, là. Garçons et filles! Il fallait compter: ‹un, deux!› Toujours les mêmes exercices. Et, on faisait ça tous les matins, pendant la guerre! Une récréation entière où tout le monde faisait sa gymnastique! J'en avais assez de compter ‹un, deux.› J'ai pris un gramophone, j'ai mis la marche du Général Guisan: tah, tah, tah, tah, la, la, la... Il n'y avait plus besoin de compter, ils savaient qu'il y avait tant de mouvements d'un côté et de l'autre!»
>
> *Albert Cordey, interviewé le 10 août 2000, par F. Regard et L. Neury, à Lonay*

Gisèle Maillefer supplée le personnel absent de l'hôtel maternel, elle assume le service et la lessive. Grainetier, Emmanuel Meynet s'efforce de maintenir un service minimum, à cause de la diminution des affaires. Avant la guerre, il travaillait beaucoup à l'exportation. Professeur de ski à Saint-Cergue, le mari de Nadine Barbezat constate l'augmentation du nombre de skieurs car ils ne peuvent plus aller en France pratiquer leur sport favori.

Dans les usines et entreprises

Les usines qui participent à l'effort de guerre travaillent à plein régime pour le pays et les exportations. Cette production est destinée aussi bien aux Alliés qu'à l'Axe, afin de respecter le principe de neutralité, selon nos témoins. A aucun moment, s'ils ont «collaboré» à améliorer l'économie allemande, ils ne remettent en question leur petite contribution. De nombreux ouvriers et contremaîtres sont mobilisés. Toutefois, lorsque les industries sont jugées utiles à l'armée, les soldats obtiennent des congés. Le rythme de vie est décrit comme infernal, les cadences de travail sont accélérées pour remplacer les employés absents, combler le temps perdu en attendant les livraisons ou assurer les commandes.

Les salaires sont jugés insuffisants pour vivre, c'est-à-dire payer un loyer, la nourriture, le chauffage et les vêtements. Engagé dans les mouvements syndicaux, Eolo Morenzoni reçoit les doléances des ouvriers tessinois qui sont dans la précarité et la pauvreté:

> «Un manœuvre, il touchait 80 centimes l'heure. Il devait payer un appartement 60, 80 francs par mois; il travaillait dix heures par jour et six jours par semaine. La vie était très dure au Tessin!»
> *Eolo Morenzoni, interviewé le 21 septembre 2000, par F. Regard et L. Neury, à Genève*

Selon Charles Bullinger et Pierre Linder, les syndicats, actifs dans les années trente, mettent leurs revendications en sourdine, jusqu'en 1943. Nous pouvons nous demander s'ils se taisent par contrainte ou par souci de ne pas aggraver les problèmes liés à la guerre. La plupart de nos témoins parlent, sans en dire plus, d'une «union sacrée», idée véhiculée («imposée» selon certains) par la Défense spirituelle.

André Bösiger est un militant anarcho-syndicaliste de la Ligue d'action du bâtiment. Selon lui, dans les années 1930, avec les Italiens antifascistes, les syndicats sont présents sur tous les fronts: grèves, revendications salariales, amélioration des conditions de travail, etc. Pendant la guerre, l'engagement auprès des travailleurs est plus difficile pour trois raisons: la surveillance par la police et la censure, la peur des autres syndiqués et le contrôle de l'armée sur les opinions dissidentes. Au risque d'être emprisonné, il réussit tout de même à organiser clandestinement deux grèves dirigées contre l'armée:

> «La vie syndicale, pendant la guerre, c'était zéro! Il n'y avait personne qui se réunissait. Moi, j'étais expulsé de Genève donc je me retrouvais dans le canton de Vaud. A vie! J'en ai mené des combats syndicalistes, pendant la guerre, partout! J'en ai mené à l'armée! Parce que j'ai travaillé partout où ils ont fait des fortifications. Ils engageaient de la main-d'œuvre. Et moi, j'ai travaillé pour des entreprises qui embauchaient; ils pouvaient mettre des étrangers, ils mettaient que des Suisses. J'ai travaillé à la première ligne des fortifications. A Gland! J'ai travaillé à Gland, je leur ai mis une grève sur le dos. Ils ont réuni le Département militaire et là, ils ont pas été trop méchants. Ils m'ont condamné, je me souviens pas à combien, mais pas à grand-

chose. En somme, j'ai pu reprendre mon indépendance et ma liberté. Mais, j'étais presque tout seul au tribunal! Les ouvriers syndiqués et les ouvriers qui étaient avec moi... Je faisais le mouvement pour eux, c'était pour le déplacement parce qu'on le réclamait. On a obtenu le déplacement parce qu'il était sur nos contrats collectifs, mais avant ils nous payaient pas le déplacement. Ils ont payé six mois de déplacement d'un coup et puis ensuite, ils ont continué de payer le déplacement aux ouvriers. Moi, j'ai été vidé du chantier par l'intermédiaire de l'armée.»
André Bösiger, interviewé le 15 octobre 1999, par M. Filgueiras, à Genève

Cette lutte clandestine est aussi mentionnée par Robert Carrel, membre du Parti socialiste puis du Parti du Travail:

«La police fédérale était toujours aux trousses des militants mais ils continuaient en écrivant des tracts qui se transmettaient de main en main dans la clandestinité, surtout dans les usines. C'étaient tous des tracts marqués par l'extrême gauche et plutôt prorusses. Dans la métallurgie, nous étions très forts, même s'ils nous harcelaient, on passait entre les gouttes, on se connaissait pas entre nous. C'était notre force! S'ils en arrêtaient un, ils pouvaient lui faire n'importe quoi! Il ne savait pas d'où venaient les ordres.»
Robert Carrel, interviewé le 15 octobre 1999, par M. Filgueiras, à Genève

Si des militants continuent le combat, l'action des syndicats est entravée pendant la guerre d'autant que les ouvriers hésitent à les suivre. Ces derniers craignent que le désordre d'une grève favorise la subversion de la Cinquième colonne et ne déstabilise encore plus le pays.

«La période de guerre et de clandestinité n'empêcha pas la poursuite d'un vigoureux combat de revendications sociales par les partis interdits. Un volet de leur activité qui était peut-être celui qui gênait le plus les autorités, car menaçant le consensus social et politique entamé en 1937 avec la Paix du travail et qui avait eu pour effet de freiner, voire de mettre la lutte sociale sous le boisseau.»
André Rauber, *Histoire du mouvement communiste suisse*, Editions Slatkine, Genève, 1997; p. 495

Par patriotisme, nos témoins acceptent des conditions de travail pénibles mais bien rémunérées, selon eux. Originaire de Couvet (NE),

Maurice Boiteux est apprenti fraiseur, dans un atelier, avant 1939. En 1941, il devient tourneur, à Zurich. Ensuite, il est embauché dans la mécanique de précision, chez Dubied:

> «Chez Dubied, à cette période-là, nous travaillions pratiquement jour et nuit. On avait accès à l'atelier ou à l'usine, à toute heure! Il y avait tellement de travail, malheureusement, dans cette période, pour l'armement, que le patron nous laissait rentrer à l'heure qu'on voulait. On timbrait, on travaillait à la pièce, donc, il n'y avait pas de risques de collusion ou de quoi que ce soit!»
> *Maurice Boiteux, interviewé le 25 juillet 2000, par L. Nicolet et M. Reymond, à Fontainemelon*

Ce témoignage est confirmé par Charles Bullinger, régleur, dans les ateliers Cuénod (GE). Aucun de ces ouvriers ne mentionne le travail des femmes qui sont, souvent, les maillons manquants des chaînes de travail. D'autres branches jugées moins «nécessaires» vivotent, comme le commerce des produits de luxe. Le père de Jacqueline Davoine-Dufour ne vend plus de caviar, pendant la guerre, car il ne peut s'approvisionner à l'étranger et subit le contrecoup de la baisse du pouvoir d'achat. Le niveau de vie familial diminue suite à ce ralentissement du commerce international.

Si des difficultés surviennent, le chômage ne semble plus être un problème pendant la guerre. Certains exclus de la vie économique ont la possibilité de «rempiler» ou de rejoindre «des compagnies de travailleurs».

Le 10 juillet 1940, le Conseil fédéral supprime l'indemnité de chômage et prévoit du travail pour les hommes qui ne trouvent aucun emploi. Ils peuvent reprendre leur place dans l'armée, sont nourris et touchent leur solde. Leurs familles reçoivent les prestations de la caisse de compensation. De nombreux travaux routiers restent à entreprendre, surtout dans les Alpes, et ces soldats peuvent y être affectés.

Aumônier militaire, Francis Gschwend découvre des couches de population marginalisées qui lui font pitié et ne bénéficient pas de la caisse de compensation (ils n'ont ni employeur, ni travail):

> «Les services sociaux de l'armée, à cette époque, c'était pas grand-chose! Il y avait des compagnies de travailleurs. Je crois que c'est le

Général Guisan qui a eu cette idée qui est, à mon sens, géniale pour l'époque. Il y avait, en Suisse, quantité de marginaux, d'asociaux, d'alcooliques et de chômeurs, de sans famille, de gens qui, par cette mobilisation, étaient complètement perdus, ils ne savaient pas où loger, ils ne savaient que manger et on a créé ces compagnies de travailleurs militaires. Ces travailleurs avaient le bénéfice de la solde, deux francs par jour, de la caisse de compensation s'ils étaient mariés, de la paille pour dormir et de la tambouille militaire pour manger.»
Francis Gschwend, interviewé le 24 juillet 2000, par L. Nicolet et M. Reymond, à Fontainemelon

La caisse de compensation ne fonctionnant qu'à partir de 1941, nombre de citoyens en armes se sont trouvés fort dépourvus pour subvenir aux frais de leurs familles.

Aux champs

En 1939, plus de 400 000 hommes sont mobilisés. A la campagne, les femmes souffrent des tâches exténuantes qu'elles assument, en plus du ménage, de l'éducation des enfants, de l'entretien de la ferme, de l'utilisation du matériel, de la gestion du rationnement. Les journées sont courtes pour arriver à remplacer les hommes. Elles doivent apprendre sur le tas, dominer leurs peurs, improviser et gérer le quotidien d'une exploitation agricole quelle que soit sa taille, essayer de faire entrer quelques sous. Selon nos témoins, les tracteurs et chevaux réquisitionnés ralentissent la réalisation des travaux et compliquent la situation.

«Un jour, le Général reçoit une lettre d'une paysanne: ‹Mon Général, vous m'avez pris mon mari et mon cheval, est-ce que vous pourriez me rendre mon cheval, il me serait très utile!»
Le Général Guisan raconte cette histoire à l'une de nos interviewées, Simone de Rham.

La solidarité familiale joue: on «prête» un neveu, un petit cousin, un enfant, un grand-père. Parfois, le nouveau venu cause plus de soucis qu'il n'apporte d'aide effective, soit à cause de l'alcoolisme, soit pour des raisons sentimentales. Même un «gosse de la guerre» reste un enfant à surveiller. Les voisins, leurs moissons terminées, acceptent de donner un coup de main même s'ils ne sont pas forcément mieux lotis en main-d'œuvre. En 1939, Adrien Pitteloud est écolier lorsque son père est mobilisé. Il consacre tout son temps libre à aider sa mère. Pendant les vacances d'été, écoliers et étudiants aident les ruraux. Peu habitués aux travaux physiques, ils causent souvent des soucis à la fermière. Le problème se pose de la même façon pour les réfugiés et internés détachés de leurs campements et envoyés dans des fermes. Lorsqu'ils sont eux-mêmes d'origine paysanne, tout se passe pour le mieux! Le travail effectué est quand même apprécié et des liens perdurent après 1945.

En raison du Plan Wahlen, les femmes augmentent les surfaces cultivées. Généralement, les hommes sont démobilisés pour les moissons et les vendanges, mais il arrive que leurs congés ne tombent pas au bon moment ou que, punis, ils soient privés de permission. Les femmes leur remontent le moral car les longues périodes de garde et d'attente sont propices au *spleen* du soldat. De longues correspondances les rassurent. Tel est le cas de Juliette Pellet, habitante d'Echichens, dont le mari est mobilisé comme dragon:

> «Il y avait presque plus d'hommes au village. Oui, il y avait un lien qui s'est resserré. C'était très serré. Fallait faire du travail d'homme quand même! Moi, qui aimais pas les vaches! Quand elles me regardaient, je partais! Mais, j'étais obligée d'aller sortir le fumier. Il fallait que je nettoie l'étable. Oh, on prenait plus de responsabilités, mais quand ils arrivaient, on était tellement contentes, tout passait!»
> *Juliette Pellet, interviewée le 4 juillet 2000, par F. Regard et L. Neury, à Echichens*

Habitante des Verrières, Germaine Garin est prédisposée à vivre en ville; le sort en décide autrement: elle épouse un paysan! Toutefois, elle garde son humour pour nous raconter «cette conversion professionnelle».

> «Je me levais à 5 heures du matin pour arriver à faire tout mon travail avec les gosses. Il fallait aller à la laiterie. On avait un petit char et il fallait mettre la boille dessus, aller vider la boille au chalet! Après avoir trait nos vaches, j'avais la chance qu'on avait la fontaine tout près, je pouvais mener les vaches boire tout près, il y avait qu'à traverser la route! On avait aussi un cheval et même une jument poulinière qui avait fait un petit poulain. Ça nous rendait bien service! Ça nous a permis de payer pas mal de nos dettes. On a eu bien de la peine à obtenir de l'argent, à emprunter pour la troisième hypothèque. Ils demandaient six pour cent d'intérêts. Et on ne pouvait rembourser qu'une somme assez grosse à la fois et puis on devait encore payer les impôts sur cette troisième hypothèque parce que c'est de l'argent qui était pas déclaré. J'ai eu de la chance, on payait des fois

Germaine Garin et Fabienne Regard après l'interview, Les Verrières, 1999 (coll. Archimob).

25 francs à la fin du mois quand on avait les petites payes de chalet. Je payais tout par acomptes mais comme j'étais très sage et que, chaque mois, je versais quelque chose, on n'a jamais été mis aux poursuites. On avait quatorze, quinze bêtes, des génisses et on avait toujours des porcs, des laies qui faisaient des petits cochons. On devait aussi les castrer, je les tenais sous les genoux et ça bougeait. Moi, j'aimais pas beaucoup ça! Souvent, c'est moi qui les accouchais parce que j'avais des plus petites mains que mon mari, même pour les vaches! Le vétérinaire m'a même eu prise ailleurs, quand il y avait des vêlages difficiles pour que j'aille aider. J'ai fait toutes sortes de choses dans ma vie!»

Germaine Garin, interviewée le 10 novembre 1999, par F. Regard, aux Verrières

Selon l'expression de Paul Ladame, les femmes jouent «un rôle muet». En 2002, nous avons l'impression qu'elles continuent dans la même perspective car si les hommes mobilisés protestent publiquement contre les accusations portées contre la Suisse, elles ne réagissent pas alors qu'elles pourraient expliquer quelle fut leur importance.

Animaux de la ferme Lançon (coll. Neury).

«ON S'AIME!»

Les difficultés économiques et les craintes renforcent un sens de la famille qui correspond aux valeurs prônées, à l'époque, par les autorités religieuses et civiles. Le discours de Philippe Mottu se fait moralisateur et s'inscrit dans la perspective du Réarmement moral:

«La famille est le ciment de notre vie nationale. Lorsque les foyers s'écroulent, la vie de la nation est menacée. C'est la vie de famille qui a fait, jadis, la force et la grandeur de la Suisse. Construire un foyer est un art, mais cet art semble se perdre aujourd'hui. Le foyer moderne n'est souvent plus qu'un hôtel de passage. Le divorce devient une habitude nationale. Pour certains ménages, les enfants sont un encombrement qu'il faut éviter à tout prix. La Suisse est un des pays d'Europe les plus pauvres en enfants. Si nous ne nous ressaisissons pas, on pourra appliquer à la Suisse cette parole: ‹Les peuples ne meurent pas, ils s'éteignent.› Chaque foyer doit devenir une cellule vivante du pays.»
Philippe Mottu, *Tu peux servir la Suisse*, Imprimerie de la Tribune de Genève, Genève,1940; p. 9

«La famille modèle», in Philippe Mottu, Tu peux servir la Suisse.

Noyau de survie et force de résistance, le cercle familial se trouve élargi par les circonstances. La solidarité qui lie nos témoins et leurs parents infirme les propos de Philippe Mottu qui constate une destruction de la famille suisse. Jacqueline Davoine-Rosselet échange avec sa mère des coupons de nourriture contre des coupons repas, au moment de la naissance de son premier enfant. Les paysans se prêtent main-forte, lors des moments importants de la vie agricole (vendanges, récoltes de pommes de terre, moissons, foins). Au-delà de l'assistance mutuelle, la cellule familiale s'agrandit au gré des rencontres et des mariages.

Les rapports amoureux

La rencontre

Dans la plupart des récits recueillis, le mariage est endogame. A force d'acharnement, certaines femmes parviennent à imposer leur prétendant même s'il vient d'un milieu différent. Juliette Pellet se marie après le suicide de sa future belle-sœur car ses beaux-parents ont besoin d'une aide à la ferme. Avant, ils refusent toute idée d'union avec «celle qui n'a pas de dot». De même, fille du président de l'Assemblée nationale, filleule de Mme Pilet-Golaz, Marie-Madeleine Schafer-Vallotton épouse un fils de grossistes bâlois que son père ne voit pas d'un bon œil:

> «Il invitait chez lui tous les prétendants possibles et était extrêmement déçu que je ne tombe pas dans le panneau! Ils venaient d'entreprises importantes, de familles aristocratiques. J'ai tenu bon car ils ne me plaisaient pas. C'était l'exception! Chose extraordinaire, dans la bonne société de Berne, le jour où je me suis mariée, je n'ai plus eu d'invitations!»
> *Marie-Madeleine Schafer-Vallotton, interviewée le 9 août 2000, par F. Regard et L. Neury, à Lonay*

Les rencontres entre nos témoins ont lieu au ski, au concert, au bal, dans un cours de danse, lors d'un mariage, dans un magasin, lors d'une réunion du groupe d'Oxford, etc. La cour est galante, les prétendants, patients, flirtent et attendent la nuit de noces pour avoir une relation sexuelle. Parfois, les événements de la guerre précipitent le rituel courtois; les plus timides déclarent leur flamme avant d'être mobilisés et les bans sont vite publiés:

> «On porte une alliance avec une fausse date. Notre mariage était prévu pour le 11 septembre. La guerre est arrivée et on s'est mariés

à la sauvette, le premier septembre. Nous étions à Berne avec des amis. Le jour avant, j'avais vu l'élection du Général. On a déjeuné, ma fiancée et moi. J'ai dit: ‹C'est la mobilisation générale, je dois partir chercher mon uniforme, on va se marier!› On a téléphoné à nos parents, à Genève et à Zurich. Mon oncle, le professeur Emile Brunner est arrivé de Zurich. Un ami a trouvé la petite église anglaise de Berne et on s'est mariés. On a eu une réception à l'Hôtel Bellevue et un buffet froid parce que tout le monde était en train de partir.»

Philippe Mottu, interviewé le 22 septembre 2000, par F. Regard et L. Neury, à Lonay

Le mariage

Le nombre important de témoins se mariant malgré la guerre nous a étonnés. Au vu de la situation de la Suisse et de l'Europe en 1939, de leurs moyens financiers, pourquoi prennent-ils la décision de s'épouser à ce moment-là? Nous ne sommes pas les seuls à nous être interrogés à ce propos. En général, leurs parents et beaux-parents, à moins d'y avoir un intérêt spécifique, leur conseillent d'attendre la fin de la guerre, le retour à la normale. Face à cet argument, les raisons les plus fréquemment invoquées sont:

– Quand on s'aime, on ne peut pas attendre! Avoir des relations sexuelles hors mariages coûte psychologiquement, sur un plan culpabilité, plus que de se marier.

– Etre marié est un point de repère dans un monde de peurs, une normalité au sein d'une période fondamentalement anormale.

– En se mariant, on construit le futur même si le présent n'est pas garanti. Faire des enfants, c'est assurer que la Suisse va continuer d'exister!

– Le mariage est une occasion de faire la fête, même limitée en raison des difficultés de ravitaillement.

– Enfin, au cas où la guerre tournerait mal et que la Suisse serait envahie, mieux vaut avoir profité de sa vie sexuelle au maximum avant.

Nombre de mariages célébrés en Suisse:

De 1936 à 1938, 31 000 mariages par an; en 1939, 31 500 mariages par an. Les chiffres atteignent 35 000 mariages en 1945 avec un pic de 37 000 en 1942. (Source: *Statistique historique de la Suisse.*)

Le mariage entre un protestant et une catholique est compliqué lorsque les parents sont croyants et pratiquants. Le fiancé d'Henriette Ducret trouve un subterfuge pour obtenir l'assentiment des familles respectives.

> «Il m'a dit: ‹On se marie!› J'ai répondu: ‹Toi, tu es protestant, moi, je suis catholique.› Il a dit: ‹Pas de problème!› Mais, à ce moment-là, l'Eglise catholique était sévère, il fallait une dispense, il fallait promettre d'élever les enfants dans la religion catholique. Ses parents se sont opposés. Pour eux, c'était inadmissible que je sois catholique. Ça n'a pas été facile! Il a pas dit à ses parents qu'on se mariait à l'église et nous nous sommes mariés civilement le samedi, avec vingt francs et une choucroute autour de la table de la cuisine. C'est tout ce qu'on a eu. Pas de voyage de noces, on l'a fait quand l'aîné avait 12 ans. Le samedi matin, quand on s'est mariés, à la mairie des Eaux-Vives, il fallait trouver 3 francs. C'était toute une affaire de trouver 3 francs pour se marier. On s'est mariés le samedi à la mairie et on est montés tous les deux à Satigny. Comme on n'était pas mariés à l'église, on a dormi dans des chambres séparées. La question ne s'est même pas posée! Alors voilà, on se marie le lendemain à l'église. Il paraissait que le soir du mariage on devait faire quelque chose mais on ne savait pas très bien quoi. Alors, on a lu un vieux livre pour s'informer, un vieux livre bien jaune et corné. On a essayé ce soir-là… horrible!»
> *Henriette Ducret, interviewée le 5 mai 2000, par F. Regard et L. Neury, à La Croix-de-Rozon*

Quel que soit le milieu social, la guerre a ses incidences, les rationnements touchent tout le monde. Toutefois, les classes «supérieures» trouvent plus facilement des solutions aux soucis d'intendance. Le mariage de Simone de Rham est une belle fête, réussie malgré les restrictions, grâce aux gestes d'amitié et d'attention des proches, parents et voisins.

> «La maison était grande à Aubonne, alors on a fait des invitations! On demandait des coupons de nourriture. Et puis, le jardinier avait élevé deux cochons, l'un s'appelait Benito et l'autre Adolf. On a mangé les deux cochons pour mon mariage. Et les amis sont venus et puis on a fait une jolie fête. Et le garagiste qui habitait à côté avait dit qu'il aurait assez d'essence pour nous emmener à la gare d'Aubonne. C'était extraordinaire de partir en taxi pour la gare en laissant nos amis à la maison finir la soirée! Le mariage, c'était trois jours! On est allés dans les Grisons. Et puis, tout de suite, le service militaire!»
> *Simone de Rham, interviewée le 17 août 2000, par F. Regard et L. Neury, à Lonay*

La vie conjugale

Après la cérémonie, rares sont les couples qui partent en voyage de noces. Il est quasiment impossible de quitter le pays et peu de congés sont accordés aux hommes mobilisés. Plusieurs de nos témoins retournent au service, le lendemain ou le surlendemain de la célébration. Cette contrainte n'est jamais dénoncée par ceux qui la vivent: il faut avant toute chose servir sa patrie! «Riches de leur amour», les jeunes mariés n'ont pas les moyens pour payer les frais de transport et d'hôtel. Les plus chanceux découvrent le Tessin ou les Grisons.

Souvent, le mariage signifie, pour l'épousée, l'arrêt de l'activité professionnelle, d'un engagement militaire ou humanitaire pour se consacrer à son mari, à sa ferme puis à ses enfants. Nombre de professions sont interdites aux femmes mariées qui se trouvent recluses au rôle de gardiennes du foyer:

> «Quand il était mobilisé, je suis restée chez mes beaux-parents et quand il était là, on avait un petit appartement. Je cousais. Il voulait pas que je travaille! C'était toujours la tradition: les femmes restent à la maison pour s'occuper des enfants. J'aurais pu trouver du travail.»
> *France Margairaz, interviewée le 18 avril 2001, par M. A. Schüpfer, à Rances*

Faire des enfants est une obligation morale imposée par les pressions sociales, familiales et religieuses. Dans les cantons catholiques, comme Valais ou Fribourg, le prêtre fait la tournée des familles pour les inciter à agrandir le nombre de paroissiens. Une Valaisanne se fait rabrouer par le curé car son chien aboie; elle ferait mieux d'élever ou de nourrir des enfants! Habitant le canton de Fribourg, Berthe Chablais entend le même type de discours moralisateur et culpabilisant:

> «Il y avait pas de pilules, c'était un péché. Il fallait avoir des enfants; le curé venait dire: ‹C'est quand pour le baptême?»
> *Berthe Chablais, interviewée le 9 mai 2001, par L. Neury, à Fribourg*

Les méthodes contraceptives sont diabolisées. Peu de femmes savent que leurs maris peuvent avoir recours aux préservatifs. «Dame nature» reste le seul moyen de différer les naissances: la méthode Ogino est l'unique solution lorsqu'elle est connue. Seules les femmes appartenant aux classes privilégiées abordent ce sujet tabou en famille et en couple.

La sexualité

A notre avis, les temps troublés de guerre suscitent le développement de tendances contradictoires, au niveau de la morale sexuelle.

– D'une part, la peur de mourir et d'être puni par Dieu peut inciter les fidèles à privilégier une vie spirituelle au détriment de celle du corps. Se rapprocher de l'Eglise implique un renforcement des valeurs morales chrétiennes: virginité, mariage, fidélité, condamnation du plaisir, abnégation et reproduction, souffrance et repentance. Le péché individuel prend une dimension collective culpabilisante. En 1939, ces préceptes sont inculqués selon une vision moralisante et rigoriste, majoritaire dans les institutions socialisantes (famille, école, Eglise, mouvements de jeunesse, armée).

– D'autre part, la même peur de mourir accroît peut-être l'instinct de survie. D'où le besoin psychologique de se reproduire! N'oublions pas que le principe de plaisir constitue, physiologiquement et psychologiquement, un antidote à l'angoisse.

L'éducation sexuelle

Sur ce plan, une différence entre ville et campagne apparaît dans les témoignages. L'ignorance de la sexualité est un leitmotiv retrouvé dans la plupart des interviews de femmes quelle que soit leur religion. Marguerite Constantin-Marclay se souvient de la colère maternelle lorsque sa tante, lors d'un séjour en Suisse alémanique, lui «explique comment on fait les bébés». Les jeunes filles plus aisées assistent à des conférences dont le contenu est quelque peu moralisateur. Elles ne sont pas pour autant mieux informées! Engagée dans le groupe d'Oxford et les Unions chrétiennes, Marie-Madeleine Schafer-Vallotton donne une causerie, en 1941, devant les jeunes filles francophones de Berne, sur le thème de l'éthique de la demoiselle:

> «L'éthique de la jeune fille, à ce moment-là, c'était la pureté absolue! On ne discutait pas, on n'avait pas de relation sexuelle avant le mariage!»

Toutefois, lorsque nous l'interrogeons sur l'éducation sexuelle, elle nous répond:

> «C'était la conspiration du silence! Il y avait une règle qui s'appelait Ogino. Je crois que je me suis informée par moi-même, par la lecture. On expliquait aux jeunes filles que les fleurs étaient pollinisées et on se rendait parfaitement compte qu'on ne nous disait rien et qu'on se

cachait derrière les fleurs! Toutes les jeunes filles que j'ai connues – et les jeunes gens aussi – étaient perturbées. On cherchait dans les dictionnaires et dans les ouvrages médicaux, la Vérité!
»– Est-ce que c'est un sujet que vous auriez pu aborder avec ces jeunes filles en 41?
»– Non!
»– Parce que prôner l'abstinence, est-ce que ce n'est pas éviter le problème?
»– Oui et j'ai changé d'avis au moment où j'ai eu des enfants et au moment où j'ai pu en parler avec mon mari. Vous savez, être fille-mère, c'est terrible; j'en ai connu une qui s'est jetée sous le train, c'était affreux! Je pense que la guerre a dû changer quelque chose, ça a dû évoluer!»
Marie-Madeleine Schafer-Vallotton, interviewée le 9 août 2000, par F. Regard et L. Neury, à Lonay

Pasteur lausannois, Paul-Henri Glardon, étudiant pendant la Mob, s'insurge contre cette vision de la «blanche colombe innocente». Selon son expérience, il s'agit d'une légende:

«Je suis persuadé que les jeunes filles non informées étaient une infime minorité. Toutes les filles que j'ai côtoyées étaient toutes parfaitement informées. Dans les chalets, il m'est arrivé combien de fois qu'une jeune fille, qui était couchée dans la paille en bas, monte l'échelle et vienne à côté de moi. Elle ne venait pas pour dormir! Elle était parfaitement au courant – faut pas dire qu'elle ne savait pas – elle savait bien ce qu'elle faisait! Qu'elles aient ignoré, il y en a eu, mais pas la majorité!»
Paul-Henri Glardon, interviewé le 14 juin 2000, par F. Regard et L. Neury, à Lausanne

Les mobilisés

Eloignés de leur épouse ou fiancée, les mobilisés souffrent du manque de relations sexuelles. Officier à la frontière bâloise, Alfred Graff-Hamsler se souvient de la joie ressentie par les soldats, à la lecture d'un journal de propagande allemand où une double page dévoile une femme nue. Nous avons un témoignage précis sur les discussions organisées dans le cadre de l'aumônerie militaire, à propos de la sexualité:

«Il y a eu quelque chose qui s'est développé très fort, des lieux de dialogues, assez sérieusement, parce que ça correspondait à un désir

profond, un dialogue sur la question sexuelle. Il faut penser que nous étions tout d'un coup séparés des femmes et dans un endroit où il n'y avait pas de femmes; heureusement pas l'idée d'aller trop ailleurs, mais il y avait une privation. Je peux vous signaler qu'un de mes camarades qui était professeur a obtenu un congé de 48 heures sur seul motif d'avoir des relations sexuelles avec sa femme, et le capitaine lui a donné le congé. C'était une préoccupation normale et on avait besoin d'en parler entre nous. C'est à ce moment-là qu'on a discuté pour la première fois, dans nos sermons, de cette idée de mesure anticonceptionnelle. On en discutait entre nous et très ouvertement comment avoir une très bonne relation sexuelle avec sa femme. L'esprit militaire est d'une très grande liberté!»
Pierre Guibert, interviewé le 12 novembre 1999, par M. A. Schüpfer, à Collonge-Bellerive

La fidélité

Pour nombre de femmes interviewées, la fidélité reste une valeur fondamentale. Si les voisines vont chercher ailleurs ce que leur mari absent ne peuvent leur donner, elles-mêmes refusent de tels comportements jugés dépravés. Malgré les propositions «malhonnêtes» qu'elle reçoit («ils venaient pour me brouiller la tasse»), Germaine Garin nous assure qu'elle n'aurait jamais pu tromper son mari car elle «l'aime vraiment». A chaque permission de ce dernier, elle se retrouve enceinte mais, à cause du dur labeur paysan, elle multiplie les fausses couches, sans se formaliser. La sage-femme du village l'aide en ces moments difficiles et prévient les infections. De retour, son mari se fâche car il croit qu'elle «fait passer» les enfants. Pour Paul-Henri Glardon, la Mob inverse les rôles traditionnels: les femmes esseulées poursuivent de leur assiduité les pauvres soldats puis usent, parfois, de leurs charmes pour leur soutirer de l'argent. Selon lui, d'un commun accord, hommes et femmes échangent des caresses afin de compenser un manque affectif.

«Imaginez un village dans lequel tous les hommes dans la force de l'âge sont partis ailleurs. Et voilà que, tout d'un coup, arrivait dans ce village une troupe avec des soldats agréables. Bien évidemment, il y a eu un certain nombre de rencontres. Avec des drames! Parce qu'il y avait des femmes qui cherchaient qu'un petit plaisir momentané pour remplacer leur mari absent et puis il y en a d'autres qui jouaient et après une première nuit ensemble, elle disait qu'elle était enceinte et il faut m'épouser. Et d'autres qui disaient: ‹Je ne le garde pas, il me

faut mille francs pour me faire avorter.› C'était un aspect de la Mob qui a bouleversé considérablement les règles morales qui régissaient les normes conjugales d'avant la guerre.»
Paul-Henri Glardon, interviewé le 14 juin 2000, par F. Regard et L. Neury, à Lausanne

«ON S'AMUSE QUAND MÊME!»

Sports et loisirs

Malgré tout, la vie continue! Lorsqu'ils rentrent chez eux, les soldats retournent au travail, mais se divertissent également. Nos témoins fréquentent, dès qu'ils le peuvent, les bals avec leur épouse ou fiancée, écoutent de la musique, discutent au bistrot, jouent aux cartes ou font du sport. Les plus fréquemment évoqués sont: le football, le tir au fusil, les sports d'hiver (comme le ski, le patin à glace, le hockey, le saut à ski, les randonnées), la baignade et la natation, la gymnastique. Tous se rappellent avec émotion ces moments d'autant plus appréciés qu'ils sont rares. Selon Etienne Brunet, «le sport remonte le moral en une période où l'on en a bien besoin!»

Footballeur au Servette de Genève, Jacky Fatton remarque que son sport est peu médiatisé pendant la guerre. Néanmoins, les témoins gardent en mémoire les commentaires délirants de Squibbs qui leur fait vivre, à la radio, l'ambiance effrénée des matchs. Etienne Brunet participe même à la fameuse rencontre entre l'équipe nationale suisse et celle d'Allemagne. Selon lui, les joueurs du Reich sont sifflés par les spectateurs helvétiques. L'armée autorise les semi-professionnels mobilisés à sortir le dimanche pour être présents sur les stades de football. Le dimanche soir, Nadine Barbezat assiste, avec d'autres badauds, au départ des blessés à ski, installés dans un wagon spécial, en gare de Saint-Cergue. Son mari donne des cours de ski à un riche commerçant genevois accompagné de séduisantes jeunes femmes en manteau de fourrure. Le dandy loue une chambre, pour la journée, chez eux et fait un peu de sport.

Les jeunes des milieux plus aisés pratiquent le tennis, la voile, l'équitation. Il est plus facile de faire du sport en ville où existent des infrastructures. Plusieurs de nos témoins évoquent «une jeunesse dorée», au sein d'une famille aristocratique ou bourgeoise cultivée. Cours de musique ou de danse, organisation de fêtes et de réceptions viennent

Claire Cachemaille fait de la barque, Lac de Joux (1942) (coll. Cachemaille).

ponctuer la vie de celle-ci. Selon Robert Iselin, il peut être dangereux de naviguer sur le Léman. Certains plaisanciers intrépides sont attaqués par les Allemands lorsqu'ils franchissent la frontière invisible. En 1944-1945, Robert fait une croisière avec ses amis. Un des bateaux se perd, est vite arraisonné par les douaniers suisses qui prennent son passager pour un réfugié ou un espion. Après un interrogatoire serré et une nuit au poste, le malheureux est relâché.

Culture et divertissements

Pendant la guerre, la plupart des citadins lisent, vont au théâtre ou au cinéma et assistent à des spectacles. Ces derniers sont de grande qualité grâce à l'afflux de réfugiés venus de France et d'Allemagne, acteurs réputés fuyant le nazisme. A Zurich, Denise Dupuis et Gilberte Aubert se rendent à l'opéra où elles écoutent chanter des ténors réfugiés.

Huit témoins mentionnent Gilles et Le Coup de soleil qu'ils fréquentent à Lausanne. Juif belge, Georges Rosenfeld emprunte, parfois, le répertoire de Gilles pour les spectacles qu'il donne, en itinérant, dans les camps de réfugiés. Les cabarets sont décrits comme des lieux ambivalents où les autorités censurent les gens de spectacle volontiers frondeurs avant 1939. La tradition du music-hall est encore vivace, le répertoire léger mais classique (Sacha Guitry, Maurice Chevalier...). Seuls les milieux aisés fréquentent ce que les bien-pensants considèrent comme un espace de débauche et de dépravation. Dans ces endroits stratégiques, se rencontrent espions et agents doubles. C'est le cas du Piccadilly ou du Globe, à Genève, selon plusieurs de nos témoins impliqués dans les SR ou artistes de profession. Serveur dans un bar, le jour, Jo-Johnny nous raconte l'ambiance des «troquets» de Genève où il monte des revues, malgré la guerre, l'obscurcissement, les restrictions et le contrôle des autorités:

Jo-Johnny après l'interview, Genève, 2000 (coll. Archimob).

«Toute la population avait besoin de se divertir, de se changer les idées. Il y avait des cabarets qui étaient faits pour l'espionnage comme par exemple au Piccadilly.
»– Est-ce qu'il y a des lieux de culture populaires critiques vis-à-vis de la politique?
»– Très, très peu. Avant la guerre, il y a eu ça mais pendant la guerre, basta! La censure! Il y avait beaucoup de censure! Elle était faite, sans être faite, tout en étant faite. Très efficace! Avant la guerre, il y a eu des bagarres politiques, pendant la guerre, rien! En 1945, je venais d'inaugurer le cabaret Chez Monique et là, j'ai fait la «Victoire des Alliés»; je jouais une revue là-bas, une revue à 10 heures pour les couche-tôt et la même, à minuit pour les couche-tard. Et on faisait deux spectacles par soir. Alors là, on pouvait dire que le champagne coulait à flots.»
Jo-Johnny, interviewé le 6 septembre 2000, par F. Regard et L. Neury, à Genève

Se divertir à la maison

Dans les foyers modestes, les loisirs sont simples car les jouets ou les jeux de société sont chers et peu appréciés. En pleine guerre, les budgets sont serrés et l'argent sert avant tout à se procurer l'essentiel. A la maison, les mères occupent leurs enfants en leur apprenant à bricoler à partir de matériaux de récupération. Le soir, les adultes cassent des noix en écoutant la radio, les concerts de musique classique ou la pièce policière. Quelquefois, les enfants ont l'autorisation d'écouter *L'oncle Henri*, émission créée en 1926. Le discours patriotique et moraliste, celui de la Défense spirituelle, s'adresse à tous, même aux plus jeunes:

«Vous avez vu avec quelle gravité, quelle fierté, quel calme, vos papas, vos grands frères sont partis aux frontières pour aller faire leur devoir. Vous, mes chers amis, votre devoir est peut-être moins sévère, moins grave, mais il est tout aussi utile et nécessaire au pays. Mettez vos jeunes forces à son service. En arrachant les mauvaises herbes au jardin, en râtelant le foin sur le pré, en allant glaner, en faisant la chasse aux doryphores dans les champs de pommes de terre, en arrosant les légumes, en accomplissant de tout votre cœur la tâche la plus modeste, en lavant la vaisselle ou le sol de la

cuisine pour permettre à votre maman fatiguée de se reposer, vous travaillez pour le pays.»
Emission «La fête du 1er août en pleine guerre», in Henri Baumard, *Allô! Allô! L'oncle Henri vous parle…*, Edition Pierre Boillat, Bienne, 1955; p. 95.

Germaine Garin adore la pièce policière qui, malheureusement, n'est pas du goût de son mari. Il préfère qu'elle vienne se coucher. Un soir, alors qu'il dort déjà, il entend un coup de fusil, croit sa femme attaquée, saisit son arme et surgit dans la cuisine où elle écoute son émission favorite. Il se fâche et éteint le poste! La peur de l'invasion ou de la Cinquième colonne joue dans cette méfiance au quotidien, d'autant plus dangereuse que tous les foyers sont armés. Cet incident n'empêche pas la fidèle auditrice de participer à un concours de chansons, en cachette de sa famille. Plusieurs fois, elle gagne le premier prix.

Les tours patriotiques à bicyclette

Prenant une dimension patriotique, cette activité est le fait de jeunes gens qui répondent à l'injonction du Général: «Connais ton pays!» Venant de tous les cantons, ces promeneurs profitent d'un été pour organiser un tour de la Suisse à vélo, durant une à plusieurs semaines. Le périple s'organise en étapes, ils campent et se débarbouillent dans les fontaines des villages traversés.

Chacun porte à son guidon le fanion de son canton, va en Suisse alémanique, au Tessin, aux Grisons. Emile Bonard, après avoir gagné un prix au Collège Calvin, prend la direction de Berne avec un ami. Leur itinéraire figure dans son journal de bord.

A 20 ans, Claire Cachemaille part avec deux amies, en août 1941:

«On est parties sur Avenches et Berne. On a dormi dans des auberges de jeunesse, on payait 80 centimes la nuit. Sur la route, c'était extraordinaire, il n'y avait pas de voiture, on roulait les trois de front. De Berne, on est allées en direction de Zurich, Einsiedeln. On est redescendues vers Flüelen, on a pris le bateau. Il y avait énormément de militaires sur les routes, surtout dans le centre de la Suisse. La meilleure! On arrive à Lucerne, on a pris le Brünig et, vous ne savez pas qui on a rencontré? Le Général en voiture décapotable; nous, on avait

Claire Cachemaille avec ses deux amies, lors de leur tour de Suisse (1941) (coll. Cachemaille).

Les deux amies de Claire Cachemaille se débarbouillent dans une fontaine publique (1941) (coll. Cachemaille).

Emile Bonard au col de la Flüela (1943) (coll. Bonard).

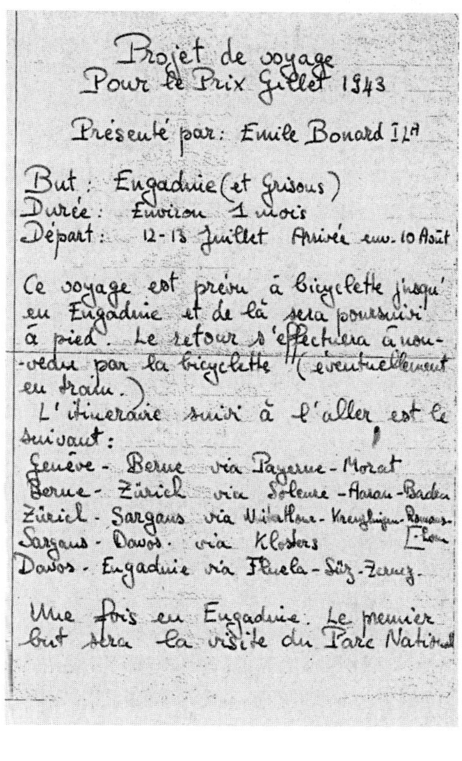

Projet de voyage
Pour le Prix Gillet 1943

Présenté par: Emile Bonard II^A

But: Engadine (et Grisons)
Durée: Environ 1 mois
Départ: 12-13 Juillet Arrivée env. 10 Août

Ce voyage est prévu à bicyclette jusqu'en Engadine et de là sera poursuivi à pied. Le retour s'effectuera à nouveau par la bicyclette (éventuellement en train.)

L'itinéraire suivi à l'aller est le suivant:

Genève - Berne via Payerne - Morat
Berne - Zürich via Soleure - Aarau - Baden
Zürich - Sargans via Winterthour - Kreuzlingen - Romans-horn
Sargans - Davos. via Klosters
Davos - Engadine via Fluela - Süs - Zernez.

Une fois en Engadine. Le premier but sera la visite du Parc National

Itinéraire d'Emile Bonard, lors de son tour de Suisse (1943) (coll. Bonard).

nos petits fanions vaudois, il nous a fait un grand signe. Parce qu'à ce moment-là, le slogan du Général c'est: ‹Va et découvre ton pays.› Bien, il a dû se dire: ‹Voilà des petites Vaudoises qui ont aussi cet intérêt.› Du Brünig, on est descendues sur Château-d'Œx, puis vers le Léman, enfin on est arrivées à Yverdon en bonne forme. Devinez combien nous a coûté ce séjour, en auberge de jeunesse? Ça nous a fait 45 francs. Mon salaire était de 100 francs par mois. Pour se nourrir, on achetait soit une boîte de conserve, des fruits, une petite tranche de viande parce qu'on pouvait les cuire à l'auberge de jeunesse. Alors, à midi, on mangeait un petit peu léger et le soir, on faisait un petit souper.
»– Pourquoi le slogan ‹Va et découvre ton pays›?
»– Peut-être pour divertir les jeunes, pour qu'ils soient pas anxieux et qu'ils aiment leur pays. »C'était patriote mais, en même temps, cela nous a fait un grand plaisir. On en garde un bon souvenir!»
Claire Cachemaille, interviewée le 9 juin 2000, par F. Regard et L. Neury, à Yverdon

«ON CROIT»

Dans l'ensemble, le facteur religieux affecte peu le contenu des témoignages recueillis. Qu'ils soient protestants, catholiques, juifs ou athées, les interviewés se réfèrent rarement à des événements de type spirituel ou confessionnel. Un seul constat s'impose: la pratique appuie la politique officielle des autorités. Selon certains, la religion contribue à la cohésion nationale. Selon d'autres, elle muselle les oppositions à la propagande. En tous les cas, elle participe à la même idéologie dominante fondée sur des valeurs judéo-chrétiennes: respect de l'autorité et de la hiérarchie, fidélité dans le couple, honnêteté dans la conduite des affaires, contrôle des mœurs. N'oublions pas qu'à l'époque, le nazisme symbolise le paganisme même s'il n'est pas également condamné par tous les pouvoirs ecclésiastiques.

Le catholicisme

En 1941, environ un million et demi de Suisses sont catholiques. Nous avons interviewé trente d'entre eux et huit étrangers. De nombreux fidèles font référence au curé, personnage clé de la société d'autrefois, craint, respecté et admiré. Dans les villages, l'ecclésiastique influence l'existence des familles, exerce un contrôle sur la vie quotidienne et impose des conduites morales. La confession est notamment un moment où les fautes individuelles sont expiées afin d'éviter peut-être une punition frappant l'ensemble de la nation. Tous prient pour remercier le Très-Haut de les avoir épargnés et intercèdent en faveur des enfants victimes de la guerre. En pleine guerre, en 1942, une chapelle est même édifiée et inaugurée aux Verrières, à quelques kilomètres des Allemands.

Issue d'une famille de dix-huit enfants, Berthe Chablais habite une ferme du canton de Fribourg. Sa vie de paysanne est rythmée par les offices, les fêtes religieuses et les sacrements. *A posteriori*, elle estime que l'emprise du prêtre est trop forte. En particulier, elle regrette de n'avoir pas pu suivre des cours d'éducation sexuelle et d'être forcée à se confesser tous les samedis alors qu'elle n'a rien à se reprocher.

> «La religion, c'est un soutien pendant la guerre! On y croyait fermement, on était habitué à ça, on était éduqué comme ça. A la maison, la prière, c'était tous les soirs, c'était le chapelet, 350 fois par an. Il y avait souvent des messes, on y allait toujours. Tous les dimanches, pas seulement une fois, mais trois, quatre, cinq fois dans la journée. Il fallait aller à 6 heures du matin pour communier; à 9 heures, il fallait aller à la messe, c'était la grande messe; à une heure et demie, c'était les vêpres; à 5 heures, c'était le chapelet, tous les dimanches, tous les dimanches! C'était très, très dur, mais on ne savait rien d'autre!»
> *Berthe Chablais, interviewée le 9 mai 2001, par L. Neury, à Fribourg*

D'autres témoins sont moins négatifs et se souviennent, avec émotion, de la pratique de chants religieux et patriotiques, au sein des chorales. Chez les Eclaireurs catholiques, enfants et adolescents organisent des jeux, font des courses de montagne, participent à des camps même si, entre 1939 et 1945, les voyages se limitent à la Suisse. Dans les années 1930, certains témoins vont en Allemagne ou en Italie, dans le cadre de meetings scouts internationaux. En 1934, Jacques Zimmermann est en Italie, avec les Eclaireurs catholiques romands, à l'époque où le scoutisme est clandestin. Dans le Reich hitlérien, d'autres sont choqués par la violence verbale nazie; parfois, admiratifs de la discipline militaire et de l'apparat des Jeunesses hitlériennes. Pendant la guerre, beaucoup s'engagent dans des actions caritatives. Vera Conelli-Rey se souvient des veillées où elle «raccommode», avec ses amies, des chaussettes pour les internés et d'une jeune réfugiée juive dont elle est amenée à s'occuper.

Les relations entre catholiques et protestants diffèrent selon les lieux et les pourcentages respectifs de chacun. En temps de guerre, les rapports interconfessionnels fonctionnent selon une double logique: soit une union sacrée efface les tensions antérieures, soit l'incertitude et l'angoisse les exacerbent. Marcelle Lecomte dit, avec humour, que pendant la Mob, sa belle-mère accepte ses tickets de rationnement car les différences religieuses ne comptent plus. A Lugnorre, Madeleine Cressier, protestante, reconnaît que les catholiques minoritaires sont rejetés même à l'école. Parlant de la génération de ses parents, Jaqueline Davoine-Dufour considère l'anticatholicisme comme une composante identitaire du protestantisme: «On était protestant parce qu'on était anticatholique!» A Sédeilles, dans le canton de Vaud, les parents de Lise Rossier-Goumaz n'auraient pas voulu que leur fille fréquente un catholique. Aux familles nombreuses fribourgeoises, catholiques pratiquantes, ils associent pauvreté et paupérisation. Même si quelques témoins y font allusion, mariages mixtes et conversions semblent relativement rares, l'endogamie étant très forte.

Le protestantisme

Protestant et engagé

En 1941, la population compte deux millions et demi de protestants. De nombreux témoignages soulignent l'engagement de cette confession dans les œuvres d'entraide et sa prise de conscience du danger nazi, notamment grâce aux mouvements de jeunesse.

Les aumôniers militaires sont présents aux côtés des soldats, ce qui est plus ou moins apprécié par nos témoins, en fonction de leurs convictions spirituelles et politiques. Louis Sidler rappelle, avec rage, la phrase d'un pasteur qui, lors d'une marche éreintante, leur lance: «Allez-y! Il faut y croire!» Ces encouragements ont plus scandalisé que convaincu un homme de gauche qui condamne l'emprise idéologique de l'armée.

Deux figures emblématiques sont fréquemment évoquées par nos témoins protestants, Karl Barth et Jean de Saussure. Ces deux prédicateurs apportent un renouveau spirituel, un souffle de liberté dans un protestantisme helvétique caractérisé par le moralisme et le rigorisme. Les jeunes réformés apprécient le courage de ces deux théologiens qui n'hésitent pas, dans leurs sermons, à prendre une position politique antinazie et dénoncer les exactions commises à l'encontre du peuple juif. Jacqueline Davoine-Dufour ne cache pas son admiration pour la clarté de ces engagements: «Ça aurait été le premier déporté si la Suisse avait été envahie! Il était clair qu'au nom du Christ, il était contre le nazisme!» Grâce à deux témoignages croisés – ceux de Robert Iselin et

Jacqueline Chappuis-Reymond – nous avons pu reconstituer le déroulement d'un sermon très engagé, dans la cathédrale Saint-Pierre de Genève, où de Saussure provoque le consul d'Allemagne:

> «Quand on parlait du pasteur de Saussure, je me souviens d'un certain sermon où il a dit des choses qu'il aurait probablement pas dû dire, parce que le consul d'Allemagne s'est levé et il est sorti devant tout le monde. Tout le monde l'a vu! Je ne sais plus ce qu'il a dit mais je sais ce que de Saussure a répondu quand il l'a vu sortir. Le consul d'Allemagne n'a rien dit. Quand il est sorti, M. de Saussure a dit: ‹Nous résisterons toujours et nous ne nous laisserons pas impressionner comme on a essayé de nous le montrer tout à l'heure.› Ça, ça m'est resté! Ça, on était quelques-unes à se répéter cette phrase parce que c'était assez extraordinaire!»
> *Jacqueline Chappuis-Reymond, interviewée le 18 août 2000, par F. Regard et L. Neury, à Genève*

Course des Jeunesses paroissiales, Champvent (1940) (coll. Cachemaille).

«J'allais à Saint-Pierre régulièrement, et je me rappelle comme si j'y étais d'un culte. Il y avait un grand prédicateur, à Genève, à l'époque, c'était Jean de Saussure. Quand Jean de Saussure prêchait, la cathédrale était pleine! De toute façon, elle était toujours pleine! Jean de Saussure a fait un prêche une fois, tonitruant. C'était un orateur extraordinaire! Il a fait un prêche, mais tonitruant, contre l'Allemagne et la persécution des juifs, c'était octobre ou novembre 1942. Deux personnes ont quitté la cathédrale en tapant des talons. J'ai encore le son dans mes oreilles! Le nombre de nazis sur les mille personnes qui étaient à la cathédrale, il y en avait deux! Moi, c'est la première fois que j'ai tout à coup entendu parler de ces horreurs. La teneur, c'est qu'on était en train d'anéantir tout le peuple juif dans des conditions terribles! Alors, ça c'était clair et net...»
Robert Iselin, interviewé le 4 juin 1999, par M. A. Schüpfer, à Genève

Etre protestant et soldat

Le témoignage de Pierre Guibert nous renseigne sur la vie religieuse à l'armée. Dans la forteresse de Dailly, il se trouve avec 1500 soldats et officiers. Il porte un regard relativement critique sur la mise en place d'offices obligatoires par les autorités. Il condamne ce qu'il perçoit comme une utilisation de la foi par l'armée:

«En 1939, l'ordre militaire était, chaque dimanche, un culte ou une messe. Alors, pour ce faire, le major convoquait, avec ordre du jour, les compagnies qui étaient dans la casemate où nous logions. Nous, protestants, nous partions pour le culte et nous descendions à Dailly où le culte se faisait sur cette fameuse place. On descendait casqués avec le fusil, en groupes assez compacts, non pas en files indiennes par les sentiers militaires, ni par les souterrains qui existaient, mais à l'air libre, sur la route des camions, par rangs de quatre. Si bien qu'à chaque contour, on s'apercevait qu'il y avait un détachement qui filait dans les broussailles. Si bien que partis 350, 400 ou 500, on arrivait à peu près cinquante au lieu de rassemblement. Personne ne s'en étonnait! Personne ne faisait des remarques! C'était peut-être une manière d'exprimer notre liberté confessionnelle ou religieuse. C'était un ordre militaire mais cet ordre militaire n'était pas considéré comme une désobéissance. Sur ce plan religieux, on vivait dans une hypocrisie et une situation très forte.»
Pierre Guibert, interviewé le 12 novembre 1999, par M. A. Schüpfer, à Collonge-Bellerive

Conscients de l'importance de la foi en ces temps difficiles, les mobilisés se chargent de l'organisation des cultes et des rencontres œcuméniques. Dans la compagnie de Pierre Guibert, l'aumônier pasteur jugé incompétent et tributaire des officiers est remplacé par le capitaine Burnier qui instaure un renouveau spirituel. Il refuse l'obligation du culte, favorise un dialogue œcuménique et une prière méditative simple. Il demande à ceux qui l'ont plébiscité de prendre en charge un conseil de paroisse et tente de les aider à résoudre leurs problèmes personnels. Pierre Guibert est mobilisé dans une compagnie de forteresse, il vit enfermé dans un espace restreint où la promiscuité resserre les liens entre les hommes. Nous nous demandons si cette situation particulière, conjuguée à la détermination de Burnier, ne motive pas la relative tolérance des officiers. Ces derniers ont d'ailleurs tout à gagner de la satisfaction des croyants qui acceptent d'autant mieux la soumission au régime militaire.

Le judaïsme

En 1941, les juifs sont environ 20 000 en Suisse, dont la moitié d'étrangers. Nos archives contiennent une trentaine de témoignages de réfugiés juifs venus, pendant la guerre, pour une période limitée et quelques entretiens avec des membres de communautés juives suisses (La Chaux-de-Fonds, Fribourg et Porrentruy).

Pendant la guerre, la communauté supporte les frais causés par l'arrivée et l'accueil des réfugiés juifs, pour un montant de quinze millions de francs. Lorsqu'elle n'y parvient plus, des associations juives américaines (comme Le Joint) et la Confédération prennent le relais. Les contacts entre réfugiés et juifs suisses sont fréquents chez les personnes engagées dans des actions caritatives. La famille de Ninon Lehmann reçoit une petite Française pendant presque deux ans. Pour les fêtes religieuses, des réfugiés – hommes plutôt âgés, internés au pénitencier de Bellechasse – sont accueillis à la maison. Il est sans doute moralement difficile d'être à l'abri quand on sait que des proches sont en danger en France ou ailleurs. Ninon Lehmann se souvient des démarches de ses parents pour les convaincre de venir, allant jusqu'à leur envoyer des certificats de baptême protestants et catholiques. Ceux-ci décident de ne pas essayer de franchir la frontière à cause des refoulements.

A Fribourg, de 1939 à 1945, il y a presque autant de réfugiés juifs que d'habitants de la même confession. La communauté composée d'une trentaine de familles est extrêmement active à leur égard. Le culte est tenu dans une petite synagogue que Ninon Lehmann fréquente lors des grandes fêtes. Cette jeune fille juive étudie dans un internat tenu par des sœurs catholiques. Si elle a, parfois, l'impression d'être tenue à l'écart par les enseignantes, non pas en tant que juive mais comme non catholique, elle n'a jamais senti ni discrimination, ni antisémitisme parmi ses camarades.

C'est l'impression que partage Maurice Challandes, à La Chaux-de-Fonds. Sa mère est d'origine israélite, son père protestant possède une petite fabrique de boîtiers de montres. Il vient d'un milieu peu attaché aux traditions religieuses. Faisant partie d'une famille très «intégrée», il affirme qu'avant d'être catholique, protestant ou israélite, il est Suisse d'abord. Selon lui, l'antisémitisme, s'il existe, est le fait de personnes peu intéressantes qui s'attaquent à n'importe quel groupe minoritaire.

> «Il y avait une très grande communauté israélite, à La Chaux-de-Fonds, qui était composée de personnes très instruites en général. Il y avait plusieurs industriels; c'était eux qui menaient les questions de musique, de théâtre. Ils avaient une forte influence sur le rayonnement des arts, à La Chaux-de-Fonds. C'était des israélites d'origine alsacienne! Dans les écoles, on avait des camarades d'origine israélite, ils étaient souvent forts! Il n'y avait absolument pas de problèmes religieux à ce moment-là, ni entre israélites et protestants, ni entre catholiques et protestants. Et même quelquefois, on ignorait qui était quoi!»
> *Maurice Challandes, interviewé le 6 juillet 2000, par M. A. Schüpfer, à Neuchâtel*

Henry Spira tient un discours assez semblable à celui de Maurice Challandes: «Dans mon esprit, j'étais pas en premier lieu juif, j'étais surtout un Helvète!». A Porrentruy, les divisions politiques entre les rouges et les noirs sont beaucoup plus visibles que les appartenances religieuses. Ce témoignage est confirmé par celui de son cousin, Jean Spira, qui ajoute simplement qu'en tant que juif, on est plus toléré qu'accepté. L'antisémitisme latent n'en reste pas moins présent dans les journaux locaux et les esprits d'alors. Les études du sociologue Freddy Raphaël montrent que la négation d'avoir souffert de l'antisémitisme permet aux victimes de continuer de vivre normalement, dans leur pays. La plupart des Suisses non juifs, s'ils reconnaissent les qualités de leurs concitoyens juifs, n'en demeurent pas moins méfiants, voire hostiles, à l'encontre des réfugiés israélites venus de toute l'Europe. Ces derniers s'interrogent, souvent, sur le sens de ce rejet: est-ce parce qu'ils sont étrangers ou parce qu'ils sont juifs?

«ON SE TAIT!»

Avant d'aborder le thème de la politique telle que nos témoins l'ont vécue, trois remarques doivent être faites:

– Entre 1939 et 1945, le pouvoir politique est faible face à l'armée, en raison des événements internationaux. Les autorités militaires incarnées par le Général Guisan imposent une vision consensuelle qui efface les antagonismes traditionnels des partis.

– La vie politique semble être mise entre parenthèses. Toute opposition à l'idéologie dominante est muselée, certains partis de gauche interdits, les syndicats surveillés par la police militaire.

– Les hommes, seuls détenteurs du droit de vote, connaissent de longues périodes de mobilisation pendant lesquelles il est interdit de parler de politique. Cela limite fortement la conscientisation et le débat.

Lors des entretiens, peu de témoins abordent cette question même s'ils sont engagés politiquement. Venant d'un milieu syndiqué, Henriette Ducret établit une distinction entre les années 1930 et la période de la guerre:

> «Je savais tout sur la Russie, tout sur les dirigeants, on en était imprégnés! C'était l'espoir immense que la Révolution de 1918 a fait chez les gens! Mes parents étaient persuadés que l'avenir serait rose, chantant. Nous avons eu des bagarres de rue, en 1932, Nicole avait été emprisonné, nous avions été manifester sous les murs de la prison. Mon père était abonné à *La Lutte syndicale* et au *Travail* et moi, j'avais pas d'autres journaux à la maison. Pendant la guerre, je crois que la politique vraiment suisse nous échappait!»
>
> *Henriette Ducret, interviewée le 13 mai 2000, par F. Regard et L. Neury, à La Croix-de-Rozon*

Le plus souvent, la politique est l'affaire des hommes et ne concerne ni les femmes, ni les enfants. Ayant des parents politisés, certains écoutent les discussions politiques à la table familiale où sont invitées des personnalités. Tel est le cas de Guy Zwissig, Robert Iselin, Marcelle Lecomte ou Verena Stoeckli. Dans les écoles, les enseignants ne parlent pas de politique ou de guerre. Il ne viendrait jamais à l'esprit d'Henriette Ducret ou d'Albert Cordey d'exprimer une quelconque opinion en classe même si les programmes scolaires s'imprègnent de l'idéologie dominante.

Les témoins sont davantage préoccupés par le contexte international. Ils ne jugent pas de la même façon les régimes autoritaires. La crise des années 1930 est évoquée pour expliquer une certaine perception du fascisme et du nazisme. L'amour de l'ordre va de pair avec la crainte de tout ce qui est perçu comme facteur de trouble. Le Front populaire et la guerre d'Espagne sont des événements cités comme références ou comme contre-références. En ces temps difficiles, un certain attrait pour la discipline ou les valeurs reprises par Pétain (comme Travail – Famille – Patrie) se développe dans les milieux bourgeois, dans la classe moyenne et la paysannerie. S'y greffe, parfois, une admiration pour des régimes totalitaires qui donnent du travail aux Italiens et aux Allemands et endiguent les fléaux du chômage, de l'inflation, de la pauvreté et de l'insécurité. Tous nos interviewés établissent une différence entre le fascisme et le nazisme. Si un fort sentiment antiallemand est décrit dans la population suisse, la perception du régime italien semble plus positive, en particulier en Suisse romande.

La figure de Mussolini

Plusieurs de nos témoins – Willy Helfer, Edmond Pidoux, France Margairaz, Emmanuel Meynet, Marie Duret-Bourgeois, Paul-Emile Dentan, Robert Iselin – affirment connaître des amis ou collègues fascinés par Mussolini. Jacques Zimmermann explique qu'en Valais, où il y a, avant 1939, des travailleurs italiens, une frange non négligeable de la population estime le Duce. Cette spécificité valaisanne est confirmée par une dizaine de témoins dont, en particulier Claire Pitteloud:

> «Mussolini, il nous fait moins peur qu'Hitler parce qu'il criait pas trop et Mussolini, on en avait beaucoup entendu parler avant, parce qu'il avait fait l'Ethiopie, la conquête de l'Erythrée, c'était lui. C'était une fierté, ça! On l'admirait presque à l'époque! Dans le village, il y avait des promussoliniens; on les appelait les Chemises brunes. C'était de petits groupes, ils avaient des contacts avec d'autres villages.»
> *Claire Pitteloud, interviewée le 14 avril 2000, par F. Regard et L. Neury, à Sion*

Dans les entretiens, trois arguments sont avancés en faveur du Duce:

– Avec la politique de grands travaux et l'assèchement des marais pontins, il remet de l'ordre, en Italie, sur un plan économique et social.

– Mussolini a un charisme clownesque et un physique qui le rend plutôt sympathique.

– Il n'est pas pris au sérieux, fait moins peur qu'Hitler et paraît moins dangereux.

Dans nombre de ces témoignages, le régime fasciste se trouve représenté soit comme un rempart contre le nazisme, soit comme une barrière contre le communisme. Avec l'arrivée de la guerre et l'évolution des événements, les perceptions sur le fascisme deviennent de plus en plus négatives.

La voix d'Hitler

Contrairement à Mussolini, Hitler est considéré comme un fou dangereux, violent et méchant. Entendus à la radio, ses discours façonnent cette image. Ceux qui comprennent le contenu de ses vociférations savent très vite à quoi s'attendre mais n'y croient pas toujours. Dans les années trente, les voyages en Allemagne pour étudier la langue ou mener des études supérieures constituent un terrain d'observation privilégié. Plusieurs témoins assistent à l'Anschluss, à la Nuit de Cristal, aux Jeux olympiques de Berlin, à des défilés militaires, au mariage de Goering. En 1936, Paul Ladame écrit à un ami qu'Hitler fait en Allemagne ce que Nicole promet à Genève. Pour lui, il est clair que les extrêmes se rejoignent! A Vienne, en 1938, Denise Dupuis-Rayguiel n'oubliera jamais l'annexion de l'Autriche par l'Allemagne:

> «J'ai passé à Vienne les quatre jours de l'Anschluss! Tout était fermé et j'ai vu les magasins juifs massacrés avec des pierres, avec des bâtons. Ça m'intéressait pas du tout! Je voulais visiter les musées mais le musée est fermé! Je me trouve avec une Américaine. On dit au concierge: ‹Ecoutez, on vient ici pour visiter les belles choses! Ce qui s'y passe ne nous intéresse pas!› ‹Alors, entrez! Entrez!› On a visité le musée, on était toutes les deux seules dans le musée. J'ai vu tout ce mouvement nazi qui se développait. La propagande avait été extraordinaire! Dans leur poche, ils avaient déjà un brassard avec la croix gammée. J'ai vu les troupes nazies défiler sur le Ring. Je rentre à ma pension. Il y avait une jeune Autrichienne qui faisait des études, je lui dis toute ma sympathie. Elle répond: ‹Oh, mais pas du tout! Mais, cela va être merveilleux, on va plus avoir d'impôts et on va avoir du travail!› La propagande a été faite d'une telle manière que les troupes nazies sont entrées comme dans du beurre là-dedans.»
> *Denise Dupuis-Rayguiel, interviewée le 21 août 2000, par F. Regard et L. Neury, à Lonay*

Les délires verbaux d'Hitler le déconsidèrent aux yeux de certains, «un blagueur», selon Alfred Graff-Hamsler. Paul de Saugy, alors qu'il rédige sa thèse de doctorat, se rend en Allemagne en 1938. En raison de liens familiaux, il est invité à des soirées mondaines où il discute avec des membres de l'aristocratie, «l'ancien monde des Junkers». Il les juge tous antihitlériens mais attachés à l'ordre. Ceux-ci pensent se débarrasser d'Hitler lorsqu'il deviendra trop dangereux.

> «J'ai même assisté à un défilé où j'ai vu Hitler d'assez près. C'était en janvier! Il faisait assez froid et j'ai vu Hitler en voiture ouverte. Il était ridicule! Les gens autour de moi ont ri, souri. Le nez rouge et les oreilles rouges, cela faisait un peu rigolo!»
> *Paul de Saugy, interviewé le 6 juin 2001, par F. Regard et L. Neury, à Genève*

Les frontistes

Presque tous les interviewés qui évoquent cette tendance le font soit pour la critiquer et s'y opposer, soit pour s'en dissocier, soit pour la ridiculiser et la traiter comme quantité négligeable.

Des mouvements politiques de tendance autoritaire et antisémite voient le jour en Suisse, dès le début des années 1930. Globalement, ces mouvements ont une existence éphémère et une audience très restreinte. Il convient de distinguer ceux qui sont de rénovation nationale, sans lien avec l'étranger, ceux qui sont profascistes (la Fédération fasciste suisse du colonel Arthur Fonjallaz et l'Union nationale de Georges Oltramare) et ceux qui sont pronazis. Le principal mouvement de rénovation nationale, le *Nationale Front*, compte au maximum 9200 membres, mais seulement 2300 en 1939. Dès 1936-1937, ces groupuscules sont discrédités par la radicalisation du régime hitlérien et font l'objet d'enquêtes policières et de procès (notamment la vaste opération de police du 10 juin 1941 contre les nationaux-socialistes suisses).

Nous disposons du témoignage d'un ancien membre du MNS, Louis Grandjean. Il souhaite expliquer son adhésion à un mouvement qu'il juge *a posteriori* fasciste. Né en 1925 au Crêt (FR), Louis Grandjean est le fils d'un maréchal-ferrant qui, après une faillite, devient mécanicien d'usine. D'un milieu conservateur catholique, son père est contre les syndicats et la gauche. En 1940, sa famille accueille des réfugiés de Metz.

Louis rencontre une jeune juive de Mulhouse dont il tombe amoureux en 1940. Leur relation sentimentale est bien acceptée par son entourage qui ne manifeste, selon lui, aucun sentiment antisémite. Trop jeune pour être mobilisé, il devient garçon d'alpage. Il suit des copains et s'engage dans le MNS. Il lit le magazine *Signal* et ne considère pas cette lecture comme tendancieuse. Louis participe avec ses amis à des réunions, à l'Hôtel du Tonnelier, à Bulle. A ce moment-là, il ne comprend pas que le MNS est un mouvement pronazi et ne se souvient d'aucune pression idéologique. C'est par la presse qu'il apprend la dissolution du MNS. Pour lui, les activités de ce groupuscule se rapprochent de celles qu'il pratique chez les scouts. Participant aux conférences d'Armée et Foyer, à partir de 1943, il se bat contre le défaitisme et les faux bruits.

Le 19 novembre 1940, le Conseil fédéral décide la dissolution, avec effet immédiat, du MNS qui compte alors un peu plus de 2000 membres dans 162 communes de Suisse alémanique, y compris 129 membres de la Jeunesse nationale suisse.

Ce témoignage nous semble représentatif d'une partie seulement des sympathisants du MNS. Venant d'un milieu traditionaliste, Louis Grandjean n'est pas mû par des raisons idéologiques déterminantes. Il se trouve embrigadé soit en raison de son amour de l'ordre, soit sous l'influence d'amis plus engagés politiquement. Selon lui, il participe aux réunions «pour se faire une idée» ou simplement pour partager un bon moment avec des copains. Il affirme ne pas remarquer que, dans l'assistance, certains font le salut hitlérien ou que les discours sont pronazis.

Dans nos archives, à part Louis Grandjean, seuls les non-frontistes s'expriment. Ces témoins, qu'ils soient de gauche ou non, assimilent volontiers l'extrême droite à Georges Oltramare. Pour eux, le frontisme n'est pas un parti politique en tant que tel, il ne faut pas le prendre au sérieux d'autant que son influence s'amenuise pendant la guerre. Certains voient, d'un œil amusé mais non convaincu, les caricatures antisémites de journaux satiriques comme *Le Pilori*, ou assistent à des défilés et des meetings. D'autres se font une idée relativement vague de ces groupuscules qui, selon eux, font du tapage et n'ont aucune portée. Plusieurs points de vue se dessinent dans nos témoignages:

Appartenant à la Ligue vaudoise, Philibert Muret vient d'une famille libérale de banquiers. Impliqué dans les mouvements scouts, lors de voyages en Allemagne en 1935-1936, il est horrifié par les exactions nazies. Pour lui, le frontisme est un phénomène genevois, dangereux dans la mesure où il s'étend dans le canton de Vaud.

> «Il y avait des tensions gauche-droite, avec le mouvement des Fronts. Il y avait à boire et à manger. J'ai assisté à des manifestations à Genève. J'ai vu Georges Oltramare; nous étions très prudents car il voulait mettre le canton de Vaud sous sa coupe. Mon père était un bon libéral comme beaucoup de gens.»
> *Philibert Muret, interviewé le 7 juin 2000, par F. Regard et L. Neury, à Morges*

Fils d'une famille juive de Porrentruy, Jean Spira appartient au clan des «rouges.» Pour lui, les frontistes jurassiens ne sont ni virulemment antisémites, ni conscients de la portée de leur idéologie. Fascinés qu'ils sont par une doctrine qu'ils ne comprennent pas!

> «Avant guerre, quand Hitler est venu au pouvoir en 33 jusqu'en 39, il a fait des adeptes en Ajoie, dans le Jura. Il y avait le Front national qui avait été fondé à Genève par Oltramare et il a fait des émules dans le Jura, en Ajoie. A Courchapoix, c'était le colonel Daumont qui était un fervent. Il y avait des réunions, et la jeunesse dorée, dans une grande partie, pas la majorité, mais beaucoup de jeunes adoptaient la... étaient plus ou moins d'accord avec la doctrine nazie. Bon, ils ne savaient pas! Il y avait de l'antisémitisme latent.»
> *Jean Spira, interviewé le 9 avril 2000, par F. Regard et L. Neury, à Porrentruy*

De même que Philibert Muret, Robert Loup considère les Fronts comme une spécificité genevoise. Il lit *Mein Kampf* dans les années trente mais refuse de croire que tous les Allemands sont nazis. Selon lui, l'extrême droite souhaite purifier la Suisse mais est rejetée par l'ensemble des Vaudois. Ces militants fascistes font du bruit lors de manifestations publiques; les habitants les remettent vite à leur place:

> «Il y a eu la question, je crois, ça s'appelait Front national. C'était le parti d'extrême droite qui sévissait jusqu'au début de la guerre. Ils étaient surtout basés sur Genève et je me rappelle qu'une fois ils sont venus faire une conférence, une réunion. Ils avaient le drapeau suisse mais avec la croix blanche qui allait jusqu'aux deux bords, en disant: ‹La Suisse n'est pas pure, une fois que nous aurons rétabli l'ordre, remis cela en ordre, on remettra le drapeau suisse comme il était.› C'était pratiquement le drapeau de Savoie. Ils sont venus faire une

combine avec les drapeaux et les tambours et tout le bazar! Ils étaient une cinquantaine venus de Genève.
»– Beaucoup de gens sont venus à leur conférence?
»– Oui, pour leur casser la gueule. Oui, ça a mal fini parce qu'il a fallu emmener des gens à l'hôpital, des leurs! A la rue de la Plaine, il y a une grosse fontaine, j'ai vu qu'on en a foutus dedans!»
Robert Loup, interviewé le 19 avril 2000, par L. Neury, à Morges

La gauche

Le 27 novembre 1940, face à l'extrême gauche, le Conseil fédéral prend des mesures «propres à assurer la sécurité du pays et le maintien de sa neutralité». Il adopte un arrêté prévoyant la dissolution du Parti communiste suisse. En divers lieux, la police fédérale procède, en compagnie de la police cantonale, à des perquisitions, saisissant des documents et des papiers.

Pour la majorité des témoins, le communisme fait peur mais n'est pas mis au même niveau que le nazisme et le fascisme. Peu mentionnent l'interdiction du parti, en 1940. Ce mouvement est perçu comme contraire à l'ordre social établi, foyer de propagande auprès de la jeunesse suisse. Dans les interviews romandes, les affrontements publics à Genève, entre Georges Oltramare et Léon Nicole, sont systématiquement évoqués pour souligner la tension qui règne sur un plan politique. Au Collège Calvin, trois clans s'affrontent parmi les étudiants: les modérés, les fascistes et les communistes. Collégien proche de l'extrême gauche, Gilbert May paie cher son engagement:

«Je me suis engagé à fond dans ce mouvement communiste, et naturellement, j'ai distribué des tracts. Ça a été découvert et j'ai été exclu du collège quatre mois avant la matu. J'ai été convoqué dans le bureau du directeur qui avait remplacé un distingué aristocrate genevois. On lui avait reproché de ne pas être assez sévère parce qu'il y avait des mouvements politiques au collège. Alors, ils ont nommé un flic, il était major dans l'armée, un homme à poigne! On a découvert que certains collégiens distribuaient des tracts communistes dans le collège. Malheureusement, moi, j'ai été attrapé!»
Gilbert May, interviewé le 3 mai 2000, par F. Regard et L. Neury, à Thônex

Les témoins de gauche évoquent davantage les années trente que la période de la guerre. S'ils le font, c'est pour condamner l'interdiction de leur parti, la «persécution» dont leurs camarades sont victimes et les restrictions à la liberté d'expression.

Né en 1918, à Plainpalais (GE), d'un père artisan, Alfred Passard ne cache pas son admiration pour le Parti communiste. Il place tous ses espoirs en l'idéologie venue d'URSS. Il fréquente le milieu ouvrier de l'horlogerie et de la joaillerie, lors de petits boulots. Pendant la crise, il subit une période de chômage. Après un apprentissage, il devient technicien dentaire. Selon lui, la guerre d'Espagne contribue à le politiser, même si son engagement n'est pas total. Plus sympathisant que militant, il refuse d'adhérer à un quelconque parti, ne rejoint pas les brigades internationales et reste spectateur des combats de rue.

A la différence d'Alfred Passard, Eolo Morenzoni rejoint les brigadistes espagnols, à seize ans et un jour. Dans tous les témoignages de gauche, nous retrouvons les mêmes leitmotive: lutte contre le fascisme, participation à des grèves des travailleurs du bâtiment, symbole de la guerre d'Espagne, confiance en une URSS paradisiaque, modèle de justice sociale qui sauverait le monde. Après avoir participé à la guerre d'Espagne, Eolo Morenzoni revient en Suisse où il est condamné pour affaiblissement de la force défensive. Sa vie militante continue, il alterne les périodes de mobilisation et de prison:

> «J'étais arrêté, le 1er mai 1942, pour avoir donné des manifestes à des groupes de jeunes à distribuer. On m'a mis en prison et j'ai fait un mois au secret, la police militaire. Après, on m'a libéré. Mon procès a eu lieu après Stalingrad. On m'a condamné à trente jours avec sursis, le procureur a dit: ‹Franchement, si votre cas était passé par la police habituelle, on vous aurait peut-être arrêté mais pas enfermé un mois.› C'est la police fédérale qui a vu sept ou huit personnes, ils ont pensé à une organisation communiste. Elle a pensé à un complot communiste!»
>
> *Eolo Morenzoni, interviewé le 9 septembre 2000, par F. Regard et L. Neury, à Genève*

Cette «persécution» est confirmée par Robert Carrel, Genevois inscrit au Parti du Travail. Selon lui, ce groupe naît de la scission de l'aile gauche du Parti socialiste refusant les concessions des syndicats jugés trop laxistes à l'égard des capitalistes et des partis bourgeois. En particulier, il leur est reproché l'acceptation du Plan Wahlen. Durant la guerre, les revendications portent sur les sacrifices demandés aux pauvres, les faibles salaires, les restrictions alimentaires ou l'inégalité de distribution de carburant, ainsi que la transposition de valeurs militaires dans la société civile. Les militants condamnent la collaboration avec les Alliés et l'Axe, considérée comme une atteinte à la neutralité, et regrettent le manque de relations avec l'URSS qui pourrait fournir un ravitaillement suffisant. Ces thèmes sont notamment exprimés dans *L'Etincelle*, feuille lue et diffusée clandestinement par certains de nos témoins, après l'interdiction de certains partis de gauche.

> «C'était tellement bien structuré car on ne se connaissait pas! C'était des grands naïfs [le témoin parle de la police fédérale], ils nous sautaient dessus mais rarement! Dans les usines, on se passait les tracts sous le manteau. Ils avaient limité les imprimeries, le papier, ils surveillaient la consommation de papier. Nous avons réagi! Un tract peut-être faisait cent lecteurs, c'était notre force! Ils ont fait leur travail, les «violets» mais ils l'ont très mal fait. Il y avait toujours les Rambo, d'autres le faisaient simplement. La plupart de la police d'armée étaient des gendarmes mal vus, ils pouvaient faire le sale travail car cela ne les salissait pas trop».
> *Robert Carrel, interviewé le 15 octobre 1999, par M. Filgueiras, à Genève*

L'importance des rencontres et du milieu ambiant est déterminante dans le développement d'une conscience politique. L'apport des étrangers est considérable, ce qui conforte d'autant les angoisses du Département fédéral de justice et police vis-à-vis des réfugiés. Louis Sidler entend parler pour la première fois de communisme alors qu'il est cuisinier dans le camp de Prêles. Henri Cornaz fait une année d'apprentissage de typographe, à Zurich, où il rencontre un réfugié antifasciste. Ce céramiste lui fait son éducation politique et l'introduit auprès d'artistes réfugiés, comme Bertold Brecht ou Benno Besson.

> «Mes idées politiques s'affirment! Je vais à la Bibliothèque Pestalozzi, à Zurich, et je prends *Le Capital* de Karl Marx en allemand. C'est difficile au début alors je traduis dix pages, en même temps; je trouve *Die Russische Revolution* de Trotski et j'ai l'aspect marxiste et l'aspect trotskiste. Tout ça m'éveille beaucoup! Il y a un professeur à la *Volkshochschule* qui nous parle du marxisme. Ce qui fait que je me politise, j'ouvre mes yeux et mes oreilles! Dans le milieu de Besson, on est tous d'accord! Nous nous disons: ‹Qu'est-ce qu'on va faire après.› On n'a jamais douté que ça tournerait bien!»
> *Henri Cornaz, interviewé le 8 septembre 1999, par F. Sardet, à Yverdon*

L'anticommunisme

La montée des valeurs traditionnelles de type maréchaliste conjuguée aux troubles politiques des années 1930 développe un sentiment anticommuniste virulent. Parfois, nos témoins affirment avoir plus craint les «rouges» que les «bruns». Claire Pitteloud évoque la figure antipathique du Soviétique, dans *Tintin chez les Soviets.* Les craintes exprimées sont peu précises: l'Armée rouge, les Soviets, la collectivisation des terres sont tour à tour évoqués pour définir le Péril Rouge. Cela corrobore peut-être l'idée de Robert Koechli que, dans certaines franges de la population, le communisme n'est pas réellement connu. Dans les classes moyennes et supérieures ainsi que dans la paysannerie, l'extrême gauche fait peur. Pour Olivier Reverdin, la haine du communisme pousse même les conservateurs vers le fascisme. Selon Alice Siegrist, les communistes sont perçus, quelles que soient les circonstances, comme une menace permanente: d'abord, le pacte germano-soviétique inquiète, puis, même lorsque l'URSS se bat contre l'Allemagne, l'anticommunisme ne diminue pas. En 1944, selon elle, les Suisses craignent que les Soviétiques, en tant que libérateurs, ne s'imposent et ne parviennent aux frontières helvétiques. Robert Carrel se moque de ces angoisses qu'il juge aberrantes:

> «Le pacte germano-soviétique? C'était impensable, c'était un mariage de raison, on se demandait ce que c'était, on a pensé que c'était pour gagner du temps. Staline est assez malin pour gagner du temps, ils étaient pas prêts, personne n'était prêt!»
> *Robert Carrel, interviewé le 15 octobre 1999, par M. Filgueiras, à Genève*

Le Conseil fédéral

Globalement, la politique intérieure intéresse peu nos témoins sauf s'ils évoluent dans des milieux politisés. La plupart du temps, ils se contentent de faire confiance au gouvernement conservateur qui, selon eux, représente au mieux leurs intérêts. Même Robert Carrel, engagé dans le Parti du Travail, justifie les positions du Conseil fédéral qu'il juge prisonnier de la situation internationale. Jusqu'en 1943, les débats disparaissent de la scène politique suisse.

A l'époque, la population dispose de peu de moyens pour se tenir au courant des discussions et des décisions politiques, les journaux et la radio étant contrôlés par l'Etat. Nos témoins jugent la politique du

Conseil fédéral à travers «le cas Pilet-Golaz». L'entrée du conseiller fédéral socialiste en décembre 1943, Ernst Nobst, n'est pas du tout mentionnée. En revanche, la plupart constatent l'existence d'une dualité entre un Conseil fédéral relativement faible et un Général prêt à galvaniser les foules pour résister et sauvegarder l'indépendance du pays. Sont opposés le fameux discours de Marcel Pilet-Golaz et celui du Rütli prononcé, en juillet 1940, par le Général Guisan.

> «Le Conseil fédéral vous a promis la vérité. Il vous la dira, sans la farder et sans trembler. Le temps est venu de la renaissance intérieure. Chacun de nous doit dépouiller le vieil homme. Cela signifie: ne pas palabrer, concevoir; ne pas disserter, œuvrer; ne pas jouir, produire; ne pas demander, donner…»
> *Discours prononcé le 25 juin 1940, par Marcel Pilet-Golaz à la radio*

Tous les témoins ont un avis tranché sur la culpabilité ou non de Marcel Pilet-Golaz: traître, maladroit ou héros résigné.

> «L'expérience principale était le discours Pilet-Golaz. Je n'ai pas appris le discours lui-même parce que je crois que c'était dans les nouvelles. Il y avait un désarroi total de l'ensemble des troupes, pour ne pas dire une déprime: à quoi sert-on si le gouvernement abdique? Il faut dire que c'est après le 10 mai, date cruciale où la ligne Maginot est tombée et la Suisse pourrait être envahie au sud de la ligne Maginot, c'était une éventualité. C'était une éventualité qu'on était tout à fait prêts à affronter! On voyait partout cette déprime de l'ensemble de la troupe après le discours de Pilet-Golaz. Le 1er août, le Général Guisan prend le risque de décapiter toute l'armée, il amène tout le haut de l'armée, toute la tête de l'armée sur le Rütli. Il fait un autre discours et alors, c'est le changement total! Pilet-Golaz disait: ‹Les conditions sont ce qu'elles sont, il faut tenir compte de la nouvelle situation.› Sans le dire officiellement mais en cachette, il disait: ‹La Suisse va s'allier aux Allemands!› Ça fait peur! Mais, donc, après le discours de Guisan qui disait exactement le contraire, il n'y a pas question d'abdiquer, on va se défendre jusqu'au bout… [pleurs]. Encore aujourd'hui je suis sensible à ça! Ça avait tellement changé l'opinion de la troupe. C'était l'espoir dans le cœur de tout le monde! Après coup, j'ai l'impression, heureusement qu'on avait un Conseil fédéral

presque prohitlérien et heureusement que Guisan était contre! Les Allemands n'avaient pas de raison d'attaquer la Suisse parce que le Conseil fédéral était avec eux et puis, ils avaient pas de raison d'attaquer la Suisse parce que Guisan était le défenseur à tout prix. A mon avis, c'est cette dualité qu'on critique souvent. Sur le moment, c'est cette dualité qui nous a évité d'être attaqués.»
Albert Hahling, interviewé le 4 juillet 2000, par M. A. Schüpfer, à Aigle

Ce point est développé d'une manière quelque peu différente par Marguerite Constantin-Marclay:

«On a eu un Conseil fédéral qui, en revenant en arrière, on trouve qu'il a peut-être fait des bêtises et des erreurs mais, sur le moment, il a été très vigilant. Il a agi comme il aurait dû agir car on n'aurait pas passé la guerre comme on l'a passée. S'ils ont fait des choses qu'on juge peut-être maintenant négatives, ils savaient très bien pourquoi ils l'ont fait. C'est facile de juger après, mais sur le moment! A l'époque, on avait confiance, on avait nos militaires qui nous protégeaient!»
Marguerite Constantin-Marclay, interviewée le 10 mai 2000, par F. Regard et L. Neury, à Champéry

Pour d'autres, les propos de Pilet-Golaz sont jugés scandaleux car ils expriment un désir d'alignement sur les forces de l'Axe. Le président de la Confédération est traité de «sale individu» par un de nos témoins. Le père de Mme Lecomte réagit violemment à ce discours, dans un journal de gauche. Le «frondeur» est sanctionné, sa fille estime avoir été discriminée lors d'un examen de sténodactylographie, suite à cette prise de position.

Finalement, la figure du Général l'emporte sur tout autre souvenir de politique intérieure.

Le mythe Guisan

Trois témoins évoquent l'élection du colonel Henri Guisan, le 30 août 1939, et la décrivent comme un moment décisif de l'Histoire suisse.

Le 30 août 1939, l'Assemblée élit, par deux cent deux voix sur deux cent vingt-neuf, le colonel Henri Guisan, âgé de 65 ans, alors commandant du premier corps d'armée, comme général de l'armée suisse. Pendant que le Général prête serment, environ 30 000 personnes s'amassent devant le Palais fédéral pour l'acclamer.

Cette décision politique est très bien acceptée par la population et l'armée. Les trois témoins se félicitent de la mise à l'écart du commandant de corps Wille, un Suisse alémanique peu apprécié des Romands. Habitant Sierre, dans le Valais, Guy Zwissig apprend la nouvelle, le 1er septembre 1939, en même temps que la mobilisation générale:

> «Le 1er septembre, nous étions en train de manger lorsque la radio suisse, Monsieur ATS, avec sa voix chevrotante, a annoncé: ‹Le Conseil fédéral vient de déclarer la mobilisation générale, l'Assemblée générale vient de désigner Henri Guisan, commandant de corps du premier corps, comme général.› On s'est tous levés, figés et il y a eu l'hymne national. Là, on était en guerre!»
> *Guy Zwissig, interviewé le 26 mai 2000, par L. Neury, à Sierre*

La légende dorée

Pour la grande majorité de nos témoins, la figure du Général Guisan incarne les valeurs et l'esprit des Suisses de l'époque: la confiance en son pays, la chaleur d'un homme près du peuple, le génie militaire, la fermeté face à la barbarie nazie, le refus de compromissions. Cinquante ans plus tard, le consensus est toujours là, malgré les critiques et les révisions d'une mémoire plus hagiographique que nuancée.

Plusieurs raisons expliquent cette admiration qui tourne, parfois, à la déification:

– Le respect pour l'autorité et la hiérarchie.

– Un certain divorce entre le Conseil fédéral et le Général.

– La propagande active par des organes, comme Armée et Foyer.

– La peur de l'invasion qui pousse à se rassurer en mettant en valeur les qualités des personnes censées les protéger.

– La personnalité et la simplicité d'un homme aux racines paysannes.

– Le charisme et le sens de la communication d'un militaire.

– La sacralisation du chef entraîne en corollaire celle des mobilisés, après 1945.

Le point de vue des civils

Femmes et enfants ne cachent pas leur admiration pour le Général, figure lointaine pour certains, plus familière pour d'autres, qui incarne la tranquillité et la sûreté. Les enfants imaginent le Général tel que les conversations de leurs parents le décrivent: grand («un homme important est toujours grand»), beau et intelligent («sinon, il ne serait pas important!»), fin stratège et homme de guerre («il sait manier le pistolet et se battre à mains nues»). Selon Jean-Claude Bouvier, lorsqu'ils jouent à la guerre, les plus jeunes se partagent les rôles entre «Allemands», «Anglais» et «Suisses». Le Général est un personnage qu'il aime incarner car il est le défenseur de la Suisse. N'oublions pas que, souvent, un portrait du Général est accroché dans les salles de classe et que la propagande touche particulièrement les plus jeunes.

Souvent, les femmes sont plus élogieuses que les hommes pour le Général Guisan. N'est-il pas maître de la destinée de leur mari mobilisé? Femme de mobilisé, Germaine Garin compose, en 1958, au moment de l'anniversaire du Général, un hymne en son honneur et le lui envoie. Elle possède un portrait de Guisan, chez elle, et garde religieusement la réponse à sa lettre.

> «Au tout grand chef de la Patrie,
> Nous redisons tout notre amour.
> Que Dieu lui donne longue vie,
> Ce sont nos vœux en ce beau jour.
> Vous avez su vraiment comme un bon père,
> Nous protéger à l'heure du danger.
> Que pourrions-nous faire qui put vous plaire,
> Nous ne savons comment vous remercier.
> Que Dieu bénisse notre Chef suprême»
> *Germaine Garin, interviewée le 10 novembre 1999, par F. Regard, aux Verrières*

La plupart de nos témoins vantent ses qualités d'homme plus que de chef. Il est humain, généreux, fort, vif, altier, proche des gens quel que soit leur milieu. Selon France Christoff-Secretan, le Général Guisan ne se limite pas à un rôle militaire. «Très populaire, dans le bon sens du terme», il visite régulièrement les malades et déshérités dont la jeune femme s'occupe dans un hôpital militaire.

Souvent, les civils utilisent un vocabulaire religieux pour honorer la mémoire d'un «quasi-dieu». Le fait de l'avoir rencontré est valorisant. Lorsqu'ils s'approchent suffisamment de lui, certains de nos témoins essaient de le toucher comme si ce contact tactile leur apporte chance et protection. Le père de Bluette Loup-Delafontaine est photographié aux côtés du Général. Lors d'un défilé, Emile Bonard l'accoste et lui demande un autographe. A Echichens, Juliette Pellet le voit fendre la foule, telle une «apparition divine», au cours d'un défilé. Originaire de Bulle, Rosette Doutaz nous raconte le geste que le Général a envers son fils, lors d'une manifestation:

«Le Général Guisan, il a, une fois, caressé mon fils, à Bulle [le témoin mime le geste sur sa propre joue].
»– Ça s'est passé comment?
»– Il était à Bulle. J'ai passé avec ma poussette. Il m'a dit: ‹Bonjour!› Et il s'est penché sur mon bébé. Après, je l'ai rencontré encore une fois, à Lausanne, quand j'étais au Comptoir. Mais je n'ai rien osé lui dire! Je regrette! Je l'aimais bien!»
Rosette Doutaz, interviewée le 28 février 2001, par L. Nicolet et M. Reymond, à Fribourg

Malgré l'aura du Général, nos témoins peuvent s'identifier à lui. Comme la plupart d'entre eux, il est Romand, patriote, simple et vient du monde paysan.

Le point de vue des soldats

Comme pour les civils, les qualificatifs dithyrambiques utilisés par nos témoins mobilisés sont nombreux: Guisan est le «père de la patrie» (Adrien Pitteloud), «un dieu pour la Suisse» (Irène Corboz, SCF), «notre idole» (Jürg Hasler-Steiner), «un grand homme» (Jean Spira), «un résistant à Hitler», «l'homme de la situation» (Paul-Henri Glardon), «grrrrrandissime» (Alfred Borgeaud), «un homme de la terre» (Léon Richard), «un homme de droite droit» (Louis Sidler). D'ailleurs, la plupart des Mobards nous montrent fièrement des photographies ou portraits du Général, certains sont même dédicacés.

Henri Guisan incarne, avant tout, l'esprit du Rütli. Selon eux, ce fameux discours est un véritable coup d'Etat orchestré contre un Conseil fédéral qui penche vers l'extrême droite (tendance symbolisée par Pilet-Golaz).

L'un des officiers de l'état-major particulier d'Henri Guisan, le capitaine Hans Bracher, a l'idée de rassembler, en un même endroit, tous les officiers supérieurs de l'armée suisse. A cette occasion, un rapport d'armée sera rédigé. Haut-lieu de l'histoire helvétique où se scella le Pacte de 1291, la prairie du Rütli est au cœur du futur Réduit national. Le 25 juillet 1940, un mois après le discours de Pilet-Golaz, s'y réunissent plusieurs centaines d'officiers, près de Lucerne. Devant eux, le Général lance l'idée du Réduit et affirme sa volonté de lutter contre le défaitisme et la démoralisation. L'un des leitmotive de son discours est la volonté de résistance à toute agression. Assez rapidement, l'esprit du Rütli se diffuse parmi la troupe.

Nos témoins estiment que, tout au long de la guerre, Guisan penche en faveur des Alliés. «Lui n'a jamais retourné sa veste», estime Paul-Henri Glardon. Pour Emmanuel Meynet et bien d'autres, il incarne la résistance face à l'Axe, esprit qui est, ensuite, insufflé aux officiers et à la troupe.

Selon Willy Hubacher, le Général Guisan se soucie des soldats; il crée le système des congés et la caisse de compensation. A Charmey, André Ruffieux partage un repas avec le Général. Ce dernier n'hésite pas à retrousser ses manches pour partager le quotidien des hommes. A La Tine, dans le Réduit, Alfred Borgeaud le voit aider des soldats à pousser une charrette embourbée et donner l'exemple aux officiers de sa compagnie. Nombreux sont ceux qui rencontrent le Général, pendant leur service actif. Jean Perret le croise dans un couloir, à l'état-major du premier corps d'armée. Dans les Grisons, Jürg Hasler-Steiner s'est fait inspecter par Guisan, le jour où ce dernier a rencontré le général SS Schellenberg, à Arosa. A Yverdon, Charles Cachemaille l'entraperçoit alors qu'il supervise une revue des pompiers. A Dailly, Léon Richard lui sert un repas et l'aide à choisir un vin. Suite à un pari, Jean Dunant lui lace ses chaussures. Louis Sidler défile devant lui, à Bienne. Paul-Henri Glardon le rencontre aux WC publics:

> «Le Général Guisan venait fréquemment le vendredi après-midi, à l'Hôtel de la Paix, à Lausanne, jouer aux cartes avec deux de ses amis. Le vendredi où il est venu ici, moi, j'étais à Saint-François, avec ma casquette d'étudiant sur la tête et je descends les escaliers qui conduisaient aux WC publics et lui en ressortait. C'est là que nous nous sommes rencontrés pour la première fois, dans les WC publics. Il était en uniforme, moi, j'étais aussi en uniforme. ‹Bonjour, mon Général.› ‹Bonjour, lieutenant!› Et lui, il est parti faire sa partie plus loin. C'est pour vous dire! Voilà, un général de l'armée suisse qui, à la place d'aller dans les toilettes vraiment super chics de l'Hôtel de la Paix, vient, comme un honnête citoyen, faire son pipi aux WC publics de Lausanne. Je trouve ça formidable!»
>
> *Paul-Henri Glardon, interviewé le 14 juin 2000, par F. Regard et L. Neury, à Lausanne*

Au regard de nos témoignages, le Général semble partout. Il inspecte plusieurs compagnies, à des endroits différents, le même jour. On le croise en montagne, dans les fortins et forteresses, aux frontières, dans les forêts, dans les rues des grandes villes, aux toilettes publiques.

Au civil comme au militaire, à gauche comme à droite, le consensus est total: le Général est «l'homme de la situation»! Quelques-uns de nos

Revue de troupe par le Général, à Sion (septembre 1941) (coll. Curdy).

témoins plaisantent sur «Riquet la Fourchette», ils font allusion au sobriquet affublé à un Général qui est, souvent, vu attablé à un banquet. Mais, vite, ils se rattrapent et condamnent une rumeur jugée par France Christoff-Secretan, «infondée et calomnieuse».

Une légende noire?

Seuls neufs témoins sur les cent vingt-trois qui parlent de Guisan critiquent l'homme et sa politique. Largement minoritaires, ces sceptiques appartiennent à des milieux cultivés, intellectuels, bohèmes, politiques ou syndiqués. Aucun n'évoque clairement les griefs reprochés *a posteriori* au Général: les conventions signées avec Vichy, les propositions d'envoyer des «missions» en Allemagne, les rencontres avec le général SS Schellenberg et son rapport tendancieux sur la Mobilisation. Charles Pochon s'insurge contre «la déification» du Général, contre l'unanimité autour de sa figure. Selon lui, à l'époque, il y a déjà des esprits critiques. Si, pour Noël 1944, Robert Loup reçoit des mains de Guisan, une cuillère en argent, il affirme ne pas être dupe et être conscient, à l'époque, de la pression psychologique de la propagande. Marion Bonard, dont la mère est Américaine, rencontre le Général par hasard. Ce contact ne lui fait «ni chaud, ni froid». Gilberte Aubert est beaucoup plus virulente:

> «Si on a eu un général qui est un salaud, je le dis franchement, on a eu des gens qui ont sauvé des juifs! (...) Il soutenait Hitler, il a soutenu Hitler, il a même été en Allemagne, je crois. En somme, c'était presque un espion!»
> *Gilberte Aubert, interviewée le 20 septembre 2000, par Jacqueline Veuve, à Romainmôtier*

Lors d'une visite dans son école, le Général a justifié la fusillade genevoise de 1932, ce qui l'a profondément choquée. Elle ne vient, pourtant, pas d'un milieu politisé! Sa colère peut, à notre avis, s'expliquer par son ressentiment à l'encontre de la politique d'asile; elle rend le Général coupable des refoulements. Elle et ses sœurs aident des réfugiés juifs à passer clandestinement la frontière et se disent choquées par l'antisémitisme latent de la Suisse.

Plus nuancé, Ernest Jomini dit avoir une «admiration tempérée» pour le Général Guisan. Selon lui, il n'a jamais fait ses preuves, que ce soit au niveau politique ou militaire. Populiste plus que populaire, il sait s'entourer de personnes compétentes, comme Bernard Barbey. La sanction d'Ernest Jomini est sans appel: «Un monarque sans le titre!».

Si elles s'expriment maintenant sans peur du politiquement correct, ces voix dissidentes se taisent à l'époque, par désintérêt pour tout ce qui touche la politique ou par peur d'ennuis avec la justice.

Sans parler d'un culte d'Etat ou d'une propagande de type totalitaire, nous pouvons nous interroger sur ce mythe vivace. Rien ne semble ébranler la confiance en celui qui est perçu comme le Sauveur de la Suisse! Il suffit de lire les brochures publiées, lors de l'Opération Diamant (1989) pour s'en convaincre. Si maintenant le politiquement correct n'est plus le même, nos témoins restent dans une perspective 1945. Ils n'ont pas conscience que le mythe Guisan est une construction, même si certaines des qualités énumérées sont vraies. Ils s'interrogent seulement sur le nombre impressionnant de portraits et photographies mis en circulation...

CONCLUSION

Les témoignages nous apportent des connaissances spécifiques sur l'envers du décor de la Mob, difficilement accessible autrement. Ils nous permettent de saisir les états d'âme et d'esprit tels que l'angoisse ou la peur souvent absentes des travaux officiels effectués à partir des sources écrites, purement factuelles. Sur le plan «des petits faits vrais de la vie», les témoins nous confient des savoir-faire tels que les recettes de cuisine, les trésors d'ingéniosité déployés par les mères afin d'économiser les ressources disponibles. Des enfants nous racontent leurs jeux, liés au contexte international, dont les règles ne sont inscrites nulle part et nous décrivent des jouets éphémères tels que bouts de bois, pives de pin, armes du père ou des résistants locaux. En souriant, les protagonistes nous chuchotent leurs pratiques de marché noir, tues en raison de la crainte d'être condamnés. Les réactions complexes à ce phénomène ne sont analysables qu'en écoutant les discours non seulement sur ces réalités économiques mais aussi sur la morale de l'époque. Les convictions religieuses et politiques s'inscrivent dans une vision du monde héritée, puis déterminée par la guerre. La peur est source d'autocensure et sclérose les pensées critiques. Des tabous imposés par les nouvelles valeurs de type pétainiste se heurtent aux circonstances de la guerre. Ces contradictions apparaissent clairement au niveau de la sexualité, l'un des seuls lieux de résistance possible, clandestin ou non, aux interdits moraux.

La complexité des réactions de la population face aux pouvoirs apparaît au fil des témoignages. Pourquoi et comment la mise entre parenthèses de la démocratie, de la liberté d'opinion et d'expression, dès 1939, est majoritairement acceptée. De quelle façon, le mythe Guisan permet une appréciation manichéenne, propre à la pensée unique en vigueur à l'époque, dans laquelle le Conseil fédéral joue le rôle du méchant. L'armée fournit un idéal de résistance au prix de compromis et accommodations attribués aux politiques. Le déboulonnage involontaire et inconscient des héros d'antan, les traditionnels défenseurs de la patrie, naît de l'introduction de la figure des antihéros – l'enfant, la femme et le vieillard. Ces derniers sont contraints de remplacer les hommes mobilisés, de faire des efforts démesurés, de subir des sacrifices quotidiens et surtout de soutenir le moral des soldats.

La réalité présentée comme vie quotidienne appartient à la défense du pays même si, dans la mémoire collective, c'est surtout «par les armes et par l'esprit» que ce thème est traité.

Leur Mob

L'association Archimob – archives de la Mobilisation – vise non seulement à recueillir des témoignages de Mobards mais également de civils. En raison de son appellation, nombre de soldats et d'officiers se sont proposés pour être interviewés. Après 1945, la figure du Mobard symbolise la défense du pays, la résistance à l'ennemi, dût-il abandonner femme et enfants, d'abord lors de la mobilisation et peut-être plus longtemps, en cas d'invasion.

«La mobilisation générale du 1er septembre 1939 appela quelque 430 000 hommes sous les drapeaux. Progressivement ramené à 170 000 hommes (janvier 1940), cet effectif était remonté à 220 000 en avril 1940 et atteignait en mai 1940, après la deuxième mobilisation générale, le chiffre record de 450 000 hommes. Après l'effondrement de la France, la démobilisation partielle du 7 juillet 1940 eut pour effet de réduire très rapidement l'effectif de 400 000 à 180 000 hommes. Pour des raisons de coûts et de pénuries de main-d'œuvre dans le secteur civil, on s'efforçait de ne pas mobiliser plus d'hommes qu'il n'était absolument nécessaire. (...) Le point le plus bas fut atteint en juin 1942, avec 63 000 hommes.»
Georg Kreis, *La Suisse pendant la Deuxième Guerre mondiale: Ses réponses aux défis de l'époque*, Pro Helvetia, Zurich, 2000; p. 84.

Tous les Mobards nous décrivent leur service actif et nous présentent de nombreux documents: photographies, livrets militaires, cartes stratégiques, lettres, ordres de marche... A partir de ce fond, nous pouvons reconstituer leur parcours militaire:

– Ils apprennent la mobilisation des troupes de couvertures frontières (28 août 1939) puis, la Mobilisation générale (2 septembre 1939) par voie d'affiches, par la radio, par le bouche à oreille ou par courrier.

«Le jour de la Mobilisation, en septembre 39, vous pensez si je me souviens, on a été accompagner mon père et mon oncle à la gare. Ils étaient mobilisés! J'ai été tellement ému que je me suis évanoui parce que j'ai assisté à un accident. Il y avait un soldat qui arrivait avec un vélo; il s'est fait renverser par une voiture, il a eu le bras ouvert, je vois encore le sang gicler de l'artère. Et j'étais tellement brassé de ce départ de mon père, ma mère pleurait, ma tante pleurait, on voyait des gens,

à la gare, qui étaient vraiment démoralisés! (...) C'était très émouvant, très démoralisant!»
Gilbert May, interviewé le 3 mai 2000, par F. Regard et L. Neury, à Thônex

– Les soldats regagnent, alors, leur lieu d'affectation, avec un ordre de marche. Arrive le moment souvent ressenti comme le plus émouvant de leur Mob: la prestation de serment, rite de passage entre la vie civile et la vie militaire.

«La façon de prêter serment, c'est quelque chose d'extraordinaire! Vous avez juré; vous êtes un parjure si vous reniez, vous avez plus qu'à poser votre fusil et vous faire enfermer. C'était poignant, simple, c'était dans la cour d'une ferme, sont venus des officiers, on a juré et promis. Ça nous a marqués, j'ai jamais vu de défaitisme!»
Robert Carrel, interviewé le 15 octobre 1999, par M. Filgueiras, à Genève

La mobilisation des couvertures frontières vue par Yverdon-Revue *(septembre 1939) (coll. Cachemaille).*

La prestation de serment de Louis Sidler (3 septembre 1939) (coll. Sidler).

L'assermentation ajoute une dimension religieuse à l'engagement militaire et patriotique. Cette cérémonie fait référence aux fondements chrétiens du Pacte de 1291 scellé entre les différents peuples composant la Suisse. La volonté de résister s'inscrit dans le maintien de ces valeurs helvétiques traditionnelles. La défense «par les armes» n'a aucun sens si, dans la population, l'emportent défaitisme et volonté d'alignement. Pour cette raison, dès 1938, les pouvoirs, civils puis militaires (1939), s'appliquent à embrigader le peuple suisse derrière l'idée de Défense spirituelle.

«DÉFENDONS LA SUISSE PAR L'ESPRIT!»

Si l'expression «Défense spirituelle» est connue de nos témoins, pour beaucoup, il est difficile de la définir ou de donner des exemples de sa mise en application. Comme l'explique l'arrêté du Conseil fédéral de décembre 1938, inconnu chez la plupart de nos interviewés, la portée de ce mouvement est idéologique et politique.

L'idéologie

Le 9 décembre 1938, le Conseil fédéral adresse aux Chambres fédérales un message concernant les moyens de maintenir et de faire connaître le patrimoine spirituel de la Confédération: «Les profonds bouleversements survenus depuis la guerre mondiale dans la vie spirituelle, politique, économique et sociale de l'Europe ont, tout naturellement, leurs contrecoups dans notre pays. Un peuple qui a la ferme volonté de rester indépendant voit maintenant se poser à lui des problèmes qu'il ne peut éluder. La Suisse a dû prendre au cours de ces dernières années, pour sa défense militaire et économique, des mesures d'une ampleur auparavant inconnue. Cependant, les milieux les plus divers reconnaissent qu'il n'est plus possible de s'en tenir à cette seule défense. La presse, des associations, des assemblées discutent avec passion la nécessité d'une défense spirituelle du pays. (...) Nous sollicitons la collaboration de tous ceux qui sont disposés à mettre leurs forces au service de la collectivité pour l'indépendance du pays. (...) La vie intellectuelle doit pouvoir librement exprimer l'esprit suisse et le caractère de notre peuple.» Parmi les moyens passés en revue, figurent la littérature, le théâtre, la radio et les Beaux-Arts, et également le cinéma.

L'omniprésence des valeurs traditionnelles de l'Helvétie se retrouve au cœur de la pensée des interviewés. Concrètement, ce sentiment s'acquiert et est entretenu institutionnellement au sein de la famille, de l'école, de l'armée et d'activités socialisantes. Plusieurs interviewés mentionnent les chants religieux et patriotiques appris à l'école et dans les mouvements de jeunesse. Cette union sacrée «spirituelle» a des implications sur un plan militaire:

> «L'état d'esprit, la Suisse était unie contre un adversaire d'où qu'il vienne. Ça, le Général ainsi que le Conseil fédéral l'ont dit dans bien des directives.»
> *Jean-Pierre Gehri, interviewé le 7 août 2000, par F. Regard et L. Neury, à Lonay*

«La Suisse était sacrée! Personne n'aurait eu l'idée de la critiquer, c'est comme l'armée!», rappelle Madeleine Cressier. En ces temps troublés, les fondements du Pacte de 1291 sont sans cesse rappelés par les témoins rassurés par la sécurité et l'union du pays:

> «La Suisse, c'était aussi la Suisse allemande. Le Grütli où il y avait nos racines, c'était notre pays. Il semblait qu'il avait des valeurs, par son travail, par ses recherches, qu'on était un pays tellement sûr, qui avait

ses valeurs importantes, des recherches, des grandes entreprises. On était sécurisés parce qu'on était Suisses et neutres! Plus ça approchait de la guerre, plus on se disait: ‹Heureusement qu'on est neutres.› Religion et pays, nous, on est créés là-dedans!»
Nadine Barbezat, interviewée le 23 mai 2001, par L. Neury, à Lausanne

Ce témoignage est représentatif de la majorité des avis présentés lors de nos enquêtes, les autres restent marginaux et sont considérés comme tels par l'opinion publique.

Cependant, Jean Buhler conteste ces valeurs de neutralité et de retrait de la vie internationale après avoir découvert de tout autres visions du monde, en «tziganisant» sur les routes. Il est le seul témoin à véritablement remettre en question l'impact sur la population de la propagande de défense à tout prix et nous donne sa définition du patriotisme:

«Le patriotisme, c'est pas seulement l'amour de la terre, c'est l'amour des gens, l'amour des siens. On peut faire une armée avec un patriotisme, mais il ne doit pas être purement conforme par des techniques et des sciences, mais une expression d'amour pour les siens. Si le patriotisme est l'amour des siens, alors, le nationalisme c'est la haine des autres. La Suisse n'était pas du tout nationaliste, il y avait un patriotisme de bonne classe. Parmi les officiers, il y avait beaucoup de ganaches et parmi le peuple, il y en avait beaucoup qui n'auraient pas voulu se faire trouer la peau.»
Jean Buhler, interviewé le 15 septembre 2000, par F. Gonseth, à Neuchâtel

La Landi

A Zurich, l'Exposition nationale est visitée par 10 506 735 personnes entre le 6 mai et le 29 octobre 1939. Vitrine de la Suisse d'avant-guerre, elle symbolise ce souci de Défense spirituelle. Nos témoins, citadins et ruraux, s'imprègnent massivement de l'esprit de la *Landi*, exposant les fleurons de la culture et de la technique helvétiques. Agés de dix à trente ans, ils s'inscrivent dans des réseaux de sociabilité actifs (écoles, mouvements de jeunesse religieux ou non, famille, militaire) dans le cadre desquels des déplacements sont organisés.

«On avait une fois un congé pour aller à l'Exposition nationale en 1939, avec la compagnie. C'était formidable! C'était une cohésion, on sentait la cohésion, on sentait la solidarité entre les différentes couches sociales. C'était extrêmement important et ça nous a tenus,

soutenus. Moi, personnellement, je me sentais très fort. On avait confiance en soi-même et on savait qu'on ferait du mieux possible.»
Jürg Hasler-Steiner, interviewé le 12 mai 2000, par F. Regard et L. Neury, à Lausanne

L'enthousiasme ressenti par le collégien genevois Robert Iselin est partagé par l'ensemble des visiteurs. Pour lui – ce qui n'est pas le cas pour tous – la dimension idéologique de rassemblement et d'unité nationale contre l'Allemagne est mise en avant. On peut se demander s'il s'agit d'une reconstruction *a posteriori* afin de défendre la Suisse contre les attaques contemporaines. Pour les autres, «l'Expo» est seulement une magnifique distraction, une occasion de goûter aux spécialités d'outre-Sarine ou une vitrine glorieuse de présentation de prouesses techniques, chacun y cherchant ses centres d'intérêt. Charles Cachemaille prend de magnifiques photos de machines-outils. Willy Helfer travaille à la fabrication de la plus puissante locomotive au monde destinée à être exposée.

La rivière enchantée de la Landi, à Zurich (1939) (coll. Cachemaille).

«Les gens ne se rendent pas compte, quelles qu'aient été les opinions publiques, l'unité du peuple. Elle s'est traduite la première fois par la célèbre Exposition nationale. J'avais 13 ans, je me rappelle encore qu'on avait eu droit à une meringue comme ça. C'était inoubliable! Cela a été, les gens qui vous disent qu'on était soi-disant pronazis, une manifestation contre l'Allemagne. Nous sommes un peuple libre, fini! Mon souvenir le plus profond, c'était la Voie suisse. Il y avait les drapeaux des, je ne sais pas combien il y en a, de toutes les communes en Suisse. L'atmosphère, je me rappelle, c'était dingue!»
Robert Iselin, interviewé le 4 juin 1999, par M. A. Schüpfer, à Genève

L'analyse du discours d'inauguration prononcé par Philipp Etter laisse peu de doutes sur les visées idéologiques de la manifestation, propagande pleinement réussie au regard des appréciations de nos témoins!

Personne ne conteste le succès de l'Exposition nationale de 1939. Seul Ernest Jomini s'interroge sur le propagandisme un peu kitsch de la manifestation. Comme ses concitoyens, il apprécie l'esthétique et le divertissement proposé par la *Landi* mais il doute de la portée du message véhiculé: un simple helvétisme ou chauvinisme selon lui.

«On nous y a menés avec le gymnase. Ça s'est très bien passé, c'était sympathique! On s'est bien amusés. Il y avait des petits bateaux. C'était la première fois que j'allais à Zurich. On a dormi dans les casernes. Ça n'a pas marqué ma vie! Il y avait tous les drapeaux de toutes les communes suisses, il y avait un certain suissisme dans cette affaire où en Suisse romande, on n'adhérait pas. Les autorités pensaient sûrement que c'était bon de faire cette propagande.»
Ernest Jomini, interviewé le 26 mai 2000, par L. Neury, à Lausanne

Comme d'autres, il assimile «l'Expo» à l'esprit de la section Armée et Foyer. Le lien entre les deux institutions apparaît souvent, après un temps de réflexion, dans leurs témoignages: le message de résistance et d'union sacrée que l'Exposition veut transmettre en temps de paix, Armée et Foyer va l'imposer pendant la Mob.

Armée et Foyer

Dans les traces de l'Exposition nationale est instaurée la section Armée et Foyer, en septembre 1939. La différence entre la Première et la Seconde Guerre mondiale réside dans son caractère idéologique: «Il ne suffisait plus de distraire simplement le soldat comme jadis, il fallait aussi le prémunir contre la propagande de Goebbels», explique l'historien Eddy Bauer, dans un article paru en 1971, dans la *Revue Militaire Suisse.*

La propagande

Si la lutte contre les fausses informations est l'un des buts d'Armée et Foyer, ce souci s'exprime dès la fin des années 1930. Etant donné le caractère idéologique des régimes totalitaires et leur politique de propagande, il est difficile, avant la guerre, de se faire une idée exacte des forces en présence. Gilbert de Montmollin, jeune officier, se souvient de l'incertitude ambiante. La lutte contre la désinformation est menée par Guisan, alors commandant de corps:

> «Nous, on était encore dans l'ambiance 14-18. On a cru à la ligne Maginot jusqu'au jour où les Allemands l'ont contournée. Les Français étaient tellement sûrs d'eux, alors les Allemands avec les chars en bois! On en parlait, c'était la propagande. La propagande était une chose habile, on croyait que l'information était sûre. Il y a la contrepartie qui a commencé par l'armée suisse et le commandant de corps Guisan. J'ai assisté à une exhortation du commandant de corps Guisan et Minger, ministre de l'armée, qui expliquaient que tout ce qu'on entendait était faux et qu'il fallait renforcer l'armée et que la gauche a tout fait pour diminuer ou supprimer l'armée. Comme jeune lieutenant, c'était extrêmement angoissant! On ne savait pas qui croire. Notre état d'esprit était une angoisse permanente, on finissait par vivre dans cette angoisse, on commençait à voir au cinéma l'hitlérisme et sa puissance.»
> *Gilbert de Montmollin, interviewé le 17 août 2000, par F. Regard et L. Neury, à Lonay*

Esprit de résistance et moral des troupes

Il est question de former le soldat en l'éduquant aux valeurs qu'il défend. L'appellation Armée et Foyer met l'accent sur le lien entre le civil et le militaire, axe souhaité par la Division Presse et Radio qui désire ainsi augmenter le patriotisme des populations.

> «Il y avait des conférences, de tout temps, du Général et de la section Armée et Foyer qui permettaient d'apporter aux hommes non seulement un savoir pour le maniement des armes mais aussi pour l'esprit, le raisonnement. On leur disait le danger qu'il y avait de perdre sa souveraineté, d'être occupés, avec les exemples qu'on a

eus à l'étranger. Il y avait une unité de vue concernant la défense du patrimoine, chacun devait faire son travail pour défendre son pays.»
Jean-Pierre Gehri, interviewé le 7 août 2000, par F. Regard et L. Neury, à Lonay

Dans un premier temps, les programmes récréatifs prennent le pas sur les conférences données aux soldats. Peu à peu, «les erreurs de jeunesse» sont corrigées par l'évolution du contexte international et du message des autorités. Des conférences sont organisées en tenant compte des besoins supposés réels des hommes dans un langage simple et adapté à chaque réalité linguistique. Si le moral reste bon jusqu'en mai 1940, les mois suivants sont terribles:

«Est-ce que l'impact du travail de Défense spirituelle dans la population se faisait sentir?
»– Oui, beaucoup! Surtout après la défaite française, le moral était assez bas, en Suisse romande en particulier. Il y avait des conférenciers qui ont répandu des nouvelles meilleures et là, ça avait eu un autre effet. Les gens qui avaient vécu ça au civil venaient déjà avec cet esprit et c'était plus facile.»
Jean-Pierre Gehri, interviewé le 7 août 2000, par F. Regard et L. Neury, à Lonay

Le discours de Pilet-Golaz provoque une certaine panique dans la troupe. Pourtant, Philippe Mottu, l'un des fondateurs d'Armée et Foyer, nous explique comment, suite à ces déclarations, Pilet-Golaz s'engage à tenir cette section militaire au courant de sa politique:

«J'ai rencontré Pilet-Golaz, quinze jours après ce discours qui a été très mal reçu. Par hasard, je rencontre Pilet-Golaz sur la place Fédérale et puis, Pilet-Golaz qui voulait savoir ce que je pensais et qui savait ma position Armée et Foyer, il se met à me poser des questions et on a parlé pendant une heure. Moi, je lui ai dit franchement qu'il me semblait qu'il fallait faire très attention, que je trouvais que ça avait été très maladroit. Sur quoi, Pilet m'a promis de nous donner des informations sur la politique qu'il menait et que le Conseil fédéral menait pour qu'on puisse le relayer au travers d'Armée et Foyer. Et c'est à ce moment-là que ces liens assez étroits ont été noués!»
Philippe Mottu, interviewé le 22 septembre 2000, par F. Regard et L. Neury, à Lonay

En réponse aux propos de Pilet-Golaz, le discours du Rütli affirme la volonté de résister. Il faut faire comprendre aux mobilisés le sens de la politique du Réduit national et les sacrifices impliqués. Les conférences aux unités sont complétées par des plans de causerie. La section Armée et Foyer prend en charge «l'information» des civils, étant donné que le moral des populations influence celui des soldats et vice versa.

«C'était l'information de la troupe au départ puis de la population civile après. Il fallait leur expliquer le pourquoi et c'était toujours la question de la résistance, de l'indépendance de la Suisse. Les gens étaient presque soulagés de voir l'attitude de résistance que nous représentions.»
Philippe Mottu, interviewé le 22 septembre 2000, par F. Regard et L. Neury, à Lonay

De 1941 à 1945, 628 cours sont organisés auprès «d'une élite de citoyens responsables» chargée de faire passer le message tout en conservant une assez grande discrétion. La formation est de type pyramidal, les «élus» sont chargés de transmettre «la bonne parole».

Les relations entre l'armée et le Conseil fédéral

Assez paradoxalement, l'armée défend les libertés démocratiques en contournant une censure imposée par le gouvernement. Face à la réussite d'Armée et Foyer, le gouvernement tente de limiter l'influence des militaires dans ce rôle d'information auprès des civils.

«Armée et Foyer, on a été au cœur d'une bagarre considérable parce qu'au fond le Conseil fédéral voulait garder le contrôle, spécialement le conseiller fédéral Philipp Etter et là, il y a eu toute une bagarre entre le Général à propos d'Armée et Foyer. Pour finir, le Général a gagné et nous avons eu cette indépendance que nous cherchions et qui était à mes yeux importante.
»– Vous parlez d'une indépendance vis-à-vis des autorités civiles ou militaires?
»– Surtout vis-à-vis des autorités civiles parce que c'était le nœud du problème.»
Philippe Mottu, interviewé le 22 septembre 2000, par F. Regard et L. Neury, à Lonay

Le Général Guisan refuse de céder! Finalement, en avril 1942, un accord prévoit que la liste des conférenciers sera remise aux autorités civiles pour approbation.

Selon André Lasserre, «les nombreuses personnes touchées trouvaient dans l'armée une expression plus convaincante de l'union nationale que dans les autorités politiques.» Treize mille militaires participent aux cours de cadres, 1340 conférenciers s'expriment devant 485 160 auditeurs lors de 4043 conférences, entre 1943 et 1945, abstraction faite des exposés par les officiers de troupe. De plus en plus, la parole est donnée à des hommes de troupe, gradés ou non, respectés et écoutés par leur compagnie. Les officiers restent responsables des informations militaires et du moral général. André Lasserre, «En Suisse, aux frontières de la politique et du militaire: Armée et Foyer», 1939-1945, in *Revue d'histoire de la Deuxième Guerre mondiale*, 1983; n° 130.

L'impact

La plupart des interviewés connaissent Armée et Foyer pour avoir écouté des conférences ou pour y avoir participé à un niveau dirigeant (comme Philippe Mottu). L'analyse de ces témoignages met en évidence trois types d'interprétation face à la section:

– «De l'information, oui! De l'endoctrinement, non!»

La plupart de nos témoins ne voient pas l'œuvre d'Armée et Foyer comme de la propagande mais seulement comme de l'information nécessaire complétant celle qui est censurée. N'oublions pas que les termes «endoctrinement» et «propagande» sont connotés négativement et suggèrent, dans l'esprit des témoins, l'idée d'une critique possible.

«On n'a pas endoctriné les gens, chacun pensait ce qu'il voulait, mais on montrait une volonté de résistance et d'être prêt. J'avais de grandes exigences de manière à être certain que mes soldats soient prêts; pas de possibilité d'amateurisme et surtout sur le plan de l'instruction, il fallait être sûr de son maniement du fusil, de mitrailleuse, du canon. Les hommes étaient prêts et savaient qu'ils devraient peut-être sacrifier leur vie pour défendre le pays. Dans notre unité, la grosse majorité se rendait compte qu'il fallait faire un effort pour maintenir notre pays dans l'état où il était.»

Jean-Pierre Gehri, interviewé le 7 août 2000, par F. Regard et L. Neury, à Lonay

– «Bravo!»

Un courant minoritaire réunit les personnes impliquées dans cette section mais aussi celles qui prennent conscience de l'impact politique et de l'importance de l'idéologie, de 1939 à 1945. Toutes soulignent la qualité de l'information, la nécessité de remonter le moral des troupes et l'intérêt des sujets traités lors des conférences et des causeries. Plusieurs témoins mentionnent la liberté des thèmes abordés: le rationnement, le Plan Wahlen, les difficultés personnelles des soldats, la question des réfugiés, la situation internationale.

> «On était petits, on était enfermés, mais différemment! On était fiers d'être Suisses, on était un exemple, on sortait de l'Exposition nationale, on avait vécu des heures grandioses, tout cela était déjà dans le système de la guerre qui allait venir. Et puis, il y a tout de suite Armée et Foyer, qui a pris les choses en main pour la population, qui a toujours été bien informée. Maintenant, on dirait qu'il y a eu la désinformation, l'information. Mais malgré tout, à l'époque, on a été bien informés. La première conférence à laquelle j'ai assisté, c'était avec le major de Wagnières, qui avait écrit deux grands bouquins sur honneur et gloire. C'était l'histoire des Suisses au service des étrangers. Et puis alors, il y avait des gens très bien qui expliquaient!»
> *Guy Zwissig, interviewé le 26 mai 2000, par L. Neury, à Sierre*

Médecin, Jürg Hasler-Steiner est sensible à l'impact psychologique de ces mesures, dimension oubliée à l'époque:

> «Ces conférences d'Armée et Foyer portaient sur le thème de camaraderie et du respect d'autrui et tous ces thèmes, en psychologie, dans ces moments d'ennuis et de cafard. Ça fonctionnait pas mal, ils venaient avec tous leurs appareils, films.»
> *Jürg Hasler-Steiner, interviewé le 12 mai 2000, par F. Regard et L. Neury, à Lausanne*

– «On passe un bon moment!»

Certains témoins relativisent l'impact réel des conférences d'Armée et Foyer, considérées comme un simple divertissement, parfois distrayant, parfois ennuyant. Louis Grandjean ne se souvient pas avoir transmis à qui que ce soit ce qu'il apprend. Quand il rentre au cantonnement, ses supérieurs lui demandent juste s'il s'est bien amusé. Pour Jean Marti, une expérience de deux jours reste forcément limitée.

> «Je me suis intéressé à ces problèmes d'Armée et Foyer. On m'avait envoyé à un cours d'un week-end pour recevoir des informations,

mais j'ai pas vraiment été membre d'Armée et Foyer; dans mon livret de service, il y a Armée et Foyer, un ou deux jours.»
Jean Marti, interviewé le 1er juin 2000, par M. Reymond, à Genève

Plus circonspect, Ernest Jomini évoque un week-end, au château de Chillon, près de Montreux. Il n'a pas l'air d'être impressionné:

«En 43, on s'est retrouvé dans un hôtel de Montreux pour les étudiants en théologie protestante mobilisés. C'était au château de Chillon et on habitait dans des hôtels de Montreux et de Territet. J'ai subi aussi un peu l'influence de cette affaire mais je peux difficilement estimer l'impact. J'en ai perdu le souvenir, c'était surtout l'occasion de passer quatre jours assez sympathiques, une bonne raison de louper les cours, la moitié de la Faculté de théologie de Lausanne était à Montreux.»
Ernest Jomini, interviewé le 26 mai 2000, par L. Neury, à Lausanne

Les autres moyens utilisés, sans que nos témoins en aient forcément conscience, sont les médias: journaux, radio et cinéma. La Défense spirituelle se diffuse par ces biais. Les interviewés n'établissent aucun lien entre information et formation de l'esprit, la plupart s'insurgent contre l'idée d'une propagande officielle. Faire de la propagande, c'est être assimilé aux régimes totalitaires réputés pour leur savoir-faire dans le domaine de la manipulation des esprits. Seul Paul-Alexis Ladame, responsable du Ciné-journal, s'en félicite. Son argument est que l'Allemagne ne s'en prive pas, donc si la Suisse veut s'en sortir, elle doit utiliser le même type de procédés, malgré les faibles moyens dont elle dispose.

Les journaux

S'informer: un luxe pour les uns, un besoin pour les autres

La presse écrite constitue l'accès principal à l'information. Dans certaines couches de la population – en particulier intellectuelles et aisées – les familles lisent régulièrement plusieurs journaux. Les titres les plus cités sont: *La Feuille d'Avis de Lausanne, La Suisse, Le Courrier, La Tribune de Lausanne, La Tribune de Genève, Yverdon-Revue,* la *Neue Zürcher Zeitung,* etc. Les milieux de gauche mentionnent les journaux et feuilles distribuées sous forme de tracts comme *L'Etincelle, La Sentinelle* et *La Voix ouvrière* (communiste), à Genève. Le but du lecteur d'alors est d'obtenir une information différente de la version officielle consensuelle. Ces publications se passent, parfois, sous le manteau, pour échapper à la censure.

«Je suis dans les journaux Stalingrad, on suit cela avec la plus grande attention. Je me disais: ‹Où est-ce qu'ils en sont?› J'ai suivi avec beaucoup d'attention mais d'une manière partielle; il y avait *Die Tat* qui était un bon journal d'inspiration de la Migros et le journal socialiste et le journal de *Souravin* qui rend compte d'un certain nombre de scandales en Suisse. Cela me révèle qu'il y a des choses qui ne tournent pas rond. J'apprends que la neutralité est très fragile. J'ai des copains au Gothard qui disent: ‹Les CFF sont au service des Allemands.› C'est pas très précis, c'est un ensemble de faits qu'on essaie de saisir.»
Henri Cornaz, interviewé le 8 septembre 1999, par F. Sardet, à Yverdon

Les témoins n'ont pas l'impression que la presse joue un rôle de propagande. Alors qu'elle est contrôlée par l'armée, ils ne la considèrent pas comme un outil au service du pouvoir. Pour l'immense majorité, elle informe, un point c'est tout! Plus ou moins bien, à la rigueur!

La censure

Elle joue un rôle fondamental à une époque où il ne faut ni offenser les belligérants, ni les informer de l'efficacité des stratégies de défense. Les attaques d'Hitler contre la liberté de la presse helvétique sont fréquentes et inquiètent. En revanche, les autorités luttent contre les informations susceptibles d'affoler la population tout en évitant de la démobiliser en lui cachant le sérieux de la situation. A certains moments, la censure se relâche «un peu» par crainte que l'engourdissement des esprits ne soit un danger pour la démocratie. Ces deux souhaits s'avèrent souvent contradictoires. Quadrature du cercle pour les rédacteurs en chef des journaux!

Le 8 septembre 1939, le Conseil fédéral charge le commandement militaire de contrôler et de censurer l'ensemble des médias et moyens de communication. Seuls deux témoins affirment l'inexistence de censure en Suisse et estiment être bien informés, malgré la prudence de la presse. La plupart pensent qu'une censure, de légère à très forte, est appliquée.

«On vivait hors du temps. Les journaux, on en avait peu et la presse était censurée; qui dit presse censurée dit aussi autocensure. Il y a énormément de choses qu'on a apprises plus tard, mais sur le moment, on n'était absolument pas au courant. Dans *L'Illustré*, il y avait toujours des plans de situation de la bataille. Depuis Stalingrad, les flèches ont changé de côté et beaucoup d'opinions aussi!»
Louis Sidler, interviewé le 1er décembre 1999, par F. Regard, à Renens

Afin d'échapper aux restrictions de la liberté de la presse, certains tentent de diversifier leurs sources d'informations. Robert Loup est mobilisé comme opérateur radio. Conscient des lacunes des médias nationaux, son frère et lui se procurent des articles des deux camps pour se faire une opinion. Il admet que les militaires et les civils, au vu de leurs soucis quotidiens, ont peut-être d'autres priorités que de s'informer:

> «Mal informés, oui! On savait ce qu'on nous disait! Franchement est-ce que beaucoup de gens, dans le travail qu'ils faisaient, au service militaire, fatigués, crevés, on vous a engueulés, avaient le temps de se dire: ‹Voyons, que se passe-t-il en Ukraine?› Moi, j'avais écrit aux Allemands à l'ambassade d'Allemagne pour avoir le *Courrier de l'Allemagne.* Et puis, mon frère chez les Anglais pour avoir le *Courrier de l'Angleterre.* C'était très bien fait, ça passait tous les quinze jours à peu près. En lisant l'allemand et en lisant l'anglais, mon frère me disait: ‹Il y en a un qui déconne, mais c'est lequel?› Moi, je recevais l'allemand, ça coûtait rien, c'était de la pub. Et les Anglais, c'était la même chose. L'anglais disait: ‹Nous avons coulé tant de sous-marins›; l'allemand: ‹Nous avons coulé tant de milliers de tonnes de bateaux dans l'Atlantique. La victoire est à nous prochainement› et des trucs comme ça!»
> *Robert Loup, interviewé le 19 avril 2000, par L. Neury, à Morges*

Les journalistes s'adaptent aux exigences de la guerre. Photographe, Gilbert Meylan apprend à composer avec la censure. Ses conditions de travail changent drastiquement avec la guerre. S'il souffre de démêlés avec les autorités, il justifie leur activisme par la peur de l'Allemagne:

> «Moi qui faisais beaucoup de photos, j'ai assisté, aux Verrières, à l'arrivée des Français. Il y avait les Allemands tout près; ils venaient avec des gens blessés, on devait pas faire de photos, rien du tout mais on en parlait dans les journaux; je vois pas bien ce que cela pouvait faire. Les censeurs, ils avaient une telle frousse qu'ils laissaient rien passer. Chaque fois que j'avais des photos, je téléphonais à Berne, je leur expliquais ce que c'était, à la censure à Berne et puis je pouvais les passer. Des fois, j'en ai publié, sans les passer par la censure, je me faisais de temps en temps enguirlander, mais on avait quand même des choses intéressantes à présenter. Avec les journaux, tout avait changé, on pouvait plus faire ce qu'on voulait. Il y avait des trucs qu'on pouvait plus photographier, comme les conduites d'eau des

usines électriques. Les Allemands, ils avaient des téléobjectifs et autres, ils filmaient comme ils voulaient.»
Gilbert Meylan, interviewé le 16 décembre 1999, par N. Fink, à Genève

Reporter à *L'Impartial*, Jean Buhler juge la surveillance des médias insidieuse et sournoise, plus dangereuse qu'une censure totale ayant le mérite d'être franche. Alors qu'il écrit un ouvrage sur la vie militaire pour ses amis mobilisés, il est censuré. Nous avons retrouvé cet opuscule intitulé *Frontière, récits militaires* publié en 1942, à La Chaux-de-Fonds, en soixante exemplaires. Le ton est léger, critique vis-à-vis des officiers et de l'armée en général. En général, les punitions infligées aux contrevenants vont de la remontrance orale ou écrite, à la suspension illimitée en passant par la saisie du numéro, l'avertissement public et la censure préventive pour un certain temps. Dépendant de la Division Presse et Radio, les commissions de contrôle sont composées de militaires et de civils, journalistes ou hommes politiques.

Si nos interviewés admettent la censure, la plupart refusent de la critiquer, sauf les journalistes qui en souffrent dans l'exercice de leurs fonctions et en saisissent les dangers. La population accepte cette atteinte à la liberté d'expression, car elle est ressentie comme un élément de défense. Président de l'association de la presse suisse, Jean Rabutel l'explique: «La presse suisse au service du pays, c'est notre mot d'ordre. Mais que l'on ne s'y trompe pas: nous avons su également où est la limite d'une capitulation morale ou d'une neutralisation de la pensée. Nous avons toujours considéré cette limite comme une position forte que nous avons défendue de toute notre énergie et de tout notre cœur.»

Membre du mouvement anarcho-syndicaliste, André Bösiger se rappelle que le *Réveil anarchiste* est interdit en août 1940. Avec Louis Bertoni, typographe d'origine tessinoise, ils publient une brochure pour remplacer ce bimensuel fondé en 1900. Diffusé à 1500 puis 2500 exemplaires, ce journal anarchiste dénonce, dans les années 1930, le nazisme d'Hitler, le fascisme de Mussolini et le bolchevisme de Staline. De même que pour d'autres publications surveillées ou proscrites, le contrôle de l'approvisionnement du papier est utilisé pour limiter la diffusion.

«Ils nous avaient interdit de publier nos journaux et on publiait le *Réveil anarchiste* qui était d'un format trois fois plus petit qu'avant, avec une dizaine de pages. C'est Bertoni qui faisait la composition du journal. On a continué avec une espèce de petit papillon qu'on distribuait dans les boîtes aux lettres.»
André Bösiger, interviewé le 10 octobre 1999, par M. Filgueiras, à Genève

Avant de partir, les dernières nouvelles, in Yverdon-Revue *(septembre 1939) (coll. Cachemaille).*

La presse de gauche est particulièrement visée en raison de ses critiques du système totalitaire. Toutefois, l'analyse des sanctions ne semble pas mettre en évidence ce phénomène. L'autocensure est sans doute passée avant la censure! Les critères de surveillance sont devenus moins stricts au fur et à mesure des victoires alliées. En Suisse, il y a plus de 400 journaux. Au cours des six années de guerre, il y a cinq suspensions illimitées, de trois journaux frontistes, un journal socialiste et un journal communiste; vingt suspensions temporaires: journaux ou revues bourgeois ou indépendants 9, socialistes 8, frontistes 3. Onze journaux furent soumis temporairement à la censure préventive.
D'après Werner Rings, *La Suisse et la guerre 1933-1945.* Editions Ex Libris, Lausanne, 1975; pp. 269-270.

La radio

Nos témoins écoutent la radio chez eux, chez des parents, au bistrot, au travail et à l'épicerie. Ils mentionnent les stations de Radio Sottens, Radio Genève et Radio Lausanne, Radio Toulouse (les Valaisans), Radio Londres, Beromünster (les germanophones) et Radio Paris. La radio constitue un passe-temps prisé même si, parfois, les programmes sont contestés, comme ceux de jazz. Au-delà du plaisir, la radio est un moyen d'information qui, entre 1940 et 1945, s'insinue au cœur des foyers. Contrôlée par l'armée et l'Etat, elle devient un instrument destiné à renforcer la cohésion nationale et à lutter contre le défaitisme.

Se tenir au courant de ce qui se passe!

En juillet 1939, un troisième bulletin d'information est introduit suivi d'un quatrième en août.

Dès la fin des années 1930, ce média permet à nos témoins d'apprendre un certain nombre d'événements marquants. De nombreux Romands ne comprennent pas la teneur des discours d'Hitler mais en saisissent le sens par le ton. Suisse alémanique, la mère de Marguerite Constantin-Marclay traduit pour toute la famille le contenu des vociférations. Jacques Stendler, enfant à l'époque, évoque surtout la terreur qu'il éprouve. Charles Cachemaille et Maurice Boiteux entendent la nouvelle de la mobilisation des troupes de couvertures frontières par la radio. Jacqueline Chappuis-Dufour apprend la déclaration de la guerre par le speaker de Radio Genève alors qu'elle se trouve au Club nautique. En mai 1940, Pierre Baumann est en train d'installer des lignes de téléphone au Tessin. Ses collègues et lui jouent avec une des radios et tombent sur Radio Londres. Le journaliste annonce l'offensive allemande. Paniqués, ils se mettent à courir de tous les côtés, dans les vignes. Les mobilisés écoutent religieusement la radio puisque leur sort dépend de l'évolution de la guerre. SCF, Anne-Lise Wehrli-James évoque le sérieux des Romandes, plutôt gaies d'habitude, lorsqu'elles entendent dans la région de Berne l'annonce de l'Armistice. Enfin, dans la joie et l'impatience, de très nombreux témoins apprennent le Débarquement, puis la libération de Paris. Dans les camps, les réfugiés écoutent la radio, d'une part parce qu'ils ont le temps, d'autre part, parce que le retour à une vie normale dans leur pays dépend de la tournure des événements.

La radio aux mains des autorités

Le 2 septembre 1939, en raison de la mobilisation générale, la concession accordée à la SSR est suspendue. Les programmes sont subordonnés aux autorités militaires et civiles. En janvier 1940, des directives sont données pour la composition des programmes. Le pouvoir a conscience de l'influence de la radio sur l'opinion publique. De septembre à décembre 1939, le studio de Genève est fermé, la troupe surveille son entrée. Henri Meyer de Stadelhofen se souvient être armé car, en cas d'invasion, le studio de Genève sera l'une des premières cibles.

Censure et autocensure

Les témoins qui travaillent à la radio estiment qu'il n'y a pas de censure mais plutôt de l'autocensure, appelée «conscience»:

> «La censure, du côté pub, ils ont été beaucoup plus inquiets de ce qu'on pouvait mentionner la lessive Persil et le chocolat Meunier, que de savoir si je délivrais des messages secrets. C'était extrêmement rigoureux pour la pub. Je ne me rappelle pas de censure politique.
> »– Est-ce qu'il y avait des informations que vous n'aviez pas le droit de donner?
> »– C'était un peu à notre libre arbitre; je ne pense pas que ma direction m'ait spécialement donné des instructions. C'est ma propre conscience qui me disait: ‹J'ai le droit de dire ça et pas de dire ça, si je dis ça, je trahis un secret et mets en péril tel personnage.› On était très libres!»
> *Henri Meyer de Stadelhofen, interviewé le 20 février 2001, par N. Fink et M. A. Schüpfer, à Crans-sur-Sierre*

Certaines personnes, jugées plus contestataires, se voient refuser l'accès à cette tribune:

«Dès avril 1939, Radio Genève demande au pasteur de Saussure de lui soumettre le texte de sa prédication (en vue du culte radiophonique prévu le 4 juin pour la commémoration du rattachement de Genève à la Confédération) par suite d'une décision des autorités fédérales qui veulent éviter toute allusion politique à la radio. De Saussure refuse d'autoriser la diffusion de son culte à la radio. En chaire, il appelle ses fidèles sans-filistes à protester auprès de la direction de la radio pour ‹exiger la liberté de la prédication›

et de rompre leur abonnement à Radio Genève. Le texte est publié in extenso dans *La Vie protestante* de la semaine suivante sous le titre: ‹La vraie Défense spirituelle de la Suisse.»
Paul-Emile Dentan, *Impossible de se taire*, Labor et Fidès, Genève, 2000, p. 103.

Avec le but de renforcer le sentiment identitaire et nationaliste, Philippe Mottu utilise la radio, dans le cadre du Réarmement moral. Sa cause étant celle du gouvernement d'alors, il n'est pas censuré mais encouragé:

«Dans l'automne 39, moi, j'étais très lié d'amitié avec le professeur Théophile Spuri. On s'est dit qu'il faudrait absolument qu'il y ait des émissions nationales où on ait les trois postes, Beromünster, Sottens et Monte Ceneri, ensemble. On est allés voir le Général pour lui exposer notre idée; il nous a beaucoup encouragés. On a une série d'émissions où il y a des gens comme le professeur Huber, Monseigneur Besson qui était l'évêque à ce moment-là, le professeur Brunner, on a une série d'émissions, à l'automne 39.
»– Sur quels thèmes portaient ces émissions?
»– Sur ce qui fait le ciment de la Suisse, c'était ça l'idée, c'était essayer de faire que tout le monde tire à la même corde.»
Philippe Mottu, interviewé le 22 septembre 2000, par F. Regard et L. Neury, à Lonay

Une émission est organisée pour les mobilisés, *L'Heure du soldat.* Henri Meyer de Stadelhofen participe à l'organisation de séances de cinéma pour eux. Il utilise ses contacts auprès de la Fox, la Paramount et Pathé qui lui prêtent des films. Lui-même est chargé d'enregistrer les commentaires sur les actualités. Jo-Johnny a l'impression que, lors de ses retours à la vie civile, il est mieux informé qu'au service où lui sont cachés notamment les refoulements aux frontières.

Le quotidien d'un journaliste, entre normalité et actions extraordinaires

Henri Meyer de Stadelhofen gagne, dans les années 1930, le concours de Radio Genève pour devenir reporter. Après des études de droit, il devient l'un des plus jeunes collaborateurs de René Payot. Il nous raconte son quotidien:

«Pendant la guerre, je diviserai mon activité en deux, celle qui était le modeste collaborateur de René Payot qui collectait des interviews, des contacts avec des gens de tout premier plan. Sur le plan de la Radio suisse, c'était le boulot de tous les jours, l'arrivée d'une vedette à la gare, des choses banales. Je me rappelle Michèle Morgan pendant la guerre. (...) J'avais conscience d'être privilégié au sein de cette Suisse où quand même on mangeait à notre faim, où les enfants avaient quand même du lait et du chocolat; j'avais conscience de ces malheureux petits enfants qui manquaient de tout en France voisine. J'ai lancé sur les ondes le projet d'une Croix-Rouge suisse secours aux enfant qui est devenue Les Vacances suisses pour les enfants victimes de la guerre et qui a reçu des centaines d'enfants, qu'on accueillait à Cointrin. Et ça, c'est une des pages les plus émouvantes de ma vie, ces petits machins arrivant maigres, avec des yeux énormes. Et, je demandais par les ondes: ‹Voilà, nous avons vingt-cinq enfants qui arrivent demain.› ‹Ici, Mme Machin à Bulle, je prendrais bien deux petits enfants mais de préférence des filles.»
Henri Meyer de Stadelhofen, interviewé le 20 février 2001, par N. Fink et M. A. Schüpfer, à Crans-sur-Sierre

Henri Meyer de Stadelhofen (2001) (coll. Archimob).

René Payot

Le 14 novembre 1940, René Payot commence ses chroniques régulières sur l'évolution de la situation internationale. A Zurich, c'est l'historien Jean de Salis qui s'en charge avec la *Weltkronik* et à Lugano, Federico Bolla.

René Payot naît le 11 août 1894 à Corcelles-Concise, en Suisse. Après des études de lettres, il devient correspondant du *Journal de Genève* en Bavière, en 1918. De 1920 à 1933, toujours pour le même journal, René Payot est correspondant à Berne puis, de retour en Bavière, il quitte les affaires locales pour les affaires internationales. De 1940 à 1970, il sera tour à tour rédacteur en chef et directeur du *Journal de Genève.*

L'immense majorité des interviewés mentionnent le nom de René Payot. Qu'ils soient de droite ou de gauche, lointains ou proches du pouvoir, ils suivent religieusement ses chroniques.

De l'information pour tous

Selon nos témoins, René Payot présente un état des lieux mais, surtout, s'adresse à toutes les couches de la population. Il propose des explications et des interprétations qui leur remontent le moral.

> «Nous écoutions surtout les comptes-rendus de René Payot, chaque vendredi soir, qui nous donnait des explications claires et nettes sur la situation internationale.»
> *Charles Cachemaille, interviewé le 9 juin 2000, par F. Regard et L. Neury, à Yverdon*

Ce journaliste est écouté non seulement en Suisse, mais aussi en France voisine, où il représente un symbole, celui de la voix de la liberté offerte à leurs oreilles par la neutralité. Josette Meynet-Duret a une partie de sa famille de l'autre côté de la frontière, elle apprécie particulièrement que Payot parle de la situation française.

Ses prospectives sont jugées excellentes: «Si Payot y croit, c'est que ça ira!» lance Marie Duret-Bourgeois. Jeune mère au foyer, Alice Siegrist croit se souvenir avoir écouté Payot quotidiennement (au lieu du vendredi soir). Cette erreur souligne sans doute l'importance qu'il revêt à ses yeux:

René Payot et l'Aga Khan sur le terrain de golf d'Onex (mai 1942) (Bibliothèque publique et universitaire, coll. iconographiques).

«Tous les soirs, à la radio, à 5 heures, il y avait Payot. Il avait un jugement excellent. Il nous a toujours donné du courage pour tenir le coup et mis au courant de l'état des armées dans les pays, où ils en étaient avec le ravitaillement, tous les blessés qu'ils ont eus en Russie. Avec Payot, il nous a toujours remonté le moral. C'était formidable! Il nous a soutenus. Il nous a marqués. Par lui, nous avions beaucoup appris.»
Alice Siegrist, interviewée le 28 avril 2000, par D. Pattaroni, à Genève

Toutefois, rares sont ceux qui se rappellent de ce qu'il dit, en détail. Payot devient un mythe: peu importent ses paroles, ses auditeurs ont besoin de l'entendre! En ces temps d'informations censurées, il est perçu comme un dieu, omnipotent et omniscient. Alors que les citoyens n'ont pratiquement aucun moyen de s'informer, que la politique du secret et la peur de la Cinquième colonne exigent un silence général, chaque mot prononcé par Payot est sacralisé. Les expressions de «parole d'Evangile», «écouter religieusement», «croire» sont systématiquement présentes dans nos entretiens. Il est l'une des seules sources d'informations internationales disponibles pour de nombreux foyers.

Le nombre de concessions augmente sans discontinuer pendant les années 1930 et 1940. Paysan de Russin (GE), Robert Desbaillet se trouve en Suisse alémanique dans les années 1920. Il y rencontre deux étudiants passionnés de radio qui lui apprennent à construire son poste. En 1925, il est le premier à posséder son propre appareil dans le village. Il en construit d'autres par la suite.

«Pendant la guerre, chacun avait son poste entre 39 et 40. Oui, alors, Payot, on le considérait comme un bon reporter.
»– On avait confiance en ce qu'il disait?
»– Fallait bien, on pouvait pas le contrôler, mais j'avais bien confiance en Payot.»
Robert Desbaillet, interviewé le 29 juin 2000, par F. Regard et L. Neury, à Russin

Les causeries sont centrées sur la situation internationale et la guerre alors que les journaux parlent plutôt de faits divers. Pour les auditeurs habitués à entendre la lecture monocorde des bulletins de l'ATS, l'émission de Payot les surprend. Sa manière de présenter les événements leur donne l'impression de les vivre à leur tour.

«Payot a été une figure. Je crois que c'était sa grande franchise, il n'avait pas peur de dire, il savait les choses et il les disait bien.»
Pierre Cuenoud, interviewé le 22 décembre 1999, par F. Regard, à Sion

«Il nous décrivait la situation telle qu'elle était, on la recevait comme ça, on n'avait pas l'esprit critique», concède Louis Grandjean. Payot lui-même emploie souvent le terme d'objectivité, ce qui renforce l'idée d'une vérité non contestable. Les circonstances de réception du message renforcent le sérieux qu'ils lui attribuent. Les membres de la famille quittent leurs occupations, se rassemblent autour du poste et se taisent pour écouter Payot. Ce silence est plusieurs fois mentionné par nos témoins. Il illustre symboliquement le silence de la censure et, enfin, le poids de la parole. Même s'il y a des non-dits!

> «Mais il ne nous a jamais parlé de juifs arrêtés aux frontières. Il devait très bien le savoir, mais il ne pouvait pas le dire.»
> *Alice Siegrist, interviewée le 28 avril 2000, par D. Pattaroni, à Genève*

Payot: une voix autorisée?

Proche des auditeurs, il ne peut être qu'un frondeur: ne leur donne-t-il pas l'information dont ils manquent tant, dont les autorités les privent! Il ne vient pas à l'esprit de nos témoins que, peut-être, René Payot n'échappe pas à la censure mais est choisi par les autorités. Il représente un point de vue conforme à la version officielle. Syndicaliste, Robert Carrel s'étonne que Payot ne soit pas censuré. Selon lui, ses dires sont dignes d'un membre du parti. A aucun moment, il n'imagine que celui-ci puisse travailler pour le gouvernement.

> «Et c'est assez bizarre qu'un seul type, René Payot qui n'était pas du tout du parti. La radio était muselée et chaque soir René Payot donnait le point de vue où ça en était, la température! J'ai été étonné que ce type puisse émettre son opinion. Il n'était pas très bien aimé de la bourgeoisie suisse et lui, il était un type au *Journal de Genève*, qui était un journal de droite.»
> *Robert Carrel, interviewé le 15 octobre 1999, par M. Filgueiras, à Genève*

> «En octobre 1941, René Payot commence à commenter la situation internationale sur les ondes de Radio Genève. En réalité, Payot est chargé de cette mission parce qu'il a défendu avec constance et habileté, notamment dans les heures difficiles de l'été 1940, la politique de neutralité pratiquée par le gouvernement helvétique et soutenue par la classe politique bourgeoise de Suisse romande. L'attitude nuancée qu'il adopte envers les puissances de l'Axe jusqu'en novembre 1942 est le reflet de celle du Conseil fédéral.»
> Michel Caillat, *René Payot, Un regard ambigu sur la guerre, 1933-1943*; Georg, Genève, 1997; p. 453.

Seuls deux témoignages mentionnent une évolution dans le discours de Payot au cours de la guerre. Ouvrier typographe, Pierre Linder va connaître personnellement Payot, après la guerre, au *Journal de Genève*.

«C'était quelqu'un de très populaire, il parlait avec un ouvrier comme il parlait avec ses rédacteurs. Pendant toute la guerre, il était informé. On avait un rédacteur qui passait à Moillesulaz, par les petits chemins, il se renseignait à Annemasse. Et puis, il revenait chez Payot pour lui donner des renseignements. Il s'appelait Dufour, ce rédacteur du *Journal de Genève.* Il faisait les voyages pendant la guerre. Il a toujours eu des contacts avec la Résistance, Payot.
»– Est-ce que vous avez vu une évolution du discours de Payot?
»– Oui! On lui a même un peu reproché parce qu'il y a eu un peu deux faces de Payot. Quand Mussolini est monté au pouvoir, il a plutôt eu tendance à l'accepter, à le comprendre, puis est venu Hitler, il a changé.»
Pierre Linder, interviewé le 9 mai 2000, par L. Neury, à Genève

Le témoignage de Marie Duret-Bourgeois est plus précis. Pour cette Genevoise, la bataille de Stalingrad constitue un tournant décisif. Elle comprend la position initiale de Payot et se refuse à le juger.

«On écoutait, le vendredi, la radio avec le célèbre journaliste Payot. Alors, on suivait Payot. D'après ce que Payot nous racontait, il nous remontait le moral quand il y avait des batailles un peu difficiles. On est à la fin de la guerre, il nous remontait le moral, on se disait: ‹Si Payot y croit, c'est bon!›
»– Est-ce que vous aviez l'impression que Payot a vraiment toujours été pro-Alliés depuis le début?
»– A la fin, pas depuis le début! C'est-à-dire, à mon sens, il n'était pas proallemand, mais il voyait les choses avec réalisme. Vous savez, au début de la guerre, on n'aurait pas donné grand-chose de qui que ce soit. Parce que Hitler, il s'était pas mal agrandi, il avait pris ses aises et comme il était gagnant sur toute la ligne, partout! Mais après, d'abord le déclin a commencé, après Stalingrad en somme, après la bataille de Russie et bien là, non, non, il était très, très pro-Alliés, à mon sens, on écoutait ça comme l'Evangile.»
Marie Duret-Bourgeois, interviewée le 17 mai 2000, par L. Neury et F. Regard, à La Villette

Ce point de vue rejoint celui de Michel Caillat qui analyse les écrits de Payot puisqu'il ne reste aucune trace sonore de ses présentations du vendredi soir.

«Au printemps 1943, il espère encore une solution qui préserve une Allemagne forte, débarrassée de l'hypothèque du nazisme, capable d'endiguer l'expansionnisme soviétique. L'ambiguïté de ses prises de position n'est levée qu'au fil des victoires alliées. La chute de Mussolini et la dérive fascisante de la France de Vichy y contribueront également. René Payot va devenir le porte-parole d'une certitude acquise: l'Allemagne s'enfonce irrémédiablement dans la défaite. Au début de 1944, il acquiert une stature supplémentaire grâce à la polémique qu'il engage sur les ondes avec Philippe Henriot, ministre d'Etat à l'Information du gouvernement de Vichy. Il s'identifie alors parfaitement au rôle que beaucoup, avec lui-même ont voulu croire qu'il avait joué depuis le début du conflit.»
Michel Caillat, *René Payot, Un regard ambigu sur la guerre, 1933-1943* ; Georg, Genève, 1997; p. 454.

Les autres témoignages ne mentionnent aucun tournant dans la position de Payot ou dénient son existence.

«C'est sûr qu'on écoutait Payot et c'était très réconfortant, et pas seulement pour nous.
»– Est-ce que vous avez senti une évolution dans son discours?
»– Je ne sais pas. Je ne peux pas prendre position! Je n'ai pas perçu cette évolution.»
Jean-Pierre Gehri, interviewé par F. Regard et L. Neury à Lonay

Trois interprétations sont possibles pour expliquer cette perception générale. L'opinion publique suit le même mouvement que Payot et, donc, ne perçoit aucun changement de cap. Elle se remémore plus facilement la fin de la guerre que le début. Payot est représentatif d'un tournant que quelques-uns préfèrent oublier.

Pour conclure, René Payot est un journaliste qui se situe au cœur de réseaux d'information proches du Général Guisan et des SR. Il apporte réconfort aux auditeurs, ce dont ils ont besoin. Sans doute, ses prospectives se sont d'autant avérées justes que son opinion change au fur et à mesure que l'Allemagne commence à ne plus gagner la guerre. Il adopte de Gaulle tardivement et ses «terroristes» de 1941 deviennent «des hommes du maquis». Peut-être l'engouement quasi fanatique des Français pour ce journaliste s'explique par l'identification d'un peuple majoritairement passé, à la même époque, du pétainisme à la Résistance?

Le cinéma

Parmi nos témoins, deux protagonistes sont directement impliqués dans la production du Ciné-journal suisse, les autres sont spectateurs. Il ne semble pas, à les écouter, que la Défense spirituelle ait réussi au cinéma, dans les documentaires ou les fictions. A cette époque, le Conseil fédéral mise davantage sur l'impact des premiers que des secondes. Financièrement, il appuie la production du Ciné-journal suisse alors qu'il ne fait que protéger des importations étrangères les films de fiction. Le 16 avril 1940, le Conseil fédéral décide de soutenir financièrement un Ciné-journal suisse qui met en scène l'armée, la terre et ses travailleurs, les coutumes ancestrales, l'activité des institutions humanitaires. Il en rend la projection obligatoire dans les salles. Paul-Alexis Ladame est chargé de s'en occuper car il a déjà une petite expérience dans le cinéma à Berlin.

> «J'ai fait ça pour donner confiance que la Suisse peut tenir le coup. Notre job était de montrer ce qui valait la peine d'être défendu. On a entendu dire par les nouveaux historiens que la Suisse aurait caché des tas de choses de son histoire. Mais c'est évident! Moi, j'étais là pour montrer ce qui est beau et qui valait la peine d'être défendu, on ne montre jamais les saloperies qu'on fait.
> »– C'était quoi ce qui était beau?
> »– L'Histoire, la beauté, le travail, les paysans, les familles, tout ça!
> »– Et les saloperies?
> »– On n'en parlait pas! Ceux qui volaient comme maintenant; l'homme n'est pas meilleur en temps de guerre.»
> *Paul-Alexis Ladame, interviewé le 4 juin 1999, par D. Pattaroni, à Genève*

Des productions de films de fiction sont encouragées dans la veine du *Fusilier Wipf* et de *La Dernière chance*. Si ces deux réalisations connaissent un franc succès en salle, en Suisse et à l'étranger, d'autres titres de ce cinéma de propagande indiffèrent les foules plus enclines à se divertir avec les films américains ou français.

> «On allait au cinéma avec mes parents. Les films de propagande, j'ai pas vu ces films! On voyait les films français de l'époque: Pagnol, la très jolie Danièle Darrieux qui avait 18 ans, mais la propagande pas du tout!»
> *Gilbert May, interviewé le 3 mai 2000, par F. Regard et L. Neury, à Thônex*

La portée de la Défense spirituelle

La propagande est d'autant efficace qu'elle n'est pas ressentie comme telle. Dans le cas de la Défense spirituelle, les citoyens ne connaissent pas exactement ce que recouvre l'expression mais reprennent systématiquement ses thèmes, comme s'ils étaient naturels, pour eux. S'ils gardent des souvenirs enthousiastes de la Landi et de René Payot sur les ondes romandes, en revanche les actions de la section d'Armée et Foyer ainsi que le cinéma patriotique ne les ont pas marqués autant. Peut-être est-ce révélateur de ce dont ils ont besoin à cette époque: des distractions pour oublier le quotidien de la Mob et des prospectives optimistes pour rêver à un futur meilleur. Il est clair que dans leur esprit, la défense passe d'abord par les armes

«DÉFENDONS LA SUISSE PAR LES ARMES!»

L'armement et l'équipement

L'armement

La plupart de nos témoins réitèrent, cinquante ans plus tard, la confiance portée à l'armée suisse. En 1939, ils se sentent prêts grâce à Rudolf Minger, chef du Département militaire, depuis 1930. Toutefois, les Mobards comme les civils concèdent, avec le recul dont ils disposent maintenant, que l'armement était insuffisant et les moyens logistiques peu performants. Ancien mobilisé, Ernest Jomini révise son jugement d'alors:

> «On avait confiance en l'armée, oui! Je ne sais pas si cette confiance était bien placée! Mais, je crois qu'avec la distance, j'ai l'impression qu'on avait quand même une certaine carence en matériel, déjà, qui aurait été un gros handicap! En 39, notre armée avait encore de nombreux régiments de cavalerie, comme les Polonais! De la chair à canons! On a été très peu motorisés, l'arme blindée était quasi inexistante. C'était d'ailleurs une plaisanterie qui courait le pays: on disait que le chef du Département militaire, le célèbre Minger, avait été invité à Rome. Le Duce lui avait demandé s'il ne pouvait pas prêter quelques tanks à l'armée italienne. Minger avait répondu: ‹Voulez-vous un, deux ou bien les trois!› Mais, c'est vrai! L'armée blindée était très faible et, contre les tanks, qu'est-ce que nous avions? Le

canon d'infanterie qui avait été introduit peu avant la guerre et les lance-mines; mais étaient-ils capables de percer les nouveaux blindages? Je n'en sais rien!»
Ernest Jomini, interviewé le 26 mai 2000, par L. Neury, à Lausanne

Si les jugements portés sur les décideurs militaires (le Général Guisan, le chef du Département militaire Minger) sont laudatifs, les critiques à l'encontre de l'armement sont légion.

Canon d'infanterie (coll. Curdy).

Selon Werner Rings, ces carences ne sont pas à attribuer à Rudolf Minger, chef du Département militaire mais à l'esprit pacifiste de la Suisse, aux tergiversations du Parlement (opposition de la gauche et politique d'austérité de la droite) et à la crise économique. L'organisation militaire date de 1907, c'est-à-dire d'une époque où il n'y avait ni mitrailleuses, ni lance-mines, ni grenades, ni avions. En 1936, un emprunt pour la Défense nationale, décidé par Minger, a rapporté plus de 300 millions de francs. Après 1940, les autorités s'efforcent, grâce à cet argent, de moderniser l'armée suisse, mais il est trop tard!

Nous avons distingué trois types de discours chez les Mobards interviewés:

– L'armée suisse est prête, suffisamment motivée et équipée, grâce à Minger! En général, la question: «Pensiez-vous que l'armée suisse était prête en 1939?» agace cette catégorie de témoins. Pour eux, l'efficacité du Département militaire, la compétence des officiers et la volonté de la troupe dissuadent Hitler d'attaquer. Ces Mobards rappellent que l'armée helvétique est une armée de milice; chaque homme «a son fusil sous le lit» et s'exerce théoriquement aux tirs obligatoires. Certains nous rappellent que l'équipe nationale, composée principalement de militaires, rafle toutes les médailles aux championnats de tir. Max Fallab déclare avoir eu entièrement confiance en l'armée, à l'époque. Les canons anti-chars qu'il manie quotidiennement tirent avec précision et ratent rarement leur cible. Mobilisé dans la DCA, Charles Cachemaille pense que les soldats sont prêts à repousser une attaque allemande. Selon lui, les canons DCA ne peuvent manquer un avion ennemi si le tireur est suffisamment adroit. Selon Jean-Pierre Gehri, mobilisé dans une batterie de campagne hippomobile, l'armée est prête sur le plan technique; mais qu'en est-il dans le domaine stratégique?

– En 1939, l'armement est largement insuffisant par rapport à celui dont dispose l'Allemagne, mais les efforts de l'état-major et l'ardeur des troupes comblent vite ces lacunes! Ces témoins critiquent la maigreur du budget militaire (malgré les efforts de Minger), les mauvais choix du Conseil fédéral, dans les années 1930. En revanche, ils louent le génie de Guisan qui rend sa splendeur à l'armée suisse. Pour Etienne Brunet, l'armement est inefficace et usé, il regrette qu'il n'ait jamais été remplacé malgré les doléances des soldats. Afin de lutter contre ces insuffisances, ces derniers doivent s'entraîner deux fois plus, combler les retards techniques par leur adresse et habileté en devenant «des tueurs» (dixit). Jeune officier pendant «la Drôle de Guerre», Georges-André Chevallaz juge le matériel militaire correct mais en nombre insuffisant. Ce retard est vite rattrapé grâce à l'effort de guerre et à l'implication patriotique des industriels.

«La qualité du matériel était bonne pour ce qui nous concernait puisque nous avions, dans notre compagnie, deux armes récemment introduites: les lance-mines, une arme de premier ordre, de première puissance et qui datait d'ailleurs de la guerre de 14-18, c'est l'arme la plus vieille et peut-être la plus efficace, et puis les canons

Exercice de maniement d'un lance-mines (coll. Curdy).

Exercice d'observation (coll. Curdy).

d'infanterie qui devaient être l'arme antichars. Alors, ces armes antichars, ces canons étaient très jolis, remorqués par des chevaux. Mais leur nombre était totalement insuffisant pour qui savait quelle était la tactique allemande d'engager des unités blindées massives. Nos canons de 47, deux ou trois par bataillon, n'auraient pas pu soutenir le choc!»

Georges-André Chevallaz, interviewé le 6 octobre 1998, par F. Gonseth, à Epalinges

– L'armée suisse est jugée archaïque, mal préparée et insuffisamment équipée; les autorités ont menti à la population et aux soldats! Pour ces hommes, les premières expériences de maniement d'armes sont catastrophiques, les risques d'accidents multipliés par dix, la peur de l'invasion amplifiée. La plupart des mécontents viennent de milieux politisés, informés et militants. Robert Loup se dit choqué par l'incompétence de certains officiers, le manque d'entraînement de la troupe et l'insuffisance d'armement. Selon Alfred Graff-Hamsler, la mobilisation est «pénible» car les armes sont archaïques:

«La Mobilisation, au début, était un peu dure parce que notre armée était sous-armée. Il y avait, dans notre compagnie, des gens qui avaient encore le vieux Langgewehr qui date d'avant la Première Guerre mondiale. Il y avait, après, deux sortes de carabine, la carabine de 35 et encore une autre carabine où la culasse avait une poignée rouge. Ça veut dire: on avait, dans la même compagnie, trois différents fusils. Pour un groupe de douze hommes, il y avait seulement une mitrailleuse. Et, d'un pistolet-mitrailleur, on ne parlait même pas! Ça c'était peu connu! Les efforts de Minger sont venus un peu tard!»

Alfred Graff-Hamsler, interviewé le 16 juin 2000, par L. Neury, à Montreux

Pour nombre de nos témoins, l'armée est sous-équipée, en 1939, au moment où se déclenche la Mobilisation. Par ses carences, selon certains, elle met en danger la vie des soldats; ils citent de nombreux accidents dus à des armes mal nettoyées ou à l'inexpérience de ceux qui les manipulent. Peu à peu, la situation semble aller mieux grâce à la formation reçue, à une amélioration de l'équipement ou à l'habitude de vivre dans un cadre militaire. Pour nos témoins, en 1945, l'armement helvétique est meilleur, mieux utilisé, plus performant. En aucun cas, il n'est présenté comme un facteur dissuasif, entre ces deux dates charnières, les armées étrangères étant jugées supérieures.

Aviation et véhicules motorisés

A la différence de l'infanterie, l'aviation est mieux considérée, les avions sont jugés performants, rapides et en état de fonctionnement. Ces témoins semblent avoir été touchés par la propagande militaire qui, à l'époque, montre, dans la presse, des photographies de Messerschmitt flambant neufs et vantent leur puissance de feu et leur rapidité.

Pendant la guerre, l'aviation suisse n'est pas aussi performante que celle des Allemands ou des Alliés. Hormis quarante Messerschmitt livrés par l'Allemagne, elle ne dispose que d'appareils périmés. Sur vingt et une unités, trois seulement sont capables de supporter un combat aérien. En 1939, cinq compagnies sont même dépourvues d'avions. En 1940, sont livrés 50 Mc 109 D et 109 E, 80 appareils Morane sous licence française. A la même époque, l'Allemagne dispose de 4300 avions, l'Angleterre de 3600, la France de 960.

René Spahr se félicite des succès helvétiques lors de combats aériens avec des avions nazis. Passionné, il raconte les épopées des aviateurs valaisans. Chargé de la maintenance au sol, Adrien Pitteloud se souvient, avec émotion, de son baptême de l'air. A Zweisimmen, il est chargé de démarrer les avions à la main, ce qui est extrêmement dangereux:

> «On préparait les avions pour qu'ils puissent voler! Des Messerschmitt! Pour les mettre en marche, c'était à la manivelle. On n'avait pas le choix parce qu'il n'y avait pas de démarreur électrique, pas de démarreur à air comprimé non plus. C'était un volant qu'on lançait à dix mille tours, et puis, quand on sentait qu'il allait à dix mille tours, on envoyait sur l'hélice!»
> *Adrien Pitteloud, interviewé le 14 avril 2000, par F. Regard et L. Neury, à Sion*

Mobilisés sur des aérodromes militaires, quelques témoins sont plus circonspects. Pour eux, les Messerschmitt et autres appareils ne sont pas à la hauteur de leur légende. A Interlaken, Robert Loup travaille, à terre, sur les Messerschmitt. En tant qu'opérateur radio, il estime que leur système de communication n'est ni fiable, ni rapide. A Payerne, Roger Schwarz apprend à préparer les avions au décollage, il s'occupe de Morane 406, C36, C35 et des fameux Messerschmitt 109. Rapidement, il constate que ces appareils sont dépassés par rapport aux modèles anglais ou allemands qu'il voit passer dans le ciel. Il les juge même ridicules après avoir vu les forteresses géantes américaines se poser, à la fin de la guerre, sur l'aérodrome où il travaille.

> «C'est clair que c'était des avions qui, dès leur apparition, étaient surannés. On en avait conscience mais on n'y attribuait pas grande importance, au fond! Je me souviens, après l'école de recrues, j'ai tout de suite fait l'école de sous-officiers, ensuite j'ai été attribué à la compagnie d'aviation II, sur le terrain, à Bulle. Quand je suis arrivé à la compagnie d'aviation, j'étais un peu atterré de voir que c'était vraiment pas brillant! Surtout, j'étais chef d'un avion, d'un C36 mais j'étais tout seul! Ce C36, il était posé sur la prairie, là, à Bulle. J'avais personne pour m'aider à le préparer au vol, caporal tout seul avec un avion! Comme il volait tellement peu, ça avait pas grosse importance! C'était quand même un peu choquant! Mon C36, il était là tout seul, tout nu, sur la prairie, entre deux arbres, sans absolument aucune protection. On était quand même en fin 43!»
> *Roger Schwarz, interviewé le 13 juin 2000, par F. Gonseth, à La Croix-sur-Lutry*

Nous retrouvons le même type de jugements à propos des véhicules motorisés qui sont principalement utilisés dans l'infanterie: en nombre insuffisant, pas assez de chevaux moteurs, lents et inconfortables, bruyants. Parfois, camions, tracteurs, jeeps et voitures doivent rester au garage par manque d'essence.

En septembre 1939, l'armée souffre de l'insuffisance des réserves de carburant, de pneus et de pièces de rechange. Les véhicules militaires doivent recourir aux colonnes d'essence privées. En 1940, il y a, en Suisse, environ 70 000 voitures de tourisme et un peu plus de 10 000 camions. L'armée réquisitionne plus de 16 000 véhicules à moteur.

Ceux-ci sont utilisés pour transporter hommes et matériel. Selon Roger Schwarz, ils servent à tracter les charges lourdes, le reste étant porté à dos d'homme, de cheval ou de mulet. Dans sa compagnie, les voitures privées réquisitionnées servent à tirer les canons des batteries DCA. Les soldats de la compagnie XXI d'Auguste Rossi sont déplacés, quatre par quatre, de cantonnement en cantonnement dans des voitures confisquées, sur des routes désertes et, souvent, en terre battue. En 1939, selon lui, les autorités ont fait l'erreur d'utiliser des petites Fiat 5 CV qui, en deux mois, n'ont plus d'embrayage à cause des charges portées.

> «On avait des voitures toutes différentes les unes des autres. C'était toutes des voitures réquisitionnées. Un truc qui était bien avec les voitures réquisitionnées, c'est que, moi, j'avais une voiture qui appartenait à un tailleur de Carouge, une jolie Fiat 1500 flambant neuve; il l'avait achetée quelques mois avant! Alors, il venait vérifier sa voiture et il m'offrait des cigarettes (je fumais pas, mais je les prenais pour les copains) et une bière pour que je prenne soin de sa voiture. Après, il partait tout confiant!»
> *Auguste Rossi, interviewé le 17 mai 2000, par F. Regard et L. Neury, à Russin*

En 1944-1945, Henry Spira et Auguste Rossi se déplacent dans des jeeps aux portes arrachées. Il faut gagner du temps, «gicler au cas où» et se démarquer des véhicules civils! Le problème est que, sans portes, les carrosseries plient et que les automobiles sont alors inutilisables.

Les véhicules motorisés sont globalement appréciés car ils évitent de longues marches, avec de lourdes charges à porter. Mais, conduire n'est jamais décrit comme un plaisir: pendant le transport, les autres se reposent sous la bâche! Les chauffeurs sont, en outre, responsables de la bonne marche et de l'entretien de leur véhicule. Seule une personne nous fait part de la joie ressentie lorsqu'il est au volant de son camion réquisitionné. Grainetier de Chêne-Bougeries, Emmanuel Meynet est conducteur, durant son service actif. Il est rare de trouver des hommes qui aient le permis de conduire, connaissent la mécanique auto et possèdent un véhicule mobilisable.

> «C'était intéressant car on entretenait notre camion au service, mieux qu'au civil! On avait énormément de temps pour faire ce travail de service de parc, comme ils appellent ça! Du reste, ils s'en rendaient bien compte car, au moment de la reddition des camions, ils disaient: ‹Mais, vous êtes responsables, c'est vous qui conduisez le camion!› On transportait des munitions, somme toute, ils étaient presque à l'arrêt. On faisait pas beaucoup de transport ou des exercices de colonnes, des exercices de marches. Donc, on roulait comme ça, à vide, pour faire des exercices! J'avais confiance en l'armée suisse mais, au point de vue armement, au début, c'était pas ça! Surtout, avec ces vieux

camions datant de la guerre 14-18, des camions allemands de marque Krupp. Alors, quand on voit ce qu'on a vu après de ce que les Allemands avaient à l'époque! On n'était pas équipés!»
Emmanuel Meynet, interviewé le 19 janvier 2000, par F. Regard, à Chêne-Bougeries

Nous disposons d'un témoignage important sur les moyens de locomotion fluviaux et lacustres: celui de Willy Hubacher, commandant d'un bataillon de pontonniers. Né en 1918, cet ingénieur du Poly supervise la construction de nombreux édifices militaires et civils (barrages, forteresses). Pendant son service actif, il dirige une compagnie de pontonniers qui fait des exercices militaires sur le lac des Quatre-Cantons. Il nous décrit les submersibles utilisés: ferry-boats réquisitionnés, canots à moteur, pontons démontables en bois, etc.

Navigation fluviale, Vouvry (1942) (coll. Curdy).

«En 1944, au moment du Débarquement, mon bataillon était appelé à un exercice de guerre qui se passait selon le programme suivant: le matin du 6 juin 1944, on partait de Flüelen, avec les pontons du bataillon, sur le lac, remorqués par un gros ferry-boat jusqu'à Lucerne. A

Lucerne, commençait l'exercice de guerre. Alors, on mettait, là, le casque et puis les fusils, et puis tout l'armement. Chaque nacelle était occupée par une douzaine de pontonniers, avec un caporal, un sous-officier. Et, on descendait jusqu'à Bremgarten, là où j'avais construit le pont, c'était un barrage. Ça fait qu'on dépassait, de temps en temps, un petit barrage, où l'eau amont était un mètre plus haut que l'eau aval. Ça fait qu'il fallait passer ces pontons en vitesse, sans prendre l'eau, il fallait beaucoup ramer. Y avait un ponton qui n'avait pas assez ramé, le bec a pris l'eau, y avait un danger. Moi, j'étais dans la première compagnie qui arrivait au barrage, mais ma troupe sortait des pontons pour attendre leur tour. Le gardien du barrage m'a dit: ‹Réjouissez-vous, les Alliés ont débarqué!› Le 6 juin! [le témoin pleure]. Tout le monde a crié: ‹Bravo!› Cinq minutes après, y avait le motocycliste de mon patron, le commandant de bataillon, qui m'apportait une dépêche. J'ouvre ça: dans la compagnie I-3, derrière moi, il y a cinq pontonniers qui se sont noyés. Tout de suite, il fallait organiser une équipe de sauvetage. On avait ce message de paix du Débarquement et puis, cinq minutes après, ces pontonniers noyés!»
Willy Hubacher, interviewé le 20 novembre 1999, par F. Regard, à Diolly

Nos témoins décrivent comme relativement adéquats les moyens de locomotion militaires même s'ils les jugent médiocres par rapport à ceux de l'Axe ou des Alliés. Lorsqu'ils sont mobilisés aux frontières, ils peuvent entrapercevoir les véhicules des soldats stationnés de l'autre côté.

Les cantonnements

La plupart des hommes mobilisés évoquent, avec nostalgie, les cantonnements dans lesquels ils séjournent durant leur service actif. La majorité disent s'y être «bien sentis», malgré l'absence de confort, le froid, l'humidité ou les odeurs plus que désagréables (renfermé, sueur, moisissures). Au terme de journées éreintantes, nos témoins disent qu'ils ne peuvent se montrer difficiles, s'écroulent sur leur paillasse sans faire attention à l'état général de la pièce. Le sac de paille sur lequel les soldats couchent devient symbole d'abnégation, le signe que nos témoins sont prêts à tout supporter pour défendre leur patrie.

Quatre types de cantonnement sont mentionnés:

– Les abris sommaires construits pour une ou plusieurs nuits, lors d'une marche, d'une manœuvre ou d'un exercice. Monter ces campements de fortune n'est pas tâche facile, il faut «prendre position» le plus vite possible. Souvent, autour d'un feu, sont aménagées des tentes en toile, pour une ou plusieurs personnes, rapprochées les unes des autres. Le sol de ces bivouacs est parsemé de paille afin de former une litière.

> «En 1939, c'était pas facile; on a couché, pendant deux ou trois mois, sous tentes, avec de la paille. Quand la situation s'est améliorée, on a formé des lieux pour aller se coucher la nuit, dans des dortoirs, à Vaulion.»
> *Georges Candaux, interviewé le 18 février 2000, par F. Regard et D. Pattaroni, à Vaulion*

«Devant notre home, cabanes du Mont-Fort» (1939) (coll. Curdy).

– Les baraques de bois formant les camps de base. Peu de Mobards nous décrivent, avec précision, ce type d'habitations. Les châlits sont en bois ou en métal, avec de la paille dedans et une couverture par-dessus. Parfois, ils peuvent être superposés ou alignés les uns par rapport aux autres. Lors des moments d'angoisse et d'incertitude, notamment durant l'été 1940, les soldats se plaignent de ces conditions d'hébergement précaires, voire insalubres. Jeune officier, Jürg Hasler-Steiner reçoit, sur son bureau, ces protestations qui, selon lui, sont plus le fait d'un stress du soldat que l'expression d'une réalité:

«Tout à coup, le soir, il y avait le rapport régulier. J'entends siffler quelqu'un dans les rangs. Ah, mais, qu'est-ce qui se passe? Et puis, je ne pouvais pas demander: ‹Qui est-ce qui a sifflé?› Je n'avais aucune chance de le trouver. J'ai fini l'inspection. J'ai dit: ‹On va faire le rapport après le souper.› Je monte dans mon bureau, j'avais une pile de réclamations de soldats. Ils disaient que le cantonnement n'était pas bon, qu'ils dormaient mal, qu'ils n'avaient pas d'air, etc. Qu'il faisait froid! J'ai dit: ‹Oui, j'ai vu vos demandes, j'en tiens compte, je fais le nécessaire!› J'ai fait donner une couverture, par mon sergent-major. Je suis allé coucher avec mes soldats, dans cette salle. On a bien dormi! Et puis, le lendemain: ‹Vous avez bien dormi?› ‹Oui, on a bien dormi!› L'affaire était close!»
Jürg Hasler-Steiner, interviewé le 12 mai 2000, par F. Regard et L. Neury, à Lausanne

En général, ces cantonnements sont composés d'un réfectoire, du mess des officiers, d'une prison, d'un Foyer du Soldat (lorsqu'il y en a un!), de cuisines et de sanitaires communs.

Baraques de Cossonay (1943) (coll. Cachemaille).

– Les forteresses ou casemates sont taillées dans la roche ou enterrées. Une dizaine de nos témoins sont mobilisés dans les forteresses de Dailly (VS), Savatan (VS) ou Pré-Giroud (VD). Pour les soldats en surnombre, la vie est difficile, parfois ennuyante et suffocante. Les équipements sanitaires, les installations de chauffage ou l'agencement des pièces datent et méritent d'être repensés. Lorsqu'il pénètre dans la forteresse de Dailly, Pierre Guibert est à la fois attiré et intrigué par ce vaste monde souterrain. Il nous en montre minutieusement le fonctionnement et décrit son entrée dans la casemate:

> «Quand on est arrivé, il y avait deux centimètres d'eau dans le fond de la casemate, on marchait dans l'eau. La première chose qu'on a dû faire, c'est enlever cette eau, avec des serpillières et des seaux pour qu'ensuite on ne vive pas dans l'eau. De chaque côté, deux étages de plancher et, sur ces planchers, y avait simplement une couche de varech. On sait qu'il y était depuis fort longtemps car il y en a qui se sont amusés à voir ce qu'il y avait dans ce varech et ils ont retrouvé des bouchons de bouteilles de 1902-1903. Plus tard, heureusement, on a mis le varech dans des fourres de matelas; c'était pas meilleur pour y coucher!»
> *Pierre Guibert, interviewé le 12 novembre 1999, par M. A. Schüpfer, à Collonge-Bellerive*

Très vite, l'état-major s'efforce de rééquiper ces forteresses car les rapports d'inspection sont relativement négatifs. En cas d'attaque allemande, ces bâtiments sont au cœur du système défensif que ce soit dans le Réduit ou aux frontières. Des tests sont même réalisés afin de juger de leur capacité à tenir un siège. La forteresse de Savatan peut résister trois semaines sans être aidée de l'extérieur, selon Léon Richard. Pour ce faire, les officiers de l'édifice améliorent, dès le début de la guerre, le quotidien des hommes tenus reclus dans un microcosme singulier. Pour Etienne Brunet, lorsqu'on vit dans de telles conditions, le moral devient vite mauvais, les actes d'insubordination plus nombreux.

– Les logements civils réquisitionnés sont des écoles, gymnases, salles communales, écuries, granges, hôtels ou maisons particulières. Ce type d'hébergement est souligné par nos témoins car, selon eux, il est significatif de la solidarité existant entre l'armée et la population. Dès 1939, depuis leur place d'armes, les mobilisés sont dirigés vers des lieux publics ou habitations privées pour y déposer leur paquetage et passer leurs nuits. Des fois, les bivouacs sont improvisés et la troupe se plaint de la saleté, de la vermine et du manque de confort:

«Je me souviens, une fois, en route, nous avons dormi dans une salle de gymnastique. Une nuit, toute la compagnie ensemble, ça veut dire environ 250 hommes, dans une salle. La place par personne était huitante centimètres et, en bas, nous avions le sac, les souliers, et en haut, on avait un petit sac et le manteau. Huitante centimètres de large, deux cent cinquante hommes dans une salle de gymnastique! Dans la lumière des ampoules, on voyait les puces qui sautaient. Et nous, on se grattait partout! Il n'y avait pas encore des insecticides! Tout le monde protestait!»
Alfred Graff-Hamsler, interviewé le 16 juin 2000, par L. Neury, à Montreux

Les officiers sont, eux, logés chez des particuliers. La cohabitation entraîne des situations parfois cocasses. Habitant à Saint-Cergue, la tante de Nadine Barbezat loge le premier-lieutenant Roth et noue un lien privilégié avec les soldats qui, déprimés d'être loin de leur famille, restent discuter, le soir, avec leur hôte. Selon Jo-Johnny, les civils qui hébergent des militaires touchent une indemnité financière. Cette compensation, aussi légitime qu'elle soit, est rarement mentionnée par nos témoins. Le fait d'offrir gîte et couvert à des soldats est présenté comme un devoir patriotique, une solidarité avec les mobilisés qui, en échange, aident à la ferme ou à la voirie. Selon nous, plusieurs raisons expliquent cette aide spontanée: la sympathie envers des hommes qui ressemblent au fils ou au mari parti, la propagande active d'organismes tels qu'Armée et Foyer, la valorisation de la figure du soldat censé protéger les civils du danger venu de l'extérieur (en cas d'invasion, mieux vaut avoir un homme armé et expérimenté chez soi, surtout si l'homme de la maison est mobilisé!), le fait de ne pas avoir le choix car la présence est, parfois, imposée, les chambres réquisitionnées sans l'assentiment de leur propriétaire.

Les animaux

De nombreux animaux de trait sont réquisitionnés. En septembre 1939, l'armée suisse compte 42 000 chevaux. Selon Albert Gaudin, en montagne, les mulets et les chevaux transportent les matériaux de construction, tirent les canons, charrient tentes et armes. Trois raisons expliquent le recours à la traction animale: la rareté des camions, le peu de conducteurs formés, les restrictions d'essence. Pour Edmé Regenass, ils allègent considérablement les charges transportées par les soldats, lors des marches.

«Pour faire nos courses d'écoles de recrues, on a reçu des chevaux français pour tirer nos charrettes et notre matériel. Et on est montés

derrière les Dents-Mortes, qui sont une région très, très belle mais au climat assez rude. Et les chevaux n'ont pas supporté, ils sont tous tombés malades. Alors, vous voyez, la compagnie, ça faisait peut-être trente chevaux! Des chevaux de trait! Il a fallu les descendre dans la plaine, en hôpital vétérinaire, dans la région d'Aigle, pour qu'on puisse les soigner. Et puis, surtout, la conséquence pour nous: ce que les chevaux portaient, on a dû tout le porter sur le dos. Ensuite, on est arrivés à Bex et on a trouvé des chevaux de remplacement. On a marché de Bex à Lausanne. Jamais, de tous mes jours de service militaire, je n'ai vu les soldats attacher une telle importance à leurs chevaux militaires; mais incroyable! Comme on s'occupe de son propre gamin.»
Edmé Regenass, interviewé le 15 mai 2000, par N. Fink, à Carouge

Quelquefois, des liens assez forts se nouent entre l'homme et la bête. Membre de la batterie II, Jacques Zimmermann se souvient, avec émotion, de *Bijou*, le mulet mascotte de la compagnie.

Convoyeurs et mulets en bivouac (novembre 1939, course au Six-Blanc) (coll. Curdy).

Démobilisation à Martigny (novembre 1940) (coll. Curdy).

Dans les corps de cavalerie, les chevaux sont perçus comme des «bêtes nobles». En 1936, Jules Degaillet est engagé dans le dépôt des chevaux de l'armée, à Berne, où il reste jusqu'en 1971. Après avoir fait son école de recrues dans la cavalerie, il commande un escadron de dragons. Selon lui, en 1939, la cavalerie compte environ 4000 hommes. Il est très vite conscient que les dragons sont une survivance de l'ancienne armée.

> «Ce n'est plus possible. Qu'est-ce que vous voulez? Le cheval n'a plus rien à faire dans la guerre! C'est maintenant défendu. Les dragons, il aurait fallu les mettre avec l'infanterie, à la frontière. Ils auraient pu rendre service. Fallait pas les prendre comme dragons. Le Général, il voulait former des régiments, c'était une erreur!»
> *Jules Degaillet, interviewé le 30 juin 1998, par F. Gonseth, à Echandens*

Plusieurs autres animaux sont utilisés par l'armée. Richard Léon se souvient de «l'homme des pigeons» qui officie à la forteresse de Dailly. Ce personnage haut en couleur est chargé des communications lors des grandes manœuvres. L'efficacité de ces messagers du ciel est confirmée par Anne-Lise Wehrli-James (pigeonnière dans les SCF) et Pierre Guibert (membre du bureau Renseignements de sa compagnie):

> «On a fait le bilan des transmissions possibles. On a tout utilisé: la radio, l'aviation, les motocyclistes, les cyclistes, les chiens, les pigeons. Les exercices ont montré qu'il y avait une seule liaison sûre, c'était les pigeons!»
> *Pierre Guibert, interviewé le 12 novembre 1999, par M. A. Schüpfer, à Collonge-Bellerive*

La stratégie ou l'idéologie du Réduit

Nos témoins ne s'aventurent pas à parler de stratégie militaire; ce domaine concerne seulement les gradés. Perçue comme une idée du Général Guisan, la tactique du Réduit national ou du «Hérisson» est la seule connue par l'ensemble de la population et de l'armée. Le point de vue des civils et militaires est radicalement différent.

En juillet 1940, le Général Guisan et son état-major décident la création d'une position centrale située au cœur du massif alpin. Le Conseil fédéral en est seulement informé, les autorités militaires ne lui demandent pas d'entériner cette nouvelle stratégie. Chacun donne son accord de principe. Le dispositif général prévoit trois zones de résistance: une sur la frontière, des positions avancées sur le Plateau et le Réduit proprement dit. Ce dernier n'est pas pensé comme une forteresse de repli, il permet une défense agressive. Selon les experts militaires de l'époque, les troupes de frontières peuvent tenir deux jours, idem pour les positions avancées, ce qui fait que le Réduit ne serait atteint qu'au bout du cinquième jour. La politique de la terre brûlée, avec la destruction des voies de transport et de communication, serait pratiquée. Cette stratégie est abandonnée en 1944.

Vue par les civils

Peu nous parlent de cette stratégie qui, pour eux, reste «un truc militaire». Quelques rares témoins civils croient en la légitimité du Réduit national: fondée sur la dissuasion, cette mesure a permis à la Suisse de ne pas être envahie par l'Allemagne nazie. Souvent, nos témoins se font une fausse idée du Réduit. Paysanne, Lise Rossier-Goumaz le présente comme «un grand village sous terre». Elle pense qu'il est aménagé de telle façon que la majorité des Suisses peuvent s'y réfugier. Pour sa part, en cas d'invasion, elle préfère rester dans sa ferme de Sédeilles jusqu'à sa mort. Le Réduit n'est généralement pas déprécié: si le Général l'a inventé, c'est qu'il doit avoir son utilité! La plupart de nos témoins affirment, avec fatalisme: «On est conscient qu'en cas d'invasion, on n'aurait pas le temps de rejoindre l'intérieur du pays.» France Margairaz avoue ne pas y connaître grand-chose hier et aujourd'hui. Pour elle, la Suisse n'a pas été envahie à cause des intérêts financiers de l'Allemagne et non à cause du Réduit réservé aux militaires:

> «Le Réduit national, on en a beaucoup parlé. Y avait pas mal d'avions qui étaient là-dedans. C'était surtout des avions de défense! J'crois pas, à l'époque, que ça m'a touchée. On n'imaginait pas ça!»
> *France Margairaz, interviewée le 18 avril 2000, par M. A. Schüpfer, à Rances*

D'autres civils expriment des doutes quant à l'efficacité de la stratégie du Réduit, surtout lorsqu'ils habitent dans la plaine. De manière générale, les femmes se montrent plus critiques que les hommes, car elles ont peur pour les enfants. Sur le Plateau, notamment dans la région genevoise, un sentiment d'abandon prédomine avec la prémonition qu'en cas d'invasion, les civils seraient sacrifiés. Telle est l'opinion de Jacqueline Chappuis-Reymond qui regrette cet esprit de citadelle:

> «On avait ce Réduit qui était fait en Suisse, quand même! On avait une amie qui était dans le canton de Vaud. Quand on se promenait, on passait sur ces ponts qui avaient des explosifs, qu'on pouvait faire sauter si nécessaire. Puis, il y avait tous ceux qui habitaient dans le Réduit, qui étaient dans cette forteresse. On en connaissait forcément!
> »– Le Réduit impliquait l'abandon des gens du Plateau? Est-ce qu'on le savait?
> »– On savait!
> »– Est-ce qu'on l'assumait?
> »– Vous savez, on n'avait pas tellement le choix! Vous savez, le Général Guisan, il avait dit: ‹Voila, on va faire le Réduit et puis, tout le monde va là-dedans! Et puis, on défendra la Suisse de là!› Il fallait savoir que, nous, on était dans la Plaine et qu'il fallait déferler!»
> *Jacqueline Chappuis-Reymond, interviewée le 18 août 2000, par F. Regard et L. Neury, à Genève*

Profondément hostile au Général Guisan, Gilberte Aubert est beaucoup plus négative. Pour cette Jurassienne profondément attachée à sa région, le Réduit est une mesure de pleutres, un abri aménagé pour les plus riches, les politiciens et les militaires, bref l'élite du pays.

> «La vallée de Joux était considérée comme région sacrifiée. Il y avait «le Hérisson», le Réduit! En somme, si nous, on avait été envahis, les Allemands, ils auraient passé chez nous. Nous, on aurait été soumis par les Allemands. Je trouve que c'était pas très courageux de se réfugier là-bas. Les gens riches, les officiers et les banquiers dans «le Hérisson». Chez nous, il y avait une frontière trop difficile à défendre!»
> *Gilberte Aubert, interviewée le 20 septembre 2000, par J. Veuve, à Romainmôtier*

Face à ces doutes ou à cette relative indifférence, nous nous interrogeons sur l'efficacité de la propagande en faveur du Réduit. Les campagnes de promotion auprès de l'opinion publique ne semblent pas avoir d'impact de masse. Trois facteurs expliquent cet échec exprimé plus tard:

– La Suisse n'ayant pas été envahie, nos témoins se rendent compte qu'après tout, le Réduit n'est peut-être pas une si bonne idée. Peut-être y ont-ils cru, à l'époque! Mais, leurs lectures postérieures les ont fait changer d'avis. Ils ont le sentiment d'avoir été dupés, sacrifiés au profit «des meilleurs»!

– Le Réduit semble davantage accepté en Suisse alémanique qu'en Suisse romande. Les cantons francophones éloignés, pour la plupart du Réduit, s'estiment «sacrifiés» au profit des cantons germanophones.

– La plupart des individus se montrent fatalistes et espèrent qu'en cas d'invasion, les Allemands ne pilleront pas leurs habitations. Selon eux, le Réduit ne concerne que l'élite et non les simples gens.

Vue par les militaires

Le point de vue des Mobards est plus complexe. La grande majorité admire le Général pour cette décision courageuse et responsable qui, au niveau militaire et stratégique, est perçue comme efficace. La propagande d'Armée et Foyer touche les soldats qui, dans l'ensemble, croient au Réduit. Pierre Guibert assiste à l'une de ces conférences et se laisse persuader par l'orateur:

> «Nous l'avons appris par la presse, bien entendu! On en parlait au service, aussi, occasionnellement! Parce que, dès 40, il était constitué

dans l'armée une section qui s'appelait Armée et Foyer. Armée et Foyer avait deux buts: éviter la désespérance et revitaliser l'espoir. Ce qui fait que, de temps en temps, un officier du Service de renseignements nous faisait un discours pour nous dire quelle était la situation, quel était l'objectif de nos autorités, etc. Pour que nous soyons renseignés. Donc, sur le Réduit, on en a entendu parler de cette manière-là.»
Pierre Guibert, interviewé le 12 novembre 1999, par M. A. Schüpfer, à Collonge-Bellerive

Pour nos Mobards, les montagnes offrent une position retranchée sûre à partir de laquelle les tireurs d'élite peuvent atteindre leurs cibles. Lorsque nous les interrogeons sur l'abandon des civils, ils rappellent que le Réduit épargne des combats sanglants et qu'eux aussi seront sacrifiés. Officier à l'époque, Georges-André Chevallaz parle d'une «confiance aveugle» de la troupe. Mobilisé à Pré-Giroud, c'est-à-dire en première ligne, Willy Helfer ne cache pas son admiration pour cette stratégie même s'il sait qu'il va être le premier à mourir en cas d'attaque:

«Le Réduit national découle aussi de l'évolution des guerres d'antan. Parce que d'antan, quand une ville était assiégée, on se réunissait dans la citadelle qui était une partie de la ville. Et puis, quand ça chauffait encore plus, l'état-major se retrouvait dans le château puis éventuellement dans le donjon. Il y a toute une gradation des protections! Au fond, l'idée du Réduit national, ça représentait en quelque sorte la citadelle de la Suisse!»
Willy Helfer, interviewé le 31 août 2000, par L. Neury, à Lausanne

Mobilisé à Gstaad, dans «le Hérisson», Jo-Johnny est persuadé de l'effet dissuasif de la concentration militaire au cœur des montagnes. Plus nuancé, Luis Johannot ne conteste pas les ordres et croit à ce qu'on lui dit de croire. Pour Pierre Verrey, le Réduit est une «idée sage»: «On ne pouvait pas faire autrement», nous dit-il. Louis Rérat constate que les démoralisés de sa compagnie sont rassurés à l'annonce du Réduit national. Etienne Brunet rappelle que la Plaine est indéfendable «avec seulement trois tanks»!

Seulement quatre témoins expriment leur doute, voire une opposition franche, à l'idée du Réduit national. Selon Jean Delafontaine, mobilisé à la frontière jurassienne, cette mesure suppose l'abandon lâche des habitants de la Plaine.

«La Suisse, elle, est ceinturée de tous les côtés! Elle est obligée de s'arranger avec ses voisins, il n'y a pas d'autre solution. C'était pas

nécessaire d'occuper la Suisse! Ça leur coûtait cher, traverser les Alpes! Le Réduit national, je pense que c'était une erreur! Parce qu'on casernait toute l'armée suisse, dans un secteur bien particulier. Et puis, on laissait le Plateau, les civils, les enfants, les femmes, tout ça, à la merci d'un envahisseur. M. Guisan a peut-être eu l'idée militaire de défendre ce petit Réduit. Mais, ça intéressait pas les Allemands, ce Réduit. Ce qui les intéressait, c'est de traverser le pays, c'est le Plateau. C'est pas ce «Hérisson», là-bas, dans le béton, dans le rocher!»
Jean Delafontaine, interviewé le 14 juin 2000, par F. Regard et L. Neury, à La Sarraz

Rejoignant les préoccupations des civils, ce type de position est largement minoritaire au sein de la génération des Mobards. Souvent, elle n'est ni politique, ni polémiste.

Le régime militaire

Les officiers

En général, les officiers constatent, tous sans exception, que la discipline militaire est respectée et appliquée dans leur compagnie. Ils s'estiment relativement bien acceptés par leurs soldats, même si, «lorsqu'il le faut», ils doivent sévir et sanctionner. Tous insistent sur leur zèle à discipliner les soldats. L'armée suisse doit être ordonnée, sérieuse et performante; les soldats impeccables, rigoureux, honnêtes et compétents. Il est intéressant de constater que leur ligne de conduite n'évolue pas, selon eux, au gré des événements. En mai-juin 1940, au moment où ils constatent la recrudescence du défaitisme ainsi qu'une certaine démoralisation, ils refusent de «serrer la vis». Tous disent comprendre les sentiments de peur et de stress que connaissent les soldats, sans doute les ressentent-ils eux aussi! A la fin de la guerre, avant la démobilisation, ils refusent de «lâcher du lest» car l'armée suisse doit rester fière quoi qu'il advienne. Toutefois, les photos et les témoignages de soldats en liesse montrent qu'en réalité la vie militaire de 1944 et 1945 est loin de celle de 1940 et 1941.

Dans les écoles de sous-officiers et d'officiers, les recrues qui souhaitent «payer leurs galons» doivent apprendre à commander et, surtout, à se faire obéir. Cet enseignement est dispensé par des officiers instructeurs comme Jean-Pierre Gehri:

«Pendant la guerre, le service militaire est monté d'un cran au niveau du sérieux et précision du travail. On se levait de très bonne heure; à

La compagnie de Louis Sidler se relâche (coll. Sidler).

5 heures on se levait pour s'occuper des chevaux; moi, j'étais un chef de section qui s'occupait des chevaux. Chaque matin, il y avait une heure avec les recrues; on sortait sur les plaines pour aller dans le terrain, parce qu'au manège on n'a pas les mêmes sensations. Et l'après-midi, il y avait le service technique, avec le tir au fusil.»
Jean-Pierre Gehri, interviewé le 7 août 2000, par F. Regard et L. Neury, à Lonay

De nombreux témoins «payent leurs galons», pendant la guerre. La période fait que cette entreprise ne revêt pas la même signification qu'auparavant. La charge n'implique ni les mêmes responsabilités, ni les mêmes attributions, ni les mêmes pouvoirs. En cas d'invasion, l'officier prend les décisions, mène ses hommes au combat et, surtout, risque leur vie. Dans certaines familles, le grade d'officier est un honneur que les fils se doivent de revêtir avec honneur et élégance. Ainsi, parallèlement à sa carrière de médecin, Jürg Hasler-Steiner devient, pendant la guerre, officier de cavalerie. Pour lui, l'armée est «une sorte de tradition familiale» symbolisée par l'épée transmise de père en fils.

«J'ai fait mes écoles d'officier, ensuite toutes sortes de service militaire comme commandant d'école de sous-officiers, comme commandant d'école de recrues même, comme payer les galons, c'est ce qu'on faisait dans le temps. J'ai été incorporé en cavalerie. Heureusement ma mère avait eu la très bonne idée de me faire faire de l'équitation, déjà comme étudiant. J'ai fait quelques mois de service militaire avant ce service actif. Mon école de recrues: déjà dans la deuxième semaine, j'avais un petit galon, je devais être chef de section. Par mon père et par mon frère aîné qui était commandant de batterie d'artillerie, batterie montée, j'étais au courant de tous les insignes militaires, de tous les stades de commandant, etc. C'est venu par la famille, il y avait aussi une épée qui passait de l'une personne de la famille à l'autre, l'épée que mon père avait donnée à son beau-frère, son beau-frère a donnée à mon frère aîné. Et mon frère aîné me l'a donnée, toujours avec les inscriptions. C'est un peu la veine militaire!»
Jürg Hasler-Steiner, interviewé le 12 mai 2000, par F. Regard et L. Neury, à Lausanne

Parfois, l'expérience vécue incite les aspirants à embrasser la carrière militaire qui, en ces temps troublés, offre une rémunération et une sécurité de l'emploi. Au-delà de ces considérations matérielles, la principale motivation évoquée est la volonté de défendre son pays, l'engagement étant perçu, dans le cadre de la Défense spirituelle, comme un acte patriotique. Il est vrai également que les galons confèrent un prestige social que les civils mentionnent fréquemment, notamment les jeunes filles. Paul de Saugy le constate mais affirme que «cette classe» ne compense pas les souffrances endurées (se raser à l'eau froide et se faire respecter des soldats).

Défilé militaire en rangs serrés, à Martigny (4 septembre 1941) (coll. Curdy).

D'une manière générale, nos témoins disent avoir apprécié leurs écoles de «sous-off» et d'«off» où, selon eux, ils apprennent énormément de choses: des valeurs essentielles (rigueur, discipline, maîtrise de soi, liens humains...), mais également des connaissances techniques. Seules deux personnes, Gilbert May et Edmond Pidoux, refusent de faire leur école de sous-officiers, pour des raisons politiques, éthiques ou professionnelles:

«J'avais refusé de faire des galons et j'avais expliqué longuement à mon commandant d'école qui était un homme très intelligent et très humain. Il a compris que mon horreur de la Première Guerre me rendait l'idée de la guerre insupportable. Refuser de grader, c'était possible à condition de discuter suffisamment et de trouver un officier intelligent. Je lui ai dit: ‹Si vous me forcez à faire des grades, je m'expatrie et je vais faire carrière en France.› J'ai trouvé un cas rare, un officier très intelligent qui m'a compris et m'a dispensé. Ce qui a navré mon oncle qui était lieutenant-colonel dans les fortifications.»
Edmond Pidoux, interviewé le 27 janvier 2000, par N. Fink, à Pully

A l'inverse, l'échec ou le délassement peut être vécu comme une tragédie, voire, pour certains, comme une injustice. En 1939, Willy Helfer paye ses galons de caporal; il songe alors à s'engager dans la carrière militaire. A l'école d'officiers de Thoune, pendant la guerre, on lui reproche constamment d'être fils d'ouvrier et de ne pas avoir fait d'études. Selon lui, cette dévalorisation – due à des considérations politiques, à une forme d'ostracisme – l'empêche de monter en grade. Il le regrette encore!

Pendant le service actif, les enjeux ne sont pas les mêmes, le contexte fait qu'il faut à la fois comprendre et sanctionner les écarts de conduite. Les officiers ne semblent pas tous du même avis sur le sens donné à leur tâche:

– Certains prônent une discipline stricte afin de préparer les hommes au pire et d'être prêts en cas d'invasion. Tous ces gradés insistent sur l'image de l'armée suisse auprès de la population et des soldats étrangers; celle-ci peut être un facteur de dissuasion! Officier dans une troupe de couverture frontière, Paul-Henri Glardon est chargé de surveiller, jour et nuit, les soldats affectés aux postes de garde. «Un soldat qui dormait à la place de monter la garde, c'était cinq ou six jours d'arrêts de rigueur! Il fallait faire abstraction de nos sentiments!» Alors que les Allemands sont de l'autre côté, ce jeune officier ne tolère aucun relâchement, aucune somnolence, malgré la fatigue et le froid. Selon lui, de tels comportements mettent l'ensemble de la compagnie en danger de mort! Lorsque les officiers sont trop durs, ils sont traités de «nazis» par leurs hommes. Comme Gilbert May, Edmond Pidoux se souvient d'officiers admiratifs devant la discipline SS:

«Un tel de nos officiers était nazifiant, véritablement. Ça ne l'a pas empêché de devenir président du Club alpin de la ville où il habitait! C'était à Genève! Il lâchait un mot de temps en temps: ‹Voilà ce qu'il

> nous faudrait›, quand on parlait de Mussolini et de l'ordre qui régnait en Italie. ‹Voilà ce qu'il nous faudrait!› Et puis, après, quand sont venus les nazis: ‹Ce serait pas mal d'avoir un peu de leur discipline, ici!› Les officiers aiment beaucoup ceux qui ont de la discipline car, souvent, eux-mêmes, ne sont pas dignes de leurs galons et n'ont pas l'autorité!»
>
> *Edmond Pidoux, interviewé le 27 janvier 2000, par N. Fink, à Pully*

– La plupart sont plus compréhensifs et pensent qu'une bonne entente entre la troupe et les supérieurs motive chacun et le rend plus combatif. Pour eux, le défaitisme et la démoralisation sont dus à l'intransigeance de nombre de leurs confrères. Selon Jürg Hasler-Steiner, la discipline est facile à faire accepter d'autant qu'il existe un lien, une proximité entre la troupe et le commandement (ils mangent ensemble et, parfois, dorment ensemble). Pour tous ces gradés, la figure du Général Guisan, proche et à l'écoute du simple soldat, est un exemple.

Officier, Alfred Graff-Hamsler craint, «comme la peste», les «violets». Détestées par la troupe comme par les officiers, ces «unités d'avocats de justice» sont chargées des inspections. N'oublions pas que les punitions frappent les fautifs mais aussi leurs gradés qui les laissent faire ou ne détectent pas leur relâchement.

> «On craignait toujours les «violets». Les «violets», ce sont des unités d'avocats de justice qui ont, ici, au col, un signe de justice qui est violet. On les craignait. Les «violets» voulaient toujours qu'on se mette en ligne, ouvre le sac et on ait l'inspection. En cas de vol, là où ça s'est passé, on a pris l'unité et deux, trois officiers, justement les «violets», qui ont inspecté, ont donné des punitions très sévères. On a exécuté des soldats avec un fusil.»
>
> *Alfred Graff-Hamsler, interviewé le 19 juin 2000, par L. Neury, à Montreux*

Ces «violets» sont également mentionnés par Robert Carrel, qui s'estime particulièrement surveillé à cause de ses convictions politiques (syndicaliste engagé auprès du Parti du Travail interdit pendant la guerre).

Pratiquement tous les officiers et sous-officiers interrogés pensent avoir entretenu des rapports cordiaux avec les hommes de leur compagnie. Souvent, ils les revoient régulièrement lors des soirées de l'Amicale et suivent leur carrière professionnelle et leur vie familiale. Tous insistent sur le fait que la guerre rétrécit le fossé existant avant 1939 et introduit une proximité, «une union sacrée» entre tous, au-delà des classes sociales, opinions et cultures. Au regard de nos témoignages, ce point de vue est à nuancer car subsistent des distinctions – pour ne pas dire discriminations – aux niveaux:

– Social et culturel. Les plus aisés peuvent plus facilement suivre une école d'officiers. Les soldats ayant suivi des études poussées sont considérés comme des intellectuels inutiles alors que ceux qui n'en ont pas eu les moyens sont, parfois, perçus comme des paysans mal dégrossis.

– Politique et idéologique. Les soldats «de gauche» sont dépréciés par leurs supérieurs, mis à l'écart (ils risquent de fomenter des révoltes), surveillés et plus facilement punis. Il est vrai qu'ils sont, souvent, en première ligne, lorsqu'il s'agit de revendiquer une amélioration des conditions de vie des soldats. N'oublions pas également que la majorité des officiers viennent de milieux conservateurs, voire, pour certains d'entre eux, réactionnaires. Se rencontrent alors, dans les casernes, deux conceptions du monde et des rapports interhumains radicalement différentes.

– En revanche, la distinction religieuse ne semble pas jouer. Les témoins, y compris les mobilisés juifs, insistent sur l'absence d'antisémitisme à l'armée, même si l'on regarde d'un œil suspect les traditions israélites. Cependant, il faut garder à l'esprit que l'esprit de corps peut être plus fort que l'appartenance religieuse et taire les discriminations. Seul Henry Spira, juif de Porrentruy, mentionne «un jeune caporal franc-montagnard» qui lui lance des invectives racistes et reçoit, en retour, un poing sur la figure.

Il est vrai que nous n'avons interviewé que de jeunes officiers, en poste pendant la guerre, les autres étant décédés. Nous n'avons donc pas pu avoir accès à la mémoire des hauts gradés qui ont souvent plus de 40 ans, pendant la Mob. Certains de ces commandants, colonels et généraux appartiennent vraisemblablement à une autre époque: celle de la Première Guerre mondiale, de la cavalerie où les hussards combattent sabre à la main, imposent une discipline de fer et vivent à la dur. Nos témoins soldats les appellent «les officiers de salon» ou «de cour» et insistent sur leur couardise.

La troupe

Cette discipline, dont les officiers font leur code d'honneur, est inculquée aux aspirants dès les classes. En juillet 1944, Guy Zwissig participe à la dernière école de recrues de la guerre. Il est frappé par l'esprit «prussien» qui règne alors dans les casernes. Son impression est confirmée par nombre de nos témoins qui, comme Pierre Cuenoud ou Louis Grandjean, trouvent l'école de recrues plus dure que le service actif. De manière globale, l'école de recrues est présentée comme un passage obligatoire, une expérience souvent difficile et pénible sur un plan physique. Jürg Hasler-Steiner en garde un souvenir très positif puisque, dès la première semaine, il a un premier galon et se retrouve chef de section. En revanche, la majorité la décrit comme «un mauvais moment à passer»: les officiers y sont tatillons, récriminateurs et donneurs de leçons, ce qui renforce les liens d'amitiés entre les recrues «se serrant les coudes». En 1942, Ernest Jomini fait «cette mauvaise expérience»:

> «De ma propre école de recrues, je garde un souvenir détestable. Je ne veux pas le généraliser. Je me suis trouvé ici, à Lausanne à la caserne, je me suis trouvé avec un commandant de compagnie à la fois commandant de compagnie et aspirant instructeur. Il était spécialement zélé, il jouait sa carrière; il a été détestable du premier jour au dernier. Tout était basé sur la crainte, dès le premier moment, à l'arsenal de Morges; il a hurlé jusqu'au dernier soir de l'école de recrues; notre compagnie était consignée en caserne pour nettoyer les bidons, il nous a rendu la vie amère. Il ne faut pas généraliser et dire que toutes les écoles de recrues étaient comme ça. Pour finir, on comptait les jours!»
> *Ernest Jomini, interviewé le 26 mai 2000, par L. Neury, à Lausanne*

D'autres témoins sont plus positifs, même s'ils reconnaissent la difficulté d'un monde fonctionnant avec d'autres repères et exigences. Pour eux, l'école de recrues est une véritable école de la vie. Selon Edmé Regenass, la formation militaire s'est considérablement améliorée dans les écoles de recrues: l'instruction physique y est poussée, les connaissances techniques (notamment, en matière d'armes) sérieuses.

La plupart des troufions disent avoir accepté les invectives – certains parlent même d'«aboiements» – des officiers et la discipline militaire. Selon eux, ils n'ont pas d'autres choix. A l'époque, il faut obéir aux ordres et mettre de côté sa susceptibilité face à la menace d'invasion! Souvent, nos témoins décrivent de manière négative les rapports qu'ils entretiennent avec leurs supérieurs. Jeunes, inquiets par la guerre ou le sort des leurs, ils supportent mal l'autorité, en particulier lorsque celle-ci est jugée abusive. Aujourd'hui, les plaintes sont nombreuses, mais elles sont tues à l'époque: marches éreintantes, inspections pointilleuses des chambrées et paquetages, refus d'accorder des permissions (notamment pour les paysans, lors des moissons), punitions trop sévères.

En cas d'absence, la famille peut se faire représenter par un mandat-poste. dont le talon sera conservé en souvenir

M

Madame Gargarisme et ses filles Permen-Ganatte, Madame Corvey-de-Cartier, Madame Tapp-Couverte et son enfant Brouette, Madame Veuve Bayonneth et ses enfants Bretel, Avresac et Sacadouil ; Madame Veuve Infirmerie née Flémingite.

Mademoiselle Couverture et son fiancé Lejules, Mademoiselle Payace, Madame Astikage née Parad, Monsieur Degarde et ses filles Ronde et Patrouille.

Madame Marche de Nuit, née Lagoutte, Messieurs Gaudillod, Grellon et Ribouyt, parfumeurs ; Monsieur Mousqueton et sa fille Mitrailleuse ; Mademoiselle Lebel et ses cousines Trajectoir et Choublan ; Messieurs Pin-de-Guerre, Hourse et Lesing ; Monsieur et Madame Trouss-Garnie et leurs enfants Patience, Casque, Moltière, Ceinturon et Marmite ; Madame Veuve Tiroflan, née Sistayme Nouveau et ses enfants Puss, Punaise, Moustic ;

Les familles Cuillère, Gamell, du Bidon, Fourchett, Kruche et Balet; les amis Sakabross, Boitagraisse, Paillasse, Matela, Kou-Vèrtur et Traver-Saint ont le bonheur de vous faire part de l'heureuse perte qu'ils viennent d'éprouver en la personne de

Madame
Tendésirée Lafin-Desrecrues

Chevalière de l'ordre des "Tireurs aux Flancs"

décédée joyeusement à l'âge de 90 jours, à la **Caserne d'Emmen**, d'une indigestion de pain biscuité, de rata, de riz, fayots, pois, macaronis absorbés et arrosés avec du Château-Lapompe.

Vous êtes priés d'assister à ses obsèques qui auront lieu le **Samedi 8 Août 1942.** à 9 heures du matin.

Une messe sera célébrée par les abbés Bacchus et Cupidon, puis aura lieu la dislocation du cortège.

Le deuil sera conduit par les familles Consigne, Salle de Police, Tole et Cellule.

Par modestie, on refuse les couronnes, mais on accepte les fleurs.

Domicile mortuaire : **Caserne d'Emmen**

Liberata et Fuitibus Rapidos !

La fin de l'école de recrues de Charles Cachemaille (coll. Cachemaille).

Les copains de l'école de recrues», à Emmen (1942) (coll. Cachemaille).

Les trois principaux griefs reprochés aux supérieurs sont:
– Les marches.

Fritz Burki et Jean Delafontaine se souviennent des marches pénibles, sous la pluie ou la neige, en pleine canicule ou dans le froid et le vent. André Ruffieux nous raconte une marche pénible de Cossonay à Ins, où les hommes, épuisés, dorment en trébuchant. Plus positif, Jean Dunant se rassure en répétant qu'il part à la découverte de son pays, voit de nouveaux paysages et noue des liens très forts avec la population locale. Lorsque l'interviewer lui demande «son pire souvenir de la Mob», Gilbert May répond, sans hésiter: «Les fatigues dues aux marches incessantes.» Se présentant comme antimilitariste, Louis Sidler plaisante en pointant du doigt «une injustice»: les troupes de couvertures frontières ont beaucoup moins marché que les troupes d'infanterie. Officier, Alfred Graff-Hamsler reçoit les plaintes de ses soldats qui, s'ils «rouspètent», ne refusent pas de marcher. Le thème de la marche devient symbolique de la condition de Mobard: le patriotisme se mesure au nombre de kilomètres parcourus ou aux ampoules blessant les pieds. Ces exercices

Marche en direction de Saint-Cergue (coll. Curdy).

Guyot dit «Bonbon», éreinté après une marche (coll. Sidler).

éreintants découlent de la faible motorisation des véhicules, du peu de chevaux à disposition et de la volonté des supérieurs d'«occuper», de «mater» ou d'«endurcir» la troupe.

– Les exercices.

Selon Curt Weideli, les exercices militaires sont durs et, parfois, dangereux:

> «Supporter l'entraînement qu'on a eu, c'était très dur! Combats de rue, sauter par les fenêtres des maisons, marches de cinquante kilomètres et une fois cent kilomètres, on est montés à la montagne, on est passés sur une crête; et puis la gymnastique matinale à 5 heures du matin au mois de février, torse nu!»
> *Curt Weideli, interviewé le 17 novembre 1999, par F. Regard, à Aigle*

A cause de problèmes de santé, André Guex ne peut pratiquer les exercices sportifs imposés qu'il juge «inappropriés». Pierre Baumann nous décrit un exercice particulier mené à Montet, dans le canton de Fribourg: les soldats jettent des miniparachutes depuis le toit de l'église et tirent dessus comme s'il s'agissait de véritables parachutistes. Ce témoin doute de l'efficacité de telles mesures, en cas d'invasion. Souvent, la population assiste, en spectateur ou acteur (lorsqu'il s'agit de procédures d'évacuation) à l'entraînement des soldats. Ce spectacle a un effet rassurant sur les civils, selon Nadine Barbezat et Madeleine Cressier qui se sentent protégées.

– Le refus d'accorder des congés, dans certains cas particuliers.

La majorité de nos témoins pensent que le système des congés et relèves s'améliore au courant de la guerre. Ainsi, Jean Marti se souvient avoir obtenu, après 1941, davantage de congés pour aider son père resté seul à la ferme. Pierre Linder peut continuer à mener sa carrière professionnelle d'ouvrier typographe à *Sports Suisse* pendant son service actif. Les témoins étudiants obtiennent des congés pour passer leurs examens ou suivre des cours importants. Le reste du temps, ils s'arrangent avec des collègues pour la prise de notes et les révisions. Si Albert Cordey accorde des congés à ses soldats démoralisés, d'autres officiers se montrent moins conciliants. Les personnes qui regrettent le plus la rareté des permissions sont les épouses, car ce sont les seuls moments où elles peuvent voir leur mari et se décharger du travail qui leur est imposé. Daniel Christoff regrette de ne pas pouvoir assister à la naissance de ses enfants et de ne pas les voir grandir. Pour Louis Rérat, les jeunes célibataires ne peuvent prendre de congés, car ils sont réservés aux paysans, aux boulangers, c'est-à-dire aux professions utiles à l'effort

Exercice maîtrise du feu (coll. Curdy).

Cours d'avalanche, à Davos (1943) (coll. Curdy).

de guerre et au ravitaillement. D'une manière générale, le peu de congés est regretté mais n'est pas condamné. Les circonstances font que nos témoins supportent – certains avec du mal, d'autres avec plaisir – plus de 1000 jours de service, avec quelquefois de longues périodes sans voir leurs proches. Avant l'interview, la plupart des Mobards nous montrent, avec fierté, leur livret de service.

Face à la discipline, trois types d'attitude se retrouvent chez les simples soldats:

– Ceux qui condamnent l'autorité excessive de leurs supérieurs et considèrent le service actif comme long et pénible! Cette morosité quotidienne est confirmée par de nombreux témoins dont Auguste Rossi qui souffre de l'éloignement de ses proches:

> «Y avait des hauts et des bas! Y a des moments où ça allait et d'autres où on en avait marre! On était loin de la famille. On s'y collait aux punitions! Le clou était dans un poulailler réquisitionné. Y avait trois jours de consignation pour le type qui faisait des conneries!»
> *Auguste Rossi, interviewé le 17 mai 2000, par F. Regard et L. Neury, à Russin*

Selon la majorité des témoins, la démoralisation qui n'est jamais présentée comme du défaitisme est forte en mai-juin 1940. Les «déprimés» – Alfred Graff-Hamsler parle même de *no future generation* – se disent vite rassurés par l'esprit de résistance et l'évolution de la situation internationale (annonce des victoires alliées en Afrique du Nord notamment). D'autres sont moins positifs et constatent ce mal-être (ennui, désœuvrement, dépression, idées noires), tout au long du service actif. En 1938, Alfred Passard est frappé de la sévérité des officiers durant son école de recrues: il se dit alors «antimilitariste», attitude qui est peu acceptée dans une société de guerre. Pour lui, les gauchistes qui critiquent volontiers la discipline, les conditions de vie, et «l'embrigadement» sont mal vus, dans l'armée. Il évoque un suicide parmi les hommes de la troupe. Nous retrouvons ces réserves dans la majorité des témoignages de mobilisés de gauche. Charles Pochon confirme: «Plus c'est con, plus c'est militaire!»

– Ceux qui font avec «les jérémiades des officiers» et décident de prendre les choses avec bonne humeur! En 1942, lors de son école de recrues, Fritz Burki souffre de la lourde discipline imposée aux aspirants. Mais, plus tard, il considère le service actif comme «des vacances», malgré les punitions, la peur et les ordres. Ces témoins, largement minoritaires, sont mobilisés à partir de 1943, 1944, c'est-à-dire au moment où la situation européenne évolue (impact de Stalingrad) et où les mobilisés croient en la défaite allemande. Selon André Guex, en août 1944, la discipline se relâche et devient plus souple. Mobilisé à la frontière jurassienne, il parle avec une patrouille allemande au moment du Débarquement, ce qui est interdit auparavant. Un de ses camarades militaires entraîne des résistants FFI, alors que les autres font des «patrouilles bidons».

– Ceux qui apprécient l'ordre et la discipline militaire considérés comme une véritable école de la vie. Emmanuel Meynet n'a pas souffert de la discipline imposée par ses officiers, bien au contraire! Homme d'ordre, esprit traditionaliste, il en a fait des valeurs de vie, une ligne de conduite qu'il a appliquée, ensuite, dans sa propre existence.

> «Oui, il y avait de la discipline et comme moi cela me plaisait, j'aimais bien ça. Moi, le militaire, j'en garde un bon souvenir.»
> *Emmanuel Meynet, interviewé le 19 janvier 2000, par F. Regard, à Genève*

Minoritaire également, cette attitude est le fait de militaires de carrière ou d'individus aimant l'ordre et la droiture. Ils viennent, pour la majorité, de milieux protestants ou catholiques pratiquants et appartiennent, souvent, à des mouvements politiques radicaux ou de droite conservatrice.

Les écarts de conduite, insubordinations ou manquements aux règlements sont sévèrement sanctionnés. Officier, Paul-Henri Glardon rappelle qu'un acte de désobéissance ou refus d'obtempérer peut être imité et mener à des révoltes ou désorganiser l'ensemble de la compagnie. Pour les officiers, les punitions sont toujours justes et méritées. Pour les soldats, elles sont souvent abusives et excessives. Les sanctions vont de la simple réprimande verbale à la condamnation à mort (dans les cas de haute trahison), en passant par des peines d'emprisonnement. Dans la majorité des témoignages, le «starr» ou «clou» est un endroit clé qui est évoqué avec humour, cinquante ans plus tard. Sur le moment, passer quelques jours, voire plusieurs semaines pour les fautes jugées plus graves, n'est pas facile. Le «coupable» est isolé dans un lieu souvent obscur, sale, au confort spartiate. Le tout est alors d'occuper le temps en attendant que la tempête passe! Incarcéré au «clou» de sa compagnie, à Payerne, Charles Comte joue aux échecs, ce qui, théoriquement, est interdit:

> «Pendant la garde, on avait failli. On nous a fait mettre cinq jours au ‹clou› à la caserne de Payerne. On continuait, d'abord le matin, on commençait par faire une séance de gymnastique, on gueulait, on sautait une bonne heure de temps. Et puis après, on jouait aux échecs,

sans échiquier, de tête, on criait tout ce qu'on pouvait d'une cellule à l'autre, pour se faire entendre de l'un à l'autre, lui était meilleur que moi. C'était un petit exercice pas mauvais sur un plan mental, et puis un jour le colonel d'aviation commandant la place de Payerne est descendu personnellement, sans rien dire à personne, et il a dit: ‹Vous êtes de braves jeunes. Ecoutez, si vous continuez à faire du bruit, je vous entends jusqu'à mon bureau au troisième étage, je vais être obligé de sévir.› Cela veut dire que, même parmi les militaires, il y avait des gens qui avaient un peu de jugeote. J'avais même eu besoin de cette mise au pli, elle est excellente!»

Charles Comte, interviewé le 20 avril 1999, par F. Gonseth, à Küsnacht

Les motifs d'emprisonnement sont divers: endormissement pendant une garde, insolence vis-à-vis d'un supérieur, manquement au règlement, retard lors d'un appel ou d'un retour de congé, refus de marcher ou d'accomplir un exercice, etc. Quelquefois, les contrevenants s'insurgent contre ce qu'ils jugent comme un abus d'autorité. A Valandin, Louis Sidler est puni, à plusieurs reprises, «pour des peccadilles»: une fois, pour avoir été «impoli avec une dame», une autre pour avoir tenté de rencontrer sa femme (il écope alors de vingt-trois jours de prison qu'il passe à jouer aux cartes ou à couper du bois, dans la cour).

Les services complémentaires

Les gardes locales

Le 7 mai 1940, sont créées les gardes locales et les gardes d'entreprises, composées de volontaires trop jeunes ou trop vieux pour servir dans l'armée. A la fin de l'année 1940, leur nombre s'élève à 128 000 personnes de sexe masculin. En juin 1942, ils ne sont plus que 108 000. Ces civils ont un statut militaire qui leur permet de bénéficier du droit de la guerre. Leur rôle n'est pas clairement défini: combat, police, garde d'usines ou d'immeubles publics, lutte contre la Cinquième colonne ou les parachutistes.

Une quinzaine de nos témoins se sont proposés aux gardes locales. Pour tous, l'engagement est un acte patriotique. Pour des raisons de santé ou d'âge, ils ne peuvent pas faire leur service actif. Ce statut ne leur convient pas, car il est mal accepté. Parfois, ils sont traités comme des «planqués». Les gardes locales leur permettent de retrouver une considération sociale ainsi qu'une estime de soi égratignée. En 1940, âgé de 16 ans, Guy Zwissig s'engage dans la garde civile afin d'être prêt en cas d'invasion:

> «Je faisais de la garde civile. On vous donne un mousquet, on nous apprenait à s'en servir. On savait qu'en cas de guerre, on aurait dû, à Sierre, être devant le poste de police ou devant les portes de la commune. On remplaçait des gens qui avaient été appelés à des choses plus utiles que celle-là! C'était des jeunes de 16 à 20 ans et ceux qui avaient plus de 50 ans. C'était sérieux; ces vieux, ils étaient un modèle pour nous! Je me rappelle d'un papa Bertin, il avait 75 ans, il avait encore un fusil du *Sonderbund*! C'était sympa!»
> *Guy Zwissig, interviewé le 26 mai 2000, par L. Neury, à Sierre*

Louis Grandjean nous décrit le rôle et l'uniforme de son père, volontaire de la garde locale de Bulle:

> «Mon père avait passé l'âge d'être mobilisé. Par contre, il faisait partie de la garde locale. La garde locale, c'était des anciens soldats, des soldats qui avaient fini leur service militaire. Ou alors, je crois que c'était aussi des gens qui avaient été réformés. Ils avaient un habit militaire comme les autres mais sans insignes. Ils avaient un brassard rouge, à croix blanche, pour les distinguer. Et, ils étaient armés, ils avaient reçu un fusil. Leur rôle, je pense que c'était pas un rôle tellement important. Ils se réunissaient et allaient boire un verre au bistrot.»
> *Louis Grandjean, interviewé le 9 mai 2001, par L. Neury, à Bulle*

Cette activité est jugée prenante, car elle empiète, souvent, sur leurs études ou leurs activités professionnelles. Ceci ne veut pas dire qu'ils se rendent pour autant utiles! Selon ces aspirants, le rôle, l'encadrement et l'emploi du temps des gardes locales sont mal définis: formation sommaire, tâches inutiles et vagues, cohabitation avec des vieillards impotents et donneurs de leçons ou des jeunes impétueux et je-m'en-foutistes, équipement rudimentaire, indifférence de la population. Ainsi, à Liestal, Max Fallab surveille des potagers mais ne voit jamais aucun maraudeur. A l'aéroport de Cointrin, dès 1940, Emile Bonard est chargé de prévenir d'éventuelles tentatives de sabotages; aucun saboteur en vue!

En 1936, pour des raisons de santé, René Deppierraz est déclaré inapte au service, lors de son école de recrues. Pendant la guerre, il s'engage dans les services complémentaires et est envoyé dans la centrale téléphonique de Lausanne. Il exprime certaines difficultés liées à un statut ambigu: de santé fragile, il n'est pas fait pour la vie militaire mais, en étant affecté en un lieu stratégique, il pense s'exposer aux bombardements et à la Cinquième colonne.

> «On n'avait pas les conditions physiques difficiles du soldat, on faisait pas l'école du soldat ni de gardes à la frontière. L'exécution du service même, c'était difficile quand on était au piquet. Il fallait être continuellement attentif! Ça me plaisait pas de faire du maniement d'armes. Aller courir à 5 heures du matin avant d'aller toucher le déjeuner, quand on était soldat, c'était difficile!
> »– Vous vous estimiez privilégié alors?
> »– En temps de paix, oui! Mais, si on avait été attaqué, on aurait été les premiers visés pour désorganiser le service des communications. Ça, on en était conscient! On vivait dans les sous-sols de la poste, à Lausanne, puis dans les sous-sols du Tribunal fédéral, à Mon-Repos.»
> *René Deppierraz, interviewé le 24 mai 2000, par N. Fink, à Bussigny*

Au regard de ces témoignages relativement négatifs, nous nous interrogeons sur l'utilité réelle des gardes locales. S'ils sont dévoués, nos témoins sont conscients qu'ils ne sont pas nécessaires, sauf s'ils travaillent dans des secteurs clés. A notre avis, les gardes locales ont un rôle psychologique indéniable. Les civils ne se sentent plus livrés à eux-mêmes et ont l'impression de prendre leur destin en main. La présence de ces hommes armés, même s'ils se révéleraient peu efficaces au combat, apaise les peurs et les angoisses. Ils font des rondes, la nuit, tapent aux portes pour voir si tout va bien, rassurent les femmes restées seules. Les mobilisés se font moins de souci pour leur famille. Cette activité occupe les plus jeunes et les plus vieux qui ont l'impression de se rendre utiles à la patrie et renforce le sentiment d'unité nationale.

La Défense aérienne passive (DAP)

A la différence des gardes locales, la DAP est relativement bien perçue par nos témoins qui la composent. Aucun ne mentionne le peu de moyens techniques dont dispose l'armée suisse, pendant la guerre.

Selon de nombreux historiens militaires, la Défense aérienne passive n'est pas au point en 1939, même si, dans les grandes villes, les préparatifs ont commencé dès 1934. En septembre 1940, il n'y a que quatorze projecteurs antiaériens dont quatre sont en panne et huit affectés à la formation; et seulement trois appareils de repérage par le son.

Cette dizaine de témoins jugent leur rôle essentiel car de nombreux avions de l'Axe ou des Alliés violent, durant le conflit, l'espace aérien suisse. Ils vantent alors les mérites de la DCA suisse qui abat plusieurs avions du Reich, au mépris des représailles. A Bulle, leur rôle est triple, selon Louis Grandjean: faire de la surveillance aérienne, prévenir les bombardements et veiller à l'application des consignes d'obscurcissement.

Projecteurs DCA (coll. Cachemaille).

> «C'était des gens qui ne faisaient pas de service militaire mais qui étaient formés pour faire de la défense aérienne passive. Ce sont ces gens-là qui avaient disposé des projecteurs, entre autres, et puis qui passaient dans la rue pour voir si tout était éteint. Ils faisaient la tournée et sonnaient quand ça n'allait pas! Ils étaient très efficaces!»
> *Louis Grandjean, interviewé le 9 mai 2001, par L. Neury, à Bulle*

A Genève, Jacqueline Davoine-Dufour se souvient des consignes d'obscurcissement. Elle les juge contraignantes mais obligatoires, d'autant que les patrouilles de la DAP veillent au grain.

Les Samaritaines

Souvent, leurs activités s'inscrivent dans le cadre des deux formations précédentes. Femmes et hommes doivent se préparer, ensemble, à parer toute invasion étrangère. Ces femmes, souvent jeunes et formées dans un mouvement scout, s'engagent auprès des gardes locales pour participer à l'effort de guerre: soins médicaux et sanitaires, aide aux défavorisés, suivi des consignes d'évacuation, transport des malades. Madeleine Cressier nous montre, avec fierté, son livret militaire où trois jours de samaritaine sont marqués en rouge:

> «On a fait des cours de samaritaines. On a été engagées dans la garde locale. J'ai un livret de service. On a fait trois ou quatre jours de service militaire, d'exercices des gardes locales. Les jeunes filles, on était prises comme gardes locales. On a fait des exercices, on installait des sortes de lazarets pour soigner les blessés, s'il était arrivé quelque chose! C'était un officier de l'armée qui venait contrôler ces gardes locales. C'était des hommes qui ne faisaient pas de service militaire qui les dirigeaient, qui avaient quand même les capacités de diriger ça. Et puis, on apprenait à centraliser, à repérer des locaux où on pouvait amener des blessés, les apporter là, dans ces locaux. On était prêtes en cas d'invasion!»
> *Madeleine Cressier, interviewée le 23 mai 2001, par L. Neury, à Lugnorre*

Souvent, elles sont célibataires et viennent de milieux bourgeois, ce qui leur donne du temps et une certaine indépendance financière. Mariée avec un enfant, secrétaire dans l'entreprise de son beau-père, Marie Duret-Bourgeois rappelle qu'elle n'a ni les moyens, ni l'envie de s'engager dans ce type d'actions sociales.

Erigées en modèle, les mères de ces samaritaines sont souvent impliquées dans des actions caritatives et des œuvres d'entraide sociale, comme la Croix-Rouge suisse. Parfois, leur implication dans les samaritaines précède ou suit un enrôlement dans les SCF, pendant militaire de leurs activités. Claire Cachemaille inscrit son engagement dans le cadre de l'esprit de Défense spirituelle, de la Landi qu'elle a vue avec une amie:

> «On était motivées! On pensait que chacun devait être une aide pour le pays quoi qu'il arrive! Ça nous a paru naturel!»
> *Claire Cachemaille, interviewée le 9 juin 2000, par F. Regard et L. Neury, à Yverdon*

Le bénévolat est fréquemment présenté comme une tradition familiale ainsi qu'une marque de la foi chrétienne. Le vocabulaire utilisé pour décrire l'engagement est d'ordre religieux.

Dans le cadre des gardes locales d'Yverdon, Claire Cachemaille apprend à donner les premiers soins aux blessés. Gérée par la commune, cette tâche occupe une vingtaine de dames et est jugée essentielle en cas d'attaque ennemie:

Mme Cachemaille (coll. Cachemaille).

«Nous, pendant la Mobilisation, on nous a demandé de faire partie de ce qu'on appelait la PA, autrement dit la Protection aérienne; j'ai dû faire un cours de samaritaines. Y a eu un docteur chez qui j'ai travaillé après, à Orbe, qui est venu nous donner le cours, à Mathod. Ma maman en faisait partie. C'était intéressant de suivre ce cours mais, toujours, on se disait: ‹Un jour ou l'autre, on en aura besoin!› On n'a jamais été, jusqu'à la démobilisation, à se dire: ‹On est hors de la gonfle›, si on peut dire! On pensait toujours que le malheur pouvait arriver sur la Suisse. On apprenait tous les soins aux blessés puis les secours. Puis, un beau jour, il nous a dit: ‹Je vais vous apprendre à faire les piqûres; à présent, il faudra faire des sous-cutanées, intramusculaires, je crois pas, mais au moins sous-cutanées.› Alors, il a amené un morceau de viande d'un kilo et demi, c'est déjà chose rare et difficile à se procurer. Il nous a dit: ‹Maintenant j'ai les seringues, alors chacune va piquer dans la viande pour se faire la main!› Heureusement, je n'ai pas pu mettre ça en pratique. Alors, j'ai eu un jour de service, j'ai mon carnet militaire, mon incorporation, le béret, une sacoche puis le brassard avec la croix rouge!»
Claire Cachemaille, interviewée le 9 juin 2000, par F. Regard et L. Neury, à Yverdon

Les locaux des samaritaines sont présentés comme des lieux de sociabilité où l'on peut bavarder, échanger des nouvelles, nouer des contacts (Claire Cachemaille devient ensuite secrétaire du docteur qui donne les cours), faire des rencontres (la sœur de Germaine Garin rencontre son futur mari, lors d'un cours). On s'y sent utile tout en occupant son temps et en oubliant ses soucis quotidiens!

Les Services complémentaires féminins (SCF)

En Romandie, nous avons interviewé quatre femmes engagées aux SCF pendant la guerre. Sauf Irène Corboz, elles proviennent toutes de milieux intellectuels, aisés à très aisés. Célibataires, ces jeunes filles sont étudiantes et vivent avec leurs parents. Ces derniers acceptent leur décision. Seule Jacqueline Davoine-Rosselet se heurte à l'hostilité de son père qui croit à une folie passagère. Nos SCF témoignent avant tout au titre de Mobards et souhaitent être considérées comme tels, arborant fièrement leur livret de service.

Après ces premières tentatives d'engagement, en février 1940, le Service complémentaire féminin, formé de volontaires de 18 à 60 ans, est officiellement constitué. En mai 1940, le véritable recrutement commence. Plus de 20 000 femmes sont enrôlées sur toute la durée de la Mob et 3000 d'entre elles sont mobilisées en permanence chaque année.
D'après Monique Pavillon, *Les immobilisées: les femmes suisses durant la Seconde Guerre mondiale: essai historique,* Editions d'En Bas, Lausanne, 1989.

Leurs motivations

Toutes affirment s'engager pour «aider» et contribuer à la défense nationale, même si indéniablement joue le désir de vivre une expérience nouvelle et hors du commun. L'aventure en un mot! Anne-Lise Wehrli-James agit par patriotisme afin de soutenir les paysans et découvrir la vie militaire.

«A l'époque, on disait que les femmes qui s'engageaient libéraient des paysans pour être à l'armée et nous avons été envoyées plusieurs fois dans des fermes où il n'y avait plus que des femmes. Ces femmes étaient toutes seules dans une grande ferme. C'est une chose que je voulais connaître!»
Anne-Lise Wehrli-James, interviewée le 16 août 2000 par F. Regard et L. Neury, à Chêne-Bougeries

Venant d'une famille modeste, Irène Corboz s'engage moins par principe que par nécessité économique.

«En 1940, comme j'avais 18 ans et que j'étais sans travail, il était difficile de trouver du travail. On avait un salaire et on était nourries, on recevait une solde de 5 francs 50 par jour, ça fait 150 francs par mois; ça fait un salaire raisonnable dans un bureau. On était nourries pendant le service de nuit. C'était pas une mauvaise nourriture: des pâtes, de la viande, de la salade; c'était pas mauvais du tout. Ça a été de mon propre chef, j'avais pas de travail!»
Irène Corboz, interviewée le 30 janvier 1999, par C. Azad, à La Croix-sur-Lutry

Denise Dupuis-Rayguiel prend cette décision à la fois pour des motifs idéologiques et conjoncturels. Elle possède un permis de conduire, ce qui est relativement rare pour une femme, à l'époque. Elles sont environ 300 à répondre à ce critère et à faire leur école de recrues, en 1939.

> «D'une part, j'étais patriote et je me disais que je voulais quand même faire quelque chose pour ma patrie, d'autre part, comme j'avais reçu mon congé à l'Automobile Club à fin novembre et que l'école de recrues avait lieu en décembre, c'était tout indiqué. L'idée de cette école de recrues est partie en partie de l'Automobile Club.»
> *Denise Dupuis-Rayguiel, interviewée le 21 août 2000, par F. Regard et L. Neury, à Lonay*

Jacqueline Davoine-Rosselet évoque la situation internationale et la position de la Suisse. Elle souhaite devenir conductrice Croix-Rouge mais son père refuse de lui prêter une des ses voitures.

> «On était conditionnées par ce qui se passait! Ça nous a aidées, nous jeunes, surtout les filles; on avait envie de faire quelque chose, les garçons allaient au service. J'avais pas envie de faire des études parce que c'était les langues qui m'intéressaient et on ne pouvait pas sortir du pays.»
> *Jacqueline Davoine-Rosselet, interviewée le 9 août 2000, par F. Regard et L. Neury, à Lonay*

La vie militaire

Les SCF sont affectés au service d'observation et de communication dans l'aviation, au service sanitaire, à l'administration, aux communications, à l'équipement et habillement, à la cuisine pour la troupe et à l'assistance sociale. Irène Corboz nous décrit son travail de téléphoniste chargée de transmettre les avis de violation aérienne de territoire:

> «On avait des locaux à la poste de Saint-François, dans les sous-sols. D'un côté, il y avait les officiers qui nous commandaient et de l'autre côté, il y avait les services téléphoniques. On avait chacune un téléphone et on devait recevoir des avis d'avions parce qu'on était au service de repérage et de signalisation d'avions; alors on devait recevoir les avis d'avions envoyés par les postes de repérage par téléphone, quand il y avait une violation aérienne de frontière. C'était des hommes qui nous dirigeaient. On était annoncées par notre cheffe: ‹Mon capitaine, je vous annonce l'équipe XX›; on était au garde-à-vous. Le capitaine sortait de son bureau, il nous inspectait dans notre tenue. La cheftaine nous disait: ‹Repos!› et on entrait dans la salle et on prenait nos places devant le téléphone et on attendait les appels. Il y

> avait des bulletins, il fallait inscrire le poste, le numéro du poste, les caractéristiques de l'avion, l'altitude. Si c'était un avion allemand, c'était un autre code. A l'époque où j'étais, c'était surtout les avions anglais qui allaient en Italie pour aller bombarder; ils devaient pas tirer beaucoup, les DCA.
> »– Comment se passait une alerte, la nuit?
> »– C'était le calme plat, tout à coup, un téléphone, puis un deuxième, un troisième, un quatrième. Tous les postes de repérage qui avaient aperçu la violation aérienne de frontière immédiatement téléphonaient à notre centrale et nous, on devait transmettre tous les avis au commandement à Berne et toute la Suisse était alertée en même temps qu'il y avait une violation de frontière. (...) On avait un premier-lieutenant Micheli de Genève qui était sympathique. A l'Escalade, on faisait la fête à la centrale. C'était sympathique et il y avait d'autres fêtes.»
> *Irène Corboz, interviewée le 30 janvier 1999, par C. Azad, à La Croix-sur-Lutry*

L'atmosphère joyeuse qui règne à la centrale de Lausanne remonte jusqu'à l'état-major de Berne. En tant qu'inspectrice fédérale, Jacqueline Davoine-Rosselet est dépêchée pour remettre de l'ordre.

> «Les plus grands ennuis qu'on ait eus, ce sont les centrales. Dans les centrales, c'était pas choisi; ne prenez pas mal ce que je dis. Vous comprenez, on avait besoin de monde, on prenait toutes les femmes, de n'importe quel âge, elles venaient de n'importe où, cela leur faisait un petit gain. Certaines venaient pour l'argent. La discipline, surtout en Suisse romande, c'est avec la centrale de Lausanne. C'était une bande de rigolards, il n'y avait aucune discipline, à l'état-major; on s'en plaignait. On était deux inspectrices générales pour toute la Suisse. Il y avait eu des plaintes à Lausanne, comme quoi c'était la débandade: ne pas venir à l'heure, fumer, avoir une tenue incorrecte, elles venaient en civil alors qu'elles devaient être en uniforme, etc.»
> *Jacqueline Davoine-Rosselet, interviewée le 9 août 2000, par F. Regard et L. Neury, à Lonay*

Jacqueline Davoine-Rosselet est mobilisée, dans un premier temps, à la centrale de Berne, en automne 1939. Puis, elle est envoyée en poste d'observation, «dehors», en campagne et sur la frontière allemande, au début de 1940.

La surveillance aérienne par les SCF (coll. Davoine-Rosselet).

«J'étais au téléphone. Il fallait se représenter l'état-major au centre et puis, c'était comme une toile d'araignée de postes et de centrales sur toute la Suisse; ce qu'on entendait sur terre et dans le ciel, on voyait tout cela et on le transmettait au central. En poste, nous avions à repérer les avions, tout bruit suspect. A la frontière, on voyait les Allemands de l'autre côté, les usines, un camp de jeunes filles allemandes sélectionnées pour la reproduction, et les bombardements sur Stuttgart, et la fameuse patrouille anglaise qui est allée bombarder Augsburg. Ils étaient en rase-mottes sur le Rhin.On avait des jumelles spéciales, des cartes topographiques, on savait exactement comment prendre les mesures, on était deux à travailler dehors et une au téléphone qui écoutait nos renseignements et les retransmettait tout de suite.
»– Vous aviez suivi une formation?
»– On a dû apprendre les avions, les dessiner, les reconnaître sur toutes les faces, connaître tout le terrain, les montagnes, tout signaler, tout voir.
»– Vous aviez conscience du danger?
»– Oui, et pour finir, on nous a armées. En zone frontière, je ne sais pas à quoi ça nous aurait servi. La raison, c'est pour remplacer les hommes qui n'avaient jamais eu de congé, c'était des hommes de la campagne qui avaient besoin d'aller travailler dans leurs champs, c'est pour cela qu'ils ont pris des femmes. Aux centrales, il n'y avait que des femmes. On venait de milieux sociaux pas très différents; il fallait déjà peut-être avoir fait du scoutisme, ne pas se plaindre pour un rien, c'était pas facile, au fond on était très fières de ce qu'on faisait. On avait vraiment l'impression qu'on rendait service. En plus de notre travail, on a dû aller aux champs pendant nos heures de repos.»
Jacqueline Davoine-Rosselet, interviewée le 9 août 2000, par F. Regard et L. Neury, à Lonay

Anne-Lise Wehrli-James entre au SCF dans le service des pigeonnières qui s'occupent de l'envoi de messages militaires codés. Elle reçoit une formation pour lancer et réceptionner les pigeons voyageurs, près d'Interlaken.

«Nous, les Romandes, nous nous amusions beaucoup, le soir! On nous a expliqué différentes choses sur les pigeons. Nous étions bien logées dans des hôtels avec des salles de bains. Quelquefois, on nous emmenait avec des corbeilles de pigeons; il fallait en prendre soin puis les lâcher, revenir, tout noter sur des grandes feuilles. Ils commencent par tourner en rond dans le ciel pour s'orienter, puis ils partent. On

les nourrissait et ils nous connaissaient. C'était charmant. J'avais des bonnes camarades, on s'est bien amusées. On était en Suisse allemande, en dessus d'Interlaken. Au début, j'étais la seule Romande à parler français dans toute une immense compagnie. Je ne comprenais rien du tout, on nous faisait marcher en rang à quatre. Moi, je m'amusais bien. Une fois, on était en demi-cercle, je n'ai pas compris ce qu'ils ont dit et j'ai attendu pour voir ce que font les autres; ils ont dit en suisse allemand: ‹Qui est arrivé en retard?› J'ai avancé d'un pas. Je me tordais de rire, c'était franchement drôle. Nous étions trois par chambre; il y avait un immense hôtel désaffecté occupé par l'armée; les rires que nous avons pu faire en chambrée! On se levait tôt le matin, vers 5 heures. On nous faisait marcher beaucoup.»
Anne-Lise Wehrli-James, interviewée le 16 août 2000, par F. Regard et L. Neury, à Chêne-Bougeries

Denise Dupuis-Rayguiel devient conductrice Croix-Rouge. Si elle n'a pas d'arme, elle apprend à décharger un fusil. En cas d'invasion, elle servirait dans les troupes sanitaires. Avec ses camarades, elle reçoit des cours de mécanique auto, sujet sur lequel elle s'estime novice. Elle s'exerce à rouler la nuit, avec les phares bleuis pour l'obscurcissement.

Les exercices sont aussi sérieux que ceux de leurs homologues masculins, la discipline aussi stricte:

Irène Corboz fait trois jours de prison pour avoir commis une erreur lors d'une alerte, mésaventure dont elle garde un assez bon souvenir:

«J'ai pas rempli mon devoir de soldat alors j'ai fait de la prison. C'était une nuit de violations aériennes de frontière; il y avait tellement d'avis d'avions, le téléphone sonnait de tous les côtés et on doit remplir à toute vitesse les bulletins puis les passer plus loin jusqu'à Berne. Ma voisine avait accumulé ses avis d'avions et dans le boum, j'ai pas vu, il y a eu des avions qui n'ont pas été annoncés. Berne a téléphoné: ‹On ne sait plus rien, est-ce que ça s'est calmé?› Le capitaine est venu et il y avait une pile comme ça de bulletins qu'on n'avait pas passés et puis après, on les a vite passés. On a mal fait notre travail, on a eu trois jours de ‹clou›, c'était très sympathique. Un beau jour, le capitaine dit: ‹SCF Corboz, vous allez faire trois jours de prison là-bas où vous accompagnera le sergent, à l'adresse telle et telle.› J'ai préparé mes affaires dans un balluchon, des livres, du ‹raccommodage›, j'avais pris des bas pour remailler. C'était au mois de mai, il faisait beau et chaud. J'ai pris mon équipement, mon masque à gaz, tout comme si je partais au front, et le soldat, avec son fusil sur l'épaule, m'a accom-

pagnée. Une très gentille dame m'a reçue, on aurait dit une sœur. Elle m'a montré ma chambre avec un bon lit, le sergent est parti. Elle est montée dans ma chambre et m'a dit: ‹Si vous avez envie d'aller dans le parc, allez-y.› Il faisait beau, je suis allée en bas, je suis restée un bon moment. Pour le repas, elle m'a dit: ‹Je vous le donne dans votre chambre, si des fois il revient.› C'était des bons repas, à déjeuner, à midi, le soir. J'avais pas la radio. Je me couchais tôt.
»– Est-ce qu'il y avait de la discipline?
»– Ils m'ont fait apprendre la discipline. On faisait l'école de soldat par groupe: ‹Tournez à droite, par groupe, tournez à gauche!› Quand on allait à Sauvablin, il fallait faire des exercices avec la tête comme ça, prendre la position au garde-à-vous. Elle disait: ‹Rpo› pour se mettre au repos. On devait faire des exercices avec les masques à gaz. On devait courir dans la forêt, on avait de la peine à respirer.»
Irène Corboz, interviewée le 30 janvier 1999, par C. Azad, à La Croix-sur-Lutry

Denise Dupuis-Rayguiel se souvient de cette égalité de traitement avec les hommes et a l'impression d'avoir vécu une vraie vie de mobilisée:

«On ne nous a pas ménagées, on nous a tout de suite dit: ‹Vous serez traitées comme les garçons: la discipline, lever de bonne heure, tirer le drap de lit.› On apprenait à transporter les blessés, les premiers soins aux blessés, on apprenait le moteur de la voiture, il fallait savoir de temps en temps réparer une panne, changer une roue. On apprend toutes sortes de choses, pour le ravitaillement, combien il fallait de riz par personne. Moi, je me suis trouvée avec un groupe très sympathique, 8-10 dans une chambrée, on était du même âge et on a tout de suite été des bonnes copines. C'était amusant, la vie de soldat complète! Ça m'a beaucoup plu! Une fois, quand je suis rentrée, j'ai dormi seize heures. C'était des femmes de tous les milieux, on était toutes copines, on a reçu nos uniformes, on était à égalité, c'est un très bon souvenir!»
Denise Dupuis-Rayguiel, interviewée le 21 août 2000, par F. Regard et L. Neury, à Lonay

Elle nuance un peu son appréciation en expliquant que, dans la chambrée suivante, il y a des femmes plus âgées, avec des préoccupations différentes: divorce, dépression, problèmes familiaux. L'une d'entre elles se drogue. Chez les jeunes filles de sa génération, l'atmosphère est plus joyeuse, les discussions sont de tout autre nature et il semble plus facile de supporter la mobilisation.

Le regard des autres

Au niveau des relations avec ses homologues masculins, Anne-Lise Wehrli-James évoque l'anecdote d'une de ses erreurs due à la méconnaissance des signes distinctifs des cadres militaires:

> «Parfois, ils étaient un petit peu dédaigneux, ces messieurs! Il y avait une inspection et moi, j'étais devant, je devais saluer. Il fallait regarder le képi, il y avait plein de machins dorés; le premier, je n'ai pas vu le képi, il est passé devant moi avec un sourire ironique et je me suis annoncée à l'autre, alors qu'en fait, c'était le premier qu'il fallait saluer. Il a eu l'esprit d'en rire. Heureusement ça n'a pas été plus loin!»
> *Anne-Lise Wehrli-James, interviewée le 16 août 2000, par F. Regard et L. Neury, à Chêne-Bougeries*

Jacqueline Davoine-Rosselet se souvient, avec incompréhension, d'une seule exception alors qu'elle vient inspecter les SCF du Réduit. Accès interdit!

> «Je suis allée voir des femmes qui étaient dans le Réduit. C'est le seul endroit où j'ai été mal reçue par des officiers. Ils ne voulaient pas me laisser voir les SCF qui étaient là-dedans. Et je n'ai pas pu les voir! Il m'a dit: ‹Elles n'ont pas à se plaindre.› J'ai répondu: ‹Mais il n'est pas question qu'elles se plaignent. C'est à moi à les inspecter, à voir comment elles sont là-dedans, sur un plan psychologique.› Il n'y a rien eu à faire! Ça, ça dépendait de l'officier. Et moi, j'ai fait mon rapport au colonel, il a dit: ‹On laisse tomber.»
> *Jacqueline Davoine-Rosselet, interviewée le 9 août 2000, par F. Regard et L. Neury, à Lonay*

En général, les relations entre les SCF et les hommes mobilisés semblent assez respectueuses, voire amicales. Aucune ne parle de machisme ou de discrimination. Denise Dupuis évoque la séduction, mais sous forme de clin d'œil ironique. «Les instructeurs, c'était tous des hommes. Il y en a une ou deux qui essayaient de faire de l'œil aux officiers, ça nous amusait, simplement.» Inspectrice générale, Jacqueline Davoine-Rosselet évoque le problème des mères célibataires. Elle regrette que de telles conduites aient pu ternir, parfois, l'image des SCF en général.

> «Et il y a eu des recherches en paternité qu'il a fallu faire; j'avais 22 ans, j'étais pas tellement préparée à ça, mais il fallait bien le faire, chercher le père de l'enfant qu'elles portaient. Vous voyez dans le public, les SCF, tout le monde était mis dans le même paquet, on

Un officier inspecte une compagnie SCF (coll. Davoine-Rosselet).

allait au service pour ça, pour trouver un mari ou un amant, mais c'était pas ça du tout. Il fallait qu'on prenne des renseignements: où elle était, avec qui elle était, on remettait ça à nos avocats qui s'occupaient des questions sociales. Ça commençait juste!»
Jacqueline Davoine-Rosselet, interviewée le 9 août 2000, par F. Regard et L. Neury, à Lonay

Seuls trois hommes mobilisés de notre corpus mentionnent l'importance des SCF. Les autres semblent avoir oublié ces 20 000 femmes qui participent à l'effort de défense nationale.

Nos quatre SCF qualifient les contacts avec la population d'«extraordinaires», en particulier avec les milieux paysans qu'elles vont aider pour les travaux des champs. Le port de l'uniforme est considéré comme un honneur par ces femmes. Seule Denise Dupuis-Rayguiel a l'impression que les gens la dévisagent comme «une bête curieuse».

«Est-ce que c'était un problème de porter l'uniforme?
»– Non, au contraire, on était fières, on faisait partie de la défense du pays, on ne peut rien me reprocher.
»– Quel regard portaient les gens sur vous?
»– Plutôt bienveillant, il manquerait plus que ça. C'était extraordinaire que des femmes fassent du service militaire à l'époque, mais ils étaient bienveillants.»
Irène Corboz, interviewée le 30 janvier 1999, par C. Azad, à La Croix-sur-Lutry

Ayant une vision positive de leur Mob, ces femmes ne regrettent pas leur engagement. Denise Dupuis et Jacqueline Davoine estiment même que l'esprit militaire a changé leur vie. Toutefois, le SCF ne semble pas survivre au mariage puisqu'elles se font licencier après avoir convolé en justes noces. Si elles ne le revendiquent pas, elles se sentent un peu oubliées par l'Histoire. Le rapport du chef de l'état-major général de l'armée sur le service actif de 1939-1945 ne comporte aucun chapitre sur les SCF. En outre, en août 1945, lors de la prise de congé du Général à Berne, elles ne sont pas autorisées à lever leur propre drapeau, sous prétexte qu'elles ne représentent pas un vrai régiment.

La vie à l'armée

D'une manière générale, les Mobards s'accordent à dire que la vie militaire est une période formatrice, malgré les restrictions, le manque de confort ou la souffrance endurée. Cette valorisation du service actif, plus précisément de la capacité de l'armée à entretenir plus d'une centaine de milliers d'hommes et femmes, s'inscrit dans la reconstruction d'une image positive de la Suisse, pendant la Seconde Guerre mondiale. «On a souffert, nous aussi, mais nos autorités ont pris les bonnes décisions, organisé la défense du pays et défendu les valeurs traditionnelles de l'Helvétie!» Nous retrouvons ces clichés dans les films patriotiques de l'époque où les soldats sont bien logés, mangent bien et pratiquent des sports et loisirs. Ce qui correspond à une certaine réalité mais qui est vécue différemment selon nos témoins.

«La tambouille militaire»

Comme pour les civils, les militaires sont astreints au rationnement des denrées alimentaires et contraints de se restreindre. L'alimentation est prise en charge par la logistique interne de l'armée que ce soit en campagne ou dans les cantonnements. Fermière d'Echichens, Juliette Pellet livre quotidiennement des fromages et du lait à l'armée, le tout est centralisé par les Laiteries Réunies. Au sein des compagnies, l'approvisionnement et la cuisine sont du ressort du fourrier et du cuisinier sur lesquels se reportent la plupart des plaintes. Si la nourriture est mauvaise, c'est de la faute du cuisinier! Mobilisé comme aide-fourrier, à Cuarny, Alfred Borgeaud se plaint du «cuistot» qui est vite remplacé:

> «La nourriture, elle était bonne! Nous avions un chef de cuisine qui était sergent, il était gradé, il avait des aides, et à un moment donné, ce chef de cuisine qui ne vouait pas à son activité tous les soins voulus, il a été prié de s'en aller, est retourné à la troupe et c'est un simple petit appointé qui a pris en charge la préparation des mets pour la troupe. Et, c'était nettement meilleur! Cet appointé s'était fait aider de camarades et il y avait au sein de la cuisine de cette compagnie une amitié sincère et axée sur le bien-être de la troupe. Nous avons bien mangé à l'armée, on avait des rations imposées et suffisantes: avec 250 g de viande – tout le monde en mange pas autant – avec 70 g de fromage et 500 g de pain, c'est quand même intéressant!»
> *Alfred Borgeaud, interviewé le 19 avril 2000, par F. Regard et L. Neury, au Mont*

Robert Desbaillet confirme ce point de vue, la nourriture est jugée correcte même si les cuisiniers ne sont pas doués. La plupart du temps, ce n'est pas leur profession et ils doivent improviser d'autant qu'il n'est pas facile de nourrir des centaines d'hommes, avec peu de moyens. Etienne Brunet estime, lui, avoir été gâté par le cuisinier Durand. A la

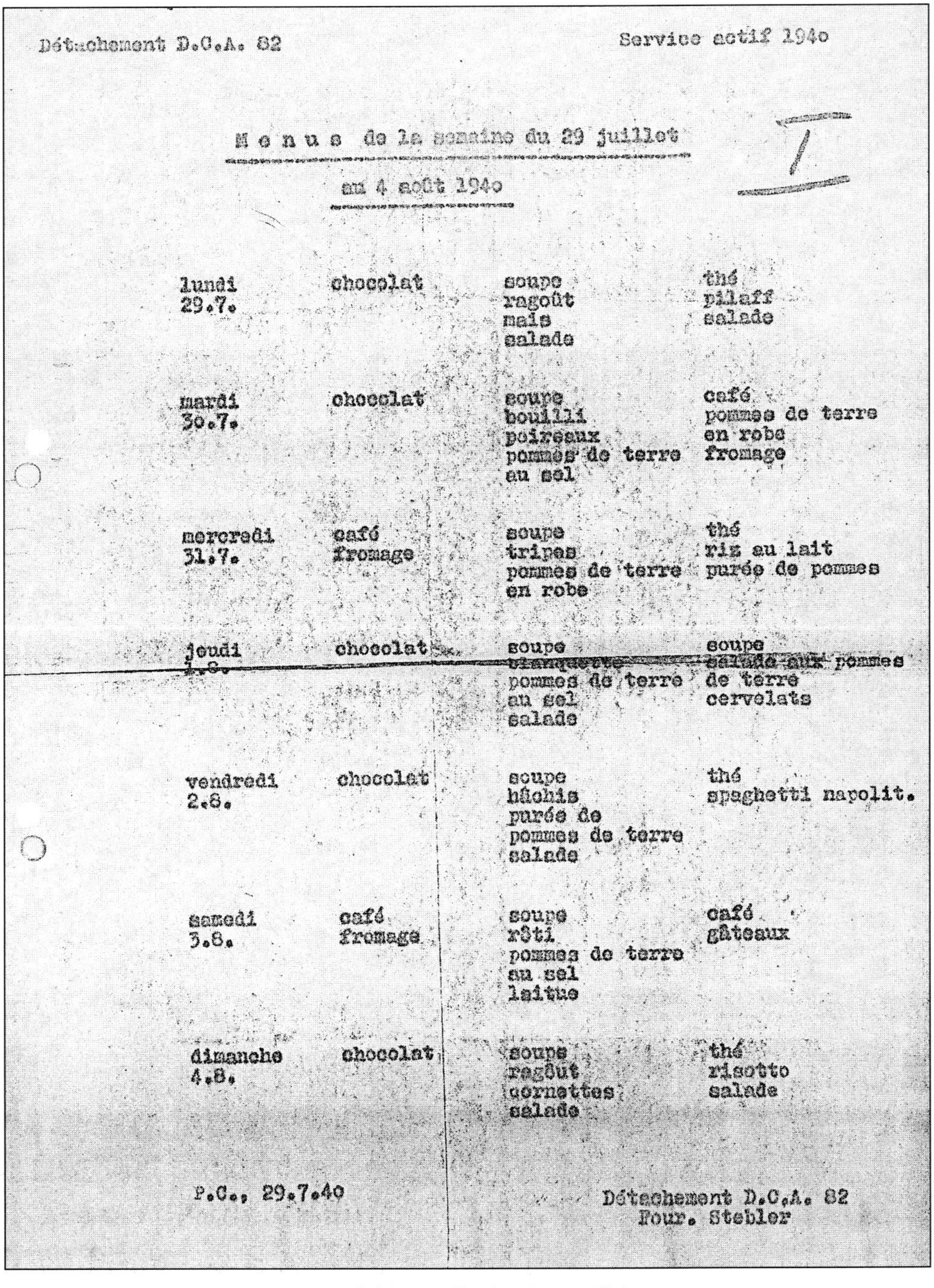

Détachement D.C.A. 82 Service actif 194o

Menus de la semaine du 29 juillet au 4 août 194o

I

lundi 29.7.	chocolat	soupe ragoût mais salade	thé pilaff salade
mardi 30.7.	chocolat	soupe bouilli poireaux pommes de terre au sel	café pommes de terre en robe fromage
mercredi 31.7.	café fromage	soupe tripes pommes de terre en robe	thé riz au lait purée de pommes
jeudi 1.8.	chocolat	soupe blanquette pommes de terre au sel salade	soupe salade aux pommes de terre cervelats
vendredi 2.8.	chocolat	soupe hâchis purée de pommes de terre salade	thé spaghetti napolit.
samedi 3.8.	café fromage	soupe rôti pommes de terre au sel laitue	café gâteaux
dimanche 4.8.	chocolat	soupe ragoût cornettes salade	thé risotto salade

P.C., 29.7.4o

Détachement D.C.A. 82
Four. Stebler

Menu de la semaine (juillet 1940) (coll. Cachemaille).

cuisine, sont affectés des soldats qui accomplissent les corvées comme la plonge ou le pelage de pommes de terre. Ces postes sont prisés, car ils permettent de bénéficier de rabiot. Boulanger dans le civil, Louis Sidler se considère comme «un champion» pour peler les pommes de terre.

Selon de nombreux officiers, la nourriture est utilisée comme moyen de combattre la morosité, la peur et le défaitisme. «Un soldat qui a le ventre plein est un soldat qui n'a pas la bouche ouverte!» nous dit, hors caméra, Pierre Linder. De même, pour supporter les longues marches et les durs exercices, la troupe doit être nourrie convenablement. Les périodes d'attente et d'incertitude accentuent la sensation de faim. Les gradés sont conscients que la qualité et la quantité de nourriture déterminent l'adhésion ou la rébellion de la troupe. Selon Jürg Hasler-Steiner, les officiers mangent comme les simples soldats, à la même table. Cette proximité est confirmée par André Ruffieux. Aucun témoin ne mentionne de grogne collective ou de révoltes occasionnées par une nourriture de mauvaise qualité ou en trop faible quantité. Les sujets de mécontentement ne portent pas sur ce sujet.

De nombreux témoins affirment avoir bien mangé pendant leur service actif, souvent mieux et plus qu'à la maison:

> «On mangeait dans la rue avec notre gamelle, il y avait des gros chaudrons, on faisait la soupe là-dedans. On nous servait une soupe bien grasse et puis une bidoche, des légumes, des pommes de terre et des choux. Le lendemain matin, dans la même gamelle, on avait le café au lait, avec toujours du pain et de gros morceaux de fromage.»
> *Auguste Rossi, interviewé le 17 mai 2000, par F. Regard et L. Neury, à Russin*

Parfois, certains se plaignent d'avoir été obligés de manger dans des gamelles en fer ou en aluminium qui donnent un mauvais goût aux aliments et ne sont pas pratiques. Comme pour les civils, l'alimentation se compose principalement de féculents avec quelques légumes et relativement peu de viande. En tous les cas, suffisamment de calories pour accomplir ses tâches quotidiennes, même si la saveur et le goût sont, souvent, discutables! Les rations sont jugées suffisantes, parfois copieuses, et avalées d'un trait par ces hommes jeunes. Lors des déplacements liés aux exercices, la nourriture est plus sommaire et s'apparente à «du camping». Louis Sidler est, souvent, tenté de dévorer «sa boîte de singe»:

> «Essayez de manger une tranche de rôti sur du maïs, elle coule sous le maïs. Il faut l'avoir vécu pour savoir que c'est pas pratique de

manger dans une gamelle. Je ne me souviens plus tellement de ce qu'on mangeait. Je pense pas qu'on ait eu faim, mais manger sa ration de réserve c'est tentant: c'est un paquet de biscuits qu'on appelle des tuiles, une boîte de pâté de viande qu'on appelle du singe et un paquet d'Ovomaltine. Il arrivait qu'on cède et puis qu'on mange sa boîte de singe et le problème après, était de s'en sortir pour que personne ne s'aperçoive qu'on avait mangé ça. Un jour, dans le Jura, on vient nous dire que toutes les boîtes doivent être remises à la cuisine, alors, au lieu d'aller rendre les boîtes, comme la cuisine est assez loin, on a dit: ‹Donnez toutes vos boîtes ici›, on a porté tout ça ensemble et il n'y avait plus de contrôle possible.»
Louis Sidler, interviewé le 1er décembre 1999, par F. Regard, à Renens

A l'intérieur de la forteresse de Pré-Giroud, Willy Helfer se souvient avoir mangé convenablement et ne pas avoir manqué. Selon lui, le fort est même capable d'autosubsistance, pendant trois semaines.

Les colis envoyés par les familles complètent la ration quotidienne. Mères, épouses et marraines de guerre y emballent plaques de chocolat, cake, saucisson ou bouteilles de vin. Souvent, les membres d'une même chambrée partagent ces victuailles et attendent, avec impatience, le soldat chargé de la distribution du courrier. Il est significatif que les hommes mobilisés se souviennent davantage du contenu de ces paquets surprises que de celui des lettres d'amour envoyées par leur femme. Jean Delafontaine obtient ainsi une bouteille de vin par l'intermédiaire d'un de ses camarades. Pendant les exercices en forêt, près de Couvet, Maurice Boiteux ramasse des champignons afin de les consommer avec ses copains de chambrée. De même, lorsqu'ils aident les paysans dans les champs, dans le cadre du Plan Wahlen, les mobilisés sont invités aux tables paysannes et mangent mieux qu'à la caserne. Lors de leurs exercices, il arrive que des civils, au bord des routes, leur offrent à boire et à manger. Jean Buhler se souvient, avec émotion, des fleurs et du chocolat distribués par les femmes et enfants assistant à leur prise de position, en 1939. De nombreux témoignages soulignent cette solidarité entre population et armée, gestes à la fois spontanés et encouragés par les autorités, dans le cadre de la Défense spirituelle.

Souvent, Noël est l'occasion de faire la fête et de manger un bon repas, même si les hommes regrettent de ne pas être avec leur famille. Heinz Keller se souvient qu'à Noël, chaque soldat reçoit un petit paquet:

«Une fois, c'était très sympathique, j'étais en service. On était une très petite équipe. On a reçu chacun un paquet; il y avait du chocolat,

Un repas chez les SCF (coll. Davoine-Rosselet).

d'autres nourritures, une cuillère en argent sur laquelle était inscrit ‹Noël des Soldats 1944› et le tout accompagné par une petite carte signée de Mme Weber, propriétaire de grands magasins connus en Suisse alémanique.»

Heinz Keller, interviewé le 30 juin 2000, par F. Regard et L. Neury, à Lonay

Selon Georges-André Chevallaz, un repas de fête est également célébré chaque 1er Août.

Quelques rares témoins se plaignent de la nourriture consommée pendant le service actif. Alfred Passard est notamment chargé de soigner des soldats tombés malades, à la suite d'une intoxication alimentaire. Dans nos témoignages, ces détracteurs restent minoritaires et isolés. Souvent, la nourriture est un biais pour exprimer un mécontentement général, une position idéologique ou politique. Si l'armée n'est pas capable de nourrir ses propres hommes, comment pourrait-elle défendre le pays!

Malgré ces quelques voix dissidentes, nous pensons que le ravitaillement des soldats est bien organisé et apprécié de ceux-ci. Quatre raisons peuvent être évoquées à cette réussite que l'on ne retrouve pas à tous les niveaux de la logistique militaire: la volonté des officiers de limiter les plaintes et, donc, l'insubordination, l'implication des populations civiles hébergeant et nourrissant les soldats, l'organisation efficace du rationnement et les résultats positifs du Plan Wahlen, l'atténuation de certaines exigences (avoir des repas goûteux, diversifiés et copieux) en temps de guerre.

L'alcoolisme

Dans la mémoire collective des Mobards, ce sujet reste tabou, il est évoqué à mots couverts et, souvent, tempéré. Selon eux, si des soldats abusent de la boisson:

– Soit c'était des ivrognes, déjà avant la guerre

– Soit cette ébriété est temporaire, due à une mauvaise influence de la part de leurs camarades ou à un drame personnel (décès, perte de gains...).

La grande majorité de nos témoins n'établissent pas de lien causal entre le service et l'alcoolisme. Lorsqu'il est constaté, l'abus d'alcool est sévèrement sanctionné par les supérieurs. Jugé comme une «déviance», il entraîne indiscipline, accidents et insubordination. Officier, Jürg Hasler-Steiner se montre intraitable. Etant médecin dans le civil, il connaît les ravages de l'alcool sur l'organisme:

> «Une fois, je blâmais un soldat devant la compagnie: ‹Toi, tu ne dois jamais plus faire comme ça.› J'étais un peu sévère. Il s'est saoulé et il a fait des bêtises et ça, je ne peux pas supporter. Non, ce n'était pas fréquent. Il n'y avait pas d'alcoolisme, mais tout le monde fumait comme des Turcs. L'alcool, je ne sais pas s'ils n'osaient pas quand j'étais là, c'est possible.»
> *Jürg Hasler-Steiner, interviewé le 12 mai 2000, par F. Regard et L. Neury, à Lausanne*

Paul-Henri Glardon est l'un des seuls officiers à aborder, en toute conscience, le problème de l'alcoolisme à l'armée. Il déclare avoir eu peur pour sa vie lorsque des soldats, ivres, jouent avec des armes à feu. De même, Alfred Borgeaud mentionne le «semi-viol» d'une jeune femme par un soldat ivre pris d'une crise de folie.

Certains, comme Jean Delafontaine, sont également témoins de la détresse de leurs camarades. Jeunes hommes désireux de connaître de nouvelles expériences, beaucoup de nos interviewés boivent leur premier verre ou connaissent leur première «cuite» pendant le service actif. Durant leur Mob, ils vivent dans des réseaux d'influence masculins où «boire son coup» est considéré comme un rite de passage entre l'âge de l'adolescence et l'âge adulte. Parfois, cette pression de la chambrée se superpose à l'angoisse et, renouvelée quotidiennement, peut conduire à l'alcoolisme. Face à ces excès, nombreux sont ceux qui se taisent afin d'éviter des sanctions au copain. Ils tentent, alors, de dissimuler son état d'ébriété par divers moyens (réalisation des corvées, guet pour prévenir d'une inspection, consommation de café pour la gueule de bois). Un ami de Louis Sidler, mobilisé à Valangin, finit même dans un home pour buveurs. Pour André Hirt, les soldats boivent du vin et de la goutte plus que de raison, ce que Pierre Eschbach appelle des «soiffeurs».

Afin de combattre ce fléau social, des camps de désintoxication sont créés. L'alcoolisme est également abordé, lors de causeries, par des organismes tels qu'Armée et Foyer ou des officiers prônant l'abstinence. Ce type de discours relativement moralisateur et culpabilisant semble plus agacer que sensibiliser les «fautifs»! L'un de nos témoins, Charles Bullinger, mentionne l'action de la Croix-Bleue:

> «La Croix-Bleue, c'est cette société qui s'occupe de la prévention et du relèvement des personnes qui ont des problèmes avec l'alcool. Pendant la guerre, on se rencontrait un soir par semaine, j'y allais avec ma femme. Ils ont organisé sur les lieux de mobilisation les cantines sans alcool; ils n'étaient pas obligés de consommer. C'était pour

essayer de créer un cadre pour les hommes pour qu'ils soient pas obligés d'aller au bistrot. Ça a bien marché. C'était organisé par le Département Social Romand.»

Charles Bullinger, interviewé le 3 mai 2000, par F. Regard et L. Neury, à Genève

De même, à Gampelen, Charles Pochon appartient, depuis 1941, au détachement Champion qui traite les soldats alcooliques.

L'alcoolisme militaire peut, à notre avis, s'expliquer par l'attente des événements, l'inoccupation de la Drôle de Guerre, l'aggravation de la situation internationale, l'inadéquation entre la vie réelle et l'existence militaire, l'éloignement des proches et le manque de relations affectives et sexuelles, les sollicitations de certains camarades et de certains épiciers et tenanciers de bistrots.

Les distractions

Tous nos témoins insistent pour dire que l'armée n'est pas une partie de rigolade, qu'ils risquent leur vie quotidiennement et s'exercent avec hargne pour être prêts. Néanmoins, ils parlent volontiers des sports et loisirs pratiqués dans le cadre du service. Plus qu'un simple divertissement, ils sont présentés comme un besoin vital, un moyen de montrer qu'ils continuent, malgré tout, à vivre. Armée et Foyer favorise d'ailleurs le développement d'activités ludiques dans cette perspective. Les officiers sont conscients qu'elles permettent d'extérioriser l'angoisse, d'exprimer la rage ou tout simplement d'oublier les tracas.

Les sports

La pratique d'activités sportives est fréquemment mentionnée par les Mobards. Les moins sportifs ou ceux qui ont des ennuis de santé s'en plaignent, car les sports militaires ne sont pas sans risques. On s'exerce au combat rapproché, au tir de précision, à l'escrime afin d'apprendre à se battre et être prêts à repousser l'envahisseur.

La force physique, l'habileté, la précision, l'esprit de compétition et la rapidité font les qualités d'un bon soldat; le sport permet de les développer et affiner. Cette apologie du corps sain dans un esprit sain s'inspire du modèle germanique que l'on retrouve, poussé à l'extrême, dans la culture fasciste et nazie. De nombreux témoins font d'ailleurs référence aux Jeux Olympiques de 1936, car ils les ont suivis à la radio ou connaissent des membres de l'équipe nationale. Tel est le cas d'Alfred Graff-Hamsler qui a sous ses ordres un champion de tir. Ce dernier organise les séances de gymnastique au sein de sa compagnie.

Cours d'escrime (coll. Curdy).

Parfois, les témoins mobilisés ne pratiquent aucun sport lorsqu'ils reviennent chez eux, lors de leurs congés. Ils marchent de longues heures, gravissent des cols alpins, portent de lourdes charges ou font de l'équitation, pendant leur service. Libérés, ils veulent profiter de leur famille. Instructeur militaire, Jean-Pierre Gehri a peu le temps, dans le civil, de s'adonner à une pratique sportive, il en fait suffisamment à l'armée:

> «Je faisais pas beaucoup de sports car, à l'armée, on en faisait beaucoup! J'ai fait du pentathlon pendant l'école de sous-officiers. On avait toujours une séance de sports très poussée. On faisait la course à pied, la marche – une trentaine de kilomètres – de l'équitation dans le terrain et au manège pour le dressage.»
> *Jean-Pierre Gehri, interviewé le 7 août 2000, par F. Regard et L. Neury, à Lonay*

Les sports pratiqués sont d'une double nature:

– Ceux qui s'inscrivent dans le cadre d'exercices militaires: les sports de combat précités (surtout dans l'artillerie, chez les fantassins ou les grenadiers), la marche ou l'escalade... Les courses en montagne sont

Exercices de montagne, au Pas-de-Cheore (1942) (coll. Curdy).

particulièrement appréciées, malgré la difficulté et les dangers. Tous nos apprentis alpinistes affirment avoir bien été encadrés par des professionnels appartenant souvent au Club alpin. Alpiniste chevronné, Edmond Pidoux se souvient, avec émotion, de l'escalade de la petite Dents-de-Morcles (VD):

> «Une fois, nous avons été toute la compagnie au pied des Dents-de-Morcles. Le départ de la varappe de celles-ci se trouve à une heure au-dessus. Alors, j'étais là et je voyais ces Dents-de-Morcles. Et, je disais à nos officiers: ‹Ah, dire qu'il y a ces varappes superbes et qu'on peut pas les faire!› Et puis, ils me disent: ‹Si on pouvait les faire, vous nous conduiriez?› J'ai dit: ‹Volontiers!› Alors, d'accord. Le capitaine était d'accord, je les ai conduits à la petite Dents-de-Morcles. Monté, descendu! A la montée, ils allaient bien mais, à la descente, ils avaient bien peur! Mais, je tenais leur corde très solide. Et alors, ils sont rentrés enthousiastes en disant: ‹C'est fantastique!›»
> *Edmond Pidoux, interviewé le 27 janvier 2000, par N. Fink, à Pully*

Après ces six heures d'escalade, il monte une deuxième équipe et constate que les officiers le traitent différemment, seulement une journée, avant de retrouver «le fossé incommensurable d'avant».

– Ceux qui sont spontanément mis en place par les mobilisés eux-mêmes, lors de leur temps libre: le football, le volley-ball, le vélo... Il est vrai que le principal problème de nos témoins est de trouver le matériel et les infrastructures nécessaires. On ne peut pas jouer au foot sans ballon, quoique... Auguste Rossi se rappelle d'un match plus qu'original, avec le Shah de Perse. Le problème principal est, alors, qu'il faut «tourner» (120 types pour 11 places, ça n'allait pas) pour rencontrer des équipes civiles:

> «On jouait des matchs de foot, pendant la Mob. D'ailleurs, j'ai joué contre le Shah de Perse, Madame! C'était à Rolle, à l'Institut Le Rosey. Il y avait le dernier Shah de Perse, qui était jeune homme à l'époque. Il était interne, là-bas. Il y avait une équipe de foot dont il faisait partie. On s'est rentré dedans les deux! J'ai battu la Perse!»
> *Auguste Rossi, interviewé le 17 mai 2000, par F. Regard et L. Neury, à Russin*

Les loisirs

Dans le cadre du service actif, les loisirs sont encouragés et tolérés par les officiers qui leur donnent une valeur de défoulement et d'hygiène mentale. Ils sont organisés par les soldats eux-mêmes. Parfois, un fossé sépare officiers et soldats dans leur conception de ce qu'est un «loisir»:

> «On s'exerçait pour tirer à blanc et on faisait des reconnaissances, des balades du côté du Saint-Bernard et ailleurs. Et, il fallait occuper la troupe pour des raisons de maintenir le moral, c'est peut-être ce que les Français n'ont pas fait. La Drôle de Guerre, c'était une catastrophe pour l'esprit de la troupe! Il fallait maintenir le moral. Fallait les occuper, ou bien il y avait des manœuvres, ou bien il y avait des reconnaissances carrément. On parcourait tout le terrain, on montait au Saint-Bernard, on redescendait, on passait par La Fouly, etc. Il y avait des entraînements physiques, des séances de gymnastique, avec un moniteur. On tirait au mousqueton dans les stands, les tirs avec les armes, on en faisait moins, car il fallait économiser les munitions!»
> *Philibert Muret, interviewé le 7 juin 2000, par F. Regard et L. Neury, à Morges*

Les simples troufions ne semblent pas du même avis. Pour eux, le loisir est une activité qui permet de sortir de l'ordinaire du service, de s'évader un moment, loin des marches et exercices. Il est rare qu'ils soient autorisés à sortir, le soir, alors ils organisent eux-mêmes leurs distractions.

Dans certaines compagnies, des manifestations sont mises sur pied, lors des soirées ouvertes au public: concerts, récitals, pièces de théâtre, opérettes, tours de chant. La somme des bénéfices recueillie dans une cagnotte alimente la caisse du bataillon. Charles Cachemaille nous montre le programme de l'une de ces soirées où sont invités de grands noms du music-hall et de la radio:

> «En 1944, d'entente avec le capitaine, en collaboration avec Armée et Foyer, on avait organisé une soirée théâtrale à Delémont. Nous avions une farce en un acte appelée *L'Ours de Tchekhov*. Les rôles étaient tenus par Floriane Sylvestre, William Jacques, Michel Simon fils. En deuxième partie, il y avait un cabaret avec Arlette Boissy, William Jacques et Albert Urfer. J'étais responsable de préparer la salle municipale de Delémont, car il n'y avait pas de vestiaires à l'époque. J'ai dû me débrouiller pour trouver des porte-manteaux pour que les personnes qui venaient, les civils et les militaires, puissent trouver quelque chose pour agripper leur vêtement. Ce jour-là, il y avait une inspection d'armes, tous les hommes devaient être présents pour présenter

SOIRÉE

de Batterie du 4 août 1942

CASINO DE COSSONAY

Programme

1. Marche. (Orchestre.)
2. Chorale.
3. Gymnastique artistique.
4. Duo d'harmonica.
5. Revue satirique.
6. Chanson-duo.
7. Claquettes-duo.
8. Film documentaire.

Entr'acte 15 minutes

9. A l'infirmerie. Sketch comique.
10. Vélo acrobatique.
11. Fantaisie d'école de soldat.
12. Chanson-duo.
13. Danse fantaisiste.
14. Pirates-caricatures.
15. Chorale.

BAL

Soirée de batterie, au casino de Cossonay (4 août 1942) (coll. Cachemaille).

leur arme. C'était un inspecteur fédéral qui venait pour inspecter les mousquetons. J'avais fait la remarque au capitaine, puisqu'il avait dit: ‹Demain, je vous envoie à Delémont, avec le chauffeur et le camion, et vous vous débrouillez seul.› Je lui ai dit: ‹Mais, mon capitaine, il y a l'inspection d'armes!› ‹Fichez-vous de ça, pour moi, vous êtes mort!»
Charles Cachemaille, interviewé le 9 juin 2000, par F. Regard et L. Neury, à Yverdon

Nous disposons du témoignage d'un artiste, imitateur, chanteur et comédien, Jo-Johnny, qui participe, pendant la guerre, à une véritable tournée organisée de cantonnement en cantonnement. Déjà à l'école de recrues, en 1939, «pour égayer les copains», il chante des chants militaires et d'époque, des chansons de corps de garde: «La boulangère a mis sa robe verte, elle s'en va vers le rameau voisin...», «Là-haut, sur la montagne, était un beau chalet...», «Il pleut dans ma chambre, il pleut dans mon cœur...». Le répertoire ne doit jamais critiquer l'armée considérée comme «chose sacrée». Le talent de notre artiste genevois donne l'idée d'un show qui ne se monte pas sans opposition de la part de certains officiers:

«J'avais, dans ma compagnie, des gens qui adoraient le spectacle. Un Vaudois qui venait de Cossonay! Ça s'est su, ça a fait boule de neige et c'est arrivé aux oreilles de M. Béranger, qui était sergent, le sergent Béranger, qui était directeur du Théâtre municipal de Lausanne, qui avait la charge d'organiser des tournées et des spectacles, dans les différentes compagnies et les différents corps d'armée, les différentes armes. Alors, ça a débuté comme ça. Donc, avec ma compagnie, j'ai fait d'énormes spectacles, aussi bien du côté de Bâle, d'Yverdon, de Bulle, de Gstaad naturellement, Rougemont, Château-d'Œx. Le colonel divisionnaire m'a chargé de monter un spectacle complet pour aller dans toutes les divisions. On m'a laissé complètement libre, on m'a mis les gens à disposition. J'avais monté un orchestre à la Glenn Miller, y avait seize musiciens, c'était des amis musiciens qui étaient dans les orchestres genevois, dans les régiments genevois cantonnés à Bâle. J'ai eu une autorisation pour aller les chercher sur place, à Bâle. J'ai dû aller voir le major Privat qui avait une particularité, il avait les dents en avant. On l'appelait Castor ou Ronge-Parquets. J'ai été le trouver pour qu'il me mette à disposition ces musiciens de la part du colonel divisionnaire. Il m'a dit que j'avais rien à foutre, qu'on n'était pas là pour s'amuser et il m'a foutu dehors de son bureau. J'ai dû aller vers le colonel divisionnaire Petitpierre qui était commandant de la 1ère division. Je lui ai dit: ‹Ben voilà, j'ai pas obtenu satisfaction, je viens de me faire foutre dehors du bureau du major Privat. Si je n'ai pas ces musiciens, je ne pourrai pas monter mon orchestre.› Il a pris son téléphone, il a téléphoné au major Privat. J'ai pu obtenir mes musiciens détachés spécialement pour former cet orchestre!»

Jo-Johnny, interviewé le 6 septembre 2000, par F. Regard et L. Neury, à Genève

Le spectacle commence par des chants d'armée, «style ancien Suisse» puis se termine par un tour de chant «fantaisie» de Jo-Johnny (Maurice Chevalier, Charles Trenet, charleston...). Deux impératifs sont demandés au concepteur qui n'est pas soumis à la censure: le show doit être, à la fois patriotique et divertissant. Les mobilisés de la 1ère division profitent du music-hall, pour cinquante centimes, dans des granges à foin. «On leur faisait du bien à ces soldats, il y en avait pour tous les goûts!»

L'importance de l'hymne militaire et patriotique est, souvent, soulignée par nos témoins. On fredonne, notamment, lors des marches pour se donner du courage ou créer un esprit de groupe. Parfois, les chansons peuvent être paillardes et grivoises, surtout dans les stamms. A Vinaldi, dans les Grisons, Louis Sidler écoute, sur un vieux gramophone, *Coquin d'ivrogne* et *Stägeli uf, stägeli ab.* Le chant peut alors être un moyen de revendication, une marque d'opposition à une discipline stricte ou à un esprit moraliste. Ce répertoire est taxé de «refrains d'ivrognes» par certains officiers.

L'endroit où les mobilisés se retrouvent est appelé Foyer du Soldat ou Maison du Soldat ou stamm. On y joue aux cartes, lit les journaux, discute, écoute la radio, apprend les échecs ou les dames. Jean Delafontaine se souvient avoir découvert la musique sur le poste de radio de la Maison du Soldat. Robert Desbaillet déteste jouer aux cartes mais est toujours contraint de faire le quatrième. Le Foyer du Soldat est, parfois, le lieu où l'on fait ses premières expériences de jeune homme: entendre parler de la sexualité, fumer ses premières cigarettes. L'ambiance est jugée «bonne», «sympa», «charmante», «bon enfant» dans ce lieu de sociabilité où, généralement, les gradés ne pénètrent pas. Il est rare que de l'alcool soit servi au Foyer du Soldat. Certains regrettent qu'ils ne puissent y boire que de l'eau, de la limonade, du café ou du thé. Lors de la création d'une Maison du Soldat, les liens entre civils et militaires se resserrent car la population participe à la construction puis à la gestion de la salle. Habitante d'Aubonne, Simone de Rham participe, avec acharnement, au Plan Wahlen. Stationnés à proximité de sa

Foyer du Soldat de Verossa (1941) (coll. Cachemaille).

propriété, les hommes du régiment de cavalerie I viennent l'aider. Pour les remercier, elle les aide à créer un Foyer du Soldat, sain et moralement digne:

> «Le colonel m'avait demandé de créer un Foyer du Soldat, à Aubonne, dans les locaux de l'Eglise libre. On a fait appel à tous les volontaires et ça vient tout seul! Tout le monde est là, est d'accord de venir. ‹Moi, je sais faire des gâteaux.› ‹Moi, je serais prête de telle heure à telle heure.› ‹Je pourrais venir de telle heure à telle heure.› Tous les soldats étaient ravis, ils venaient trouver des gens qui pouvaient leur recoudre un bouton; je me souviens des choses comme ça! Il fallait leur donner du papier à lettres que l'armée fournissait, une tasse de café, une tranche de gâteau, etc. C'était tous les soirs, il y avait un roulement. Le pasteur, la paroisse, il y avait une collaboration totale! C'était un lieu de détente idéal plutôt que le bistrot. C'était l'idée du colonel! Fallait leur trouver un endroit sympathique plutôt que d'aller rôder dans les cafés quand ils étaient libres!»
> *Simone de Rham, interviewée le 17 août 2000, par F. Regard et L. Neury, à Lonay*

Les loisirs organisés au Foyer du Soldat entretiennent l'esprit de camaraderie et permettent de nouer des liens d'amitié. On y parle du petit dernier qui vient de naître, on s'y vante de la dernière lettre d'amour reçue par sa fiancée, on y discute un peu politique, mais «pas trop» (Gilbert May). Fille de militaire, Antoinette Nicole écoute et participe à ces conversations lorsqu'elle tient le Foyer du Soldat de Rolle. Pour elle, une présence féminine dans un monde d'hommes est une bonne chose, d'autant que les mobilisés n'ont jamais un geste déplacé à son égard.

L'espionnage

L'espion, un personnage de roman…

Si la majorité de nos témoins ont peur de l'espion étranger, leur opinion à l'égard de l'espion suisse est beaucoup plus positive. De nombreux témoins, comme Germaine Garin, pensent que les SR suisses sont parmi les plus performants d'Europe. Cette impression n'est guère confirmée par le montant des crédits affectés ou par le nombre d'agents en circulation:

Depuis 1918, les SR (Service de renseignements) suisses sont jugés comme un luxe coûteux. On se contente des rapports envoyés par les diplomates et attachés militaires suisses à l'étranger. Mais, avec la montée du nazisme, les SR obtiennent un crédit annuel de 30 000 francs. En 1937, le colonel EMG Roger Masson est nommé chef de ce service. Avant 1939, il dispose d'une équipe de dix personnes et d'un crédit annuel de 320 000 francs. Le SR est alors une subdivision de l'état-major de l'armée mais, en 1941, il devient un groupe indépendant, sous la direction de Masson. Le groupe comprend un bureau D (Allemagne) dirigé par le capitaine Alfred Ernst, un bureau F (France) un bureau I (Italie) et un poste collecteur de renseignements NI, à Lucerne. Pendant la guerre, le nombre d'agents et collaborateurs s'élève à cent vingt, le crédit annuel à 750 000 francs. Leur rôle est de recueillir et traiter des informations, de lutter contre l'espionnage pratiqué au préjudice de la Suisse.

Sans connaître vraiment le fonctionnement des SR, nos témoins font confiance à ces instances secrètes. Le nom du colonel brigadier Masson est peu connu à l'époque par nos témoins, sauf par quelques officiers. N'ayant pu rencontrer personnellement des espions, ils les imaginent tels qu'ils sont décrits dans les romans de gare: discrets et malins, habiles dans le maniement des armes, prompts à s'infiltrer dans n'importe quels milieux, experts en communication, etc. Les femmes ont une image beaucoup plus stéréotypée que les hommes. Selon ces derniers, les espions renseignent le Conseil fédéral et l'état-major d'armée, le Général Guisan est en liaison directe avec eux. Sur quoi, ils ne le savent pas vraiment!

En raison de leurs compétences professionnelles, les SR sollicitent certains de nos témoins. A Berne, Armand Wolf est chargé de la mise sur écoute téléphonique des espions, diplomates et politiciens. Il est fonctionnaire aux PTT, «responsable envers le très-haut», c'est-à-dire le directeur de l'Office des télécommunications. Selon lui, des personnalités suisses et étrangères sont quotidiennement surveillées par les SR: le Conseiller fédéral Jean-François Musy, Gonzague de Reynold, des militants frontistes. Cinquante ans après, le devoir de réserve l'empêche de nous en dire plus. Il dit ne se souvenir que des conversations «olé-olé» de certains diplomates allemands. «Je n'ai jamais dû jouer le petit espion!»

> «Participer à l'effort de guerre, c'était organiser cette surveillance des communications, cette surveillance nocturne. J'y étais depuis un jour, on surveillait un certain nombre d'espions, il y avait des étrangers, en particulier les Allemands bien sûr. Il y avait sur territoire suisse, on se méfiait...
> »– Donc, ces gens étaient mis sur écoute?
> »– Ils étaient mis sur écoute. Le deuxième jour, il y a déjà un des chefs de la bande allemande qui disait à une de ses maîtresses suisses: ‹Je pourrais te dire encore des tas de choses mais, là, depuis hier, il y a un beau jeune homme, à la censure, il pourrait nous entendre et aller raconter des choses!› On n'était pas là depuis deux nuits que déjà ils le savaient.
> »– Qu'est-ce qu'il racontait?
> »– Alors, vous savez! ‹Frau Bibar, meine Liebe!› Un tombeur de Suissesses...
> »– Quel type de personnes est-ce qu'on surveillait?
> »– Un diplomate! C'était un diplomate! Il y en avait peut-être, je ne sais plus. C'est terriblement loin, je n'ai pas pris de notes, moi! Ce que je sais, c'est qu'on enregistrait sur des rouleaux de cire!»
> *Armand Wolf, interviewé le 16 août 2000, par F. Regard et L. Neury, à Lonay*

Chez les soldats, deux types d'attitude sont possibles vis-à-vis des SR suisses:

– Lorsqu'on ne travaille pas avec eux, on imagine simplement que ces espions sont en contact avec l'état-major d'armée. Robert Koechli nous montre un dossier qu'il a constitué, après 1945, sur le Service de contre-espionnage. Si maintenant il se passionne pour le sujet (il a envoyé son dossier à Adolf Ogi), à l'époque, il ne sait rien des activités des SR suisses qui, selon lui, informent continuellement Guisan.

– Lorsqu'on travaille avec eux, on est au courant de certains faits cachés au reste de la population. Il est vrai que les SR exercent une sorte de fascination sur les jeunes mobilisés, car être espion signifie, pour eux, être au cœur de l'action, lutter pour son pays contre l'ennemi et peut-être mener une vie plus facile (possibilité de nouer des contacts, de faire carrière ou de gagner de l'argent). En 1940, Paul-Henri Glardon tente de rentrer dans les SR, car il souhaite contrecarrer une éventuelle attaque allemande. Après une petite formation, il n'est pas accepté, mais des amis, plus chanceux, lui racontent ce que la plupart des Suisses ne savent pas: une «taupe» est infiltrée au sein de l'état-major nazi. Lorsque les témoins rapportent une anecdote à propos des espions, il est difficile de discerner la réalité de l'imaginaire, le fait de la rumeur.

...ou un spécialiste du renseignement

Nous avons interrogé une dizaine de personnes qui peuvent être considérées comme des espions au sens traditionnel du terme: six travaillent pour les SR suisses, trois pour le contre-espionnage allié, les limites entre les compétences de chacun étant, parfois, difficiles à dessiner. Tous ont entre 20 et 30 ans et sont de sexe masculin.

Selon Alfred Hecht, l'«espion de pacotille» est recruté par hasard, car il correspond aux exigences du moment. Il sait parler plusieurs langues, est jeune et intrépide et ne se pose pas trop de questions. L'un des viviers utilisés par les SR est le refuge juif. Désespérés et apeurés, ces derniers viennent, souvent, de milieux intellectuels et instruits et connaissent l'Europe. Surtout, ils sont prêts à tout accepter pour ne pas être refoulés, la menace de l'expulsion étant un moyen de pression plus qu'efficace.

Entré clandestinement en Suisse, le 24 décembre 1941, Alfred Hecht correspond à ce profil. Ses parents possédaient un grand magasin d'Amsterdam qui a été spolié par les nazis. Il vient donc d'un milieu cultivé et connaît les codes sociaux de la bonne société. Il est charmant et séducteur. Il sait conduire une voiture, parle plusieurs langues (le

Alfred Hecht (2000) (coll. Archimob).

hollandais, le français, l'allemand, l'espagnol et l'anglais), a des contacts avec les légations néerlandaise et britannique. Lors de sa fuite, il a appris l'art du camouflage et du déguisement. Impétueux, il a envie de se battre contre les nazis et a pris des cours de boxe. Après avoir été capturé par un soldat suisse, Alfred Hecht est interrogé par Fernand Demierre, officier de police de l'Arrondissement territorial de Genève. Si ce dernier est accusé d'antisémitisme et d'avoir ordonné des refoulements violents, il semble qu'il se soit impliqué dans la lutte antinazie, en collaborant avec les services alliés (voir les récents travaux d'Henry Spira). Laissons M. Hecht décrire leur première entrevue, à la prison Saint-Antoine:

> «On nous a dit: ‹On va vous refouler.› On nous a emmenés à Genève, en prison. Et là, après deux jours dans cette prison Saint-Antoine, on m'a appelé. Je suis entré dans une petite salle. Et là, on m'a donné une interview par Fernand Demierre. C'était un militaire qui regardait et sérieusement. Et j'avais la grande faute de dire: ‹Je veux me battre contre les Boches› quand je me suis fait arrêter en France. Je ne

devais pas faire cette erreur, une deuxième fois. Je l'ai regardé dans les yeux, il avait des bons yeux. Il contrôlait exactement où nous sommes arrivés jusqu'à Genève, les trains que j'ai pris, les hôtels où j'ai passé des nuits. Il voulait savoir chaque détail, il a contrôlé chaque détail de mon histoire. Il a vu que je parlais la vérité. Alors, il me disait: ‹Qu'est-ce que vous voulez faire en Suisse?› J'ai dit: ‹Voulez-vous me mettre en contact avec les autorités hollandaises, avec le consulat hollandais?› ‹Ça, je vais vérifier, mais quel est votre but? Qu'est-ce que vous voulez faire en Suisse?› Alors je l'ai regardé et comme il avait une figure confiante, je lui ai dit: ‹Je veux me battre contre les Boches.› Alors il a répondu: ‹Je vais vous aider!»
Alfred Hecht, interviewé le 23 avril 2000, par L. Neury, à Nice

Pendant presque six mois, il loge chez Demierre, à Genève. Il copie des rapports constitués par des agents envoyés en France occupée puis les remet à l'attaché militaire britannique.

Plusieurs autres réfugiés israélites sont recrutés par le caporal Demierre qui travaille avec les SR alliés et suisses: entré en Suisse, en septembre 1940, Simon Hercenberg, né en 1921, est l'un d'eux. Il a entendu l'appel du 18 juin du général de Gaulle et souhaite à terme gagner Londres. Membre du réseau Kléber-Bruno d'avril 1941 à juin 1942, il est chargé d'effectuer des missions périlleuses en zone occupée, dans les régions de Chartres, Dijon et Tours. Pour les trois témoins ayant travaillé dans le réseau Demierre – Alfred Hecht, Simon Hercenberg et Willem Wolf – l'espionnage est une parenthèse helvétique dans leur lutte contre le nazisme. Leur but premier est de rejoindre la Résistance armée que ce soit à Londres ou ailleurs. A son arrivée en Angleterre, Alfred Hecht est mis en contact avec le MI5 *(Military Intelligence)* dans un centre de triage pour réfugiés étrangers de Londres. Il leur remet un rapport favorable aux SR suisses et à Fernand Demierre. Nous pensons que les SR suisses ont favorisé l'analogie «réfugiés égalent espions» en recrutant des étrangers qui, après leur départ de Suisse, n'ont jamais été remerciés pour leur engagement. Il leur est plus commode et discret de laisser croire que, parmi les réfugiés, se dissimulent les agents de la Cinquième colonne.

Nous disposons de deux témoignages d'espions professionnels: ceux de Jean Henot dit «Petit-Jean» (agent français travaillant pour les SR suisses, le réseau Kléber et l'Intelligence Service) et de Paul de Saugy (chef du bureau allié pour les SR suisses, à Genève). Plusieurs points communs permettent de les comparer. Tous deux ne sont pas prédisposés à leurs futures activités. Né en 1914, à Genève, Paul de Saugy est docteur en biologie. Né à Nancy, Jean Henot travaille pour la SNCF, en France. Ils sont recrutés «à la légère» et ne reçoivent aucune formation spécifique. En 1940, Jean Henot est contacté, «par hasard», par un officier des Services secrets français et se forme «sur le tas»! En 1942, Paul de Saugy est recruté par le colonel Cuénoud, du SR suisse, car il a de nombreux parents disséminés à travers toute l'Europe. Sa seule instruction est d'être enfermé, à Interlaken, quelques heures, dans une pièce de l'état-major d'armée, avec une pile de livres à sa disposition. Ils sont célibataires, aiment l'aventure, savent user de leurs charmes et sont relativement désinvoltes. Surtout, tous deux sont farouchement antinazis et patriotes; l'un est de nationalité suisse, l'autre française. Jean Henot se dit révolté par la lecture de *Mein Kampf*, Paul de Saugy effrayé par un voyage à Berlin, en 1938. Relativement libres, ils agissent dans un cadre strictement militaire et ne rendent aucun compte aux autorités politiques.

Originaire de Nancy, Jean Henot devient, en 1940, «agent P2» auprès des Services secrets français. Depuis Macon et Bourg-en-Bresse, il surveille les mouvements de troupes nazies et dresse des croquis de leurs installations militaires. Il franchit la ligne de démarcation, à de nombreuses reprises, sous une fausse identité. En novembre 1942, le réseau Kléber-Bruno auquel appartient Jean Henot se replie à Genève, dans les locaux du consulat de Genève. Au terme d'une fuite rocambolesque, «Petit-Jean» parvient à rejoindre ses supérieurs, à Genève. Sollicité pour des missions de repérage en France occupée, il passe la frontière à vingt-deux reprises.

> «Les Suisses ne s'occupaient pas de moi, que du passage de frontière! Les Renseignements suisses commandaient les douaniers, commandaient les chefs des douanes. On partait de la rue Saint-Victor, avec une voiture. On arrivait à Thônex, pas loin. Les douaniers saluaient, les soldats saluaient. Ils parlaient entre eux puis me montraient du doigt dans la voiture. Alors, le type du SR disait à un douanier: ‹Tu vas prendre Petit-Jean, là, il a un laissez-passer, il va te le rendre.› Je donnais un papier suisse. ‹Tu vas le rendre tout à l'heure! Maintenant, tu vas le faire passer là-bas, au mur de Carra!› Les douaniers avec leurs jumelles regardaient le côté français. J'attendais à moitié couché dans un champ. ‹Toi, tu vas passer ici, on va te relever le grillage! Attention, il y a un barbelé allemand, on l'a cisaillé. T'iras prendre le train, à Annemasse, on va te donner un laissez-passer.»
> *Jean Henot, interviewé le 19 février 2000, par L. Neury, à Veigy-Foncenex*

A Genève, lors d'un congé, il rencontre sa future femme, Alice. Pour lui, ses incessantes missions ne sont pas alors perçues comme dangereuses. Elles sont motivées par sa haine du nazisme et son esprit de résistance. Il est chargé de surveiller l'Organisation Todt et de quantifier les rampes de lancement du Mur de l'Atlantique. Le 11 avril 1944, à Carra, il est capturé par la Gestapo, emprisonné au Pax d'Annemasse et torturé. Selon lui, les SR suisses le laissent tomber, «les risques du métier!», son évasion est organisée par Jean Deffaugt, maire d'Annemasse et résistant. Il perd un œil et est gravement blessé. Après la guerre, Jean Henot abandonne ses activités, se marie et travaille au consulat de France à Genève.

Genevois, Paul de Saugy est recruté, en 1942, par les SR suisses. Sous le nom de code «Rochat», il devient le chef du bureau «Alliés», à Genève. Pour lui, les membres du SR sont des «amateurs», des «naïfs».

Son rôle est de trouver des agents et de les former pour des missions en France: s'informer des lieux de stationnement et des mouvements de l'armée allemande, localiser les dépôts de munitions, noter les mouvements sur les aérodromes militaires. Malgré le peu de moyens mis à sa disposition, Paul de Saugy est en liaison constante avec des agents hollandais («corrects et discrets») et français («bavards et envahissants»), seulement des «proalliés». A Genève, il dispose d'un petit bureau «top secret», rue du Marché, mais n'a pas de secrétaire. Il le regrette, d'autant plus que tous les rapports doivent être tapés en douze exemplaires! L'un des lieux de rencontre pour les espions de tous bords est *Le Globe*, un bar prisé de Genève. Officiellement, il est vétérinaire, ce qui lui permet d'avoir une petite voiture de sport et d'obtenir des coupons d'essence.

«Grâce à tous ses contacts et à son ardeur au travail, Paul de Saugy construisit patiemment un réseau de quelque cent cinquante informateurs qui devint, en 1943, le réseau «Ajax» sous commandement français, dont le chef était Achille Peretti, futur ministre du général de Gaulle et président de l'Assemblée nationale.»
Paul-Emile Dentan, *Impossible de se taire: des protestants suisses face au nazisme*, Labor et Fides, Genève, 2000; p. 53.

Pendant cinquante ans, «Rochat» respecte le droit de réserve et ne parle pas de ses activités pendant la guerre. Il dit être, en 1945, «à bout psychologiquement et physiquement». Après avoir vu des films comme

L'Honneur perdu de la Suisse, il décide de prendre la parole et de témoigner que «les Suisses n'étaient pas pronazis». Il nous rappelle qu'un de ses agents a trouvé la mort lors d'une de ses missions et que la Suisse l'a oublié:

> «Vous en avez perdu des agents?
> »– Oui, je pense à un en particulier! Un Suisse, donc! Un garçon de 19 ans qui faisait ça par idéal et qui est parti. C'était avant la libération de la Haute-Savoie, il n'y avait plus rien qui marchait! Les trains ne marchaient pas, je lui ai prêté une vieille bicyclette et il est parti pour aller porter un message important à un groupe à Annecy. Et, en arrivant, il y a eu un contrôle. Je n'ai pas su exactement le détail; il a été arrêté, mis en prison et tué, tout ça le même jour. Alors, ça on n'a pas droit de dire que tous les Suisses étaient pronazis quand on a des garçons de 19 ans qui se sont battus et qui ont fait des choses remarquables! Il en a fait beaucoup des passages et très courageusement. Je ne vais pas être très gentil, mais c'était plus de l'inconscience que du courage! Et, la Suisse n'a pas été reconnaissante, elle n'a rien fait! Nous avons eu des déportés, des gens qui ont perdu une partie de leur santé, qui ont souffert, qui ont été emprisonnés, qui ont perdu des biens. La Suisse n'a rien, rien fait!»
> *Paul de Saugy, interviewé le 6 juin 2001, par F. Regard et L. Neury, à Genève*

Finalement, tous ces espions, qu'ils soient réfugiés juifs ou Suisses sont des oubliés de l'Histoire, des rescapés de la Mémoire. Nos témoins n'en gardent qu'une image mythique composée à partir des livres ou films qu'ils ont vus pendant la Guerre Froide (notamment James Bond). Aucun de ces agents secrets n'a été honoré officiellement par la Confédération, alors qu'ils ont souvent reçu des distinctions et titres de la part des gouvernements étrangers, pour services rendus à la patrie. Peut-être cette omission volontaire vient-elle d'une volonté de ne pas briser le mythe en révélant une relative inefficacité des SR suisses (amateurisme, paperasserie, manque de locaux et d'effectifs, formation rudimentaire)?

CONCLUSION

Militaires et espions resserrent les rangs autour d'une même idée: la Suisse doit être défendue contre toute intrusion étrangère, nazie ou autre. A de nombreuses reprises, aux frontières, des membres de la Cinquième colonne ou présumés tels sont arrêtés ou expulsés. L'incertitude, la désinformation et l'angoisse provoquent, chez les militaires et les civils, un sentiment de suspicion, de méfiance, voire d'hostilité à l'égard de tout ce qui est étranger (donc menaçant). Ce climat entretenu par les autorités militarise la société suisse, dans son ensemble. Chacun pense en soldat, qu'il soit en service ou non. Les réfugiés se heurtent à cette nouvelle conception de la défense.

Des réfugiés

Depuis 1995, la question des réfugiés est devenue centrale dans la mémoire collective des Mobards puisque, autour de ce thème, un doigt accusateur les interpelle. En effet, les excuses publiques présentées par Kaspar Villiger, le 7 mai 1995, se focalisent sur l'attitude de la Suisse à l'égard des réfugiés israélites. Au nom du gouvernement, le président de la Confédération s'excuse pour la suggestion helvétique d'apposer, en 1938, un signe distinctif «J» sur les passeports des juifs du Reich ainsi que pour les refoulements opérés à la frontière. Relayé par les médias, ce mea culpa déclenche une guerre des mémoires qui étaient cristallisées autour de mythes ou de non-dits. Pour la première fois depuis la fin du conflit, les souvenirs des Mobards et des réfugiés s'entrechoquent, ce qui ne se fait pas sans étincelles.

Souvent, nous avons dû poser nous-mêmes la question et provoquer une réponse à ce sujet, qui ne vient pas spontanément à la mémoire des personnes interrogées. Peut-être par crainte d'alimenter les polémiques actuelles et d'être accusées d'un crime dont elles ne se reconnaissent pas coupables individuellement?

> «On ne le savait même pas! Je ne me souviens pas, par exemple à l'armée ou à la compagnie, que des gens en aient parlé longuement, sérieusement, à table par exemple. Non, c'était un peu en dehors de nos préoccupations, à tort ou à raison! Et sûrement, on n'avait aucune idée de ceux qui se présentaient.»
> *Paul Cuenoud, interviewé le 22 décembre 1999, par F. Regard, à Sion*

Plusieurs points de vue sont sollicités: des Suisses impliqués dans la politique du refuge, d'autres ayant eu un contact – direct ou lointain – avec des réfugiés et internés ainsi que de simples citoyens. Les critiques d'après 1995 provoquent une réaction, parfois virulente, chez nos témoins. Leur mémoire doit être confrontée à celle des réfugiés. Comment est perçue la question des deux côtés de la barrière? La réponse n'est pas simple.

«NOS INTERNÉS MILITAIRES!»

Environ 104 000 militaires sont accueillis sur le territoire helvétique, durant le conflit: prisonniers évadés, déserteurs ou grandes unités entrées en Suisse durant la débâcle de 1940. La section des prisonniers de guerre et internés du Service territorial à l'état-major de l'armée s'est occupée de leur traitement. N'oublions pas que leur sort est réglé par les accords de La Haye (1907) et qu'ils ont été globalement mieux perçus que les autres étrangers, car leur départ après les hostilités est quasi assuré. Dès le 18 juin 1940, une circulaire du Département fédéral de justice et police destinée aux départements de justice des cantons ordonne que les militaires soient désarmés et internés par les soins de l'armée helvétique.

Le contact entre nos témoins et les militaires étrangers s'effectue lors de la garde d'un camp ou simplement lors de l'un de leurs déplacements. Les quatre nationalités évoquées recoupent les principaux flux migratoires en direction de la Suisse, c'est-à-dire chronologiquement les Français, les Polonais, les Italiens et les Allemands. Deux nationalités parmi d'autres sont mentionnées de manière allusive: les Yougoslaves et les Belges. Il est intéressant d'analyser les perceptions réciproques entre Suisses et internés militaires.

Les soldats français

En juin 1940, afin d'échapper aux percées des troupes de l'Axe, entrent en Suisse les premiers militaires français qui franchissent la frontière en Ajoie, aux Franches-Montagnes et dans le Jura neuchâtelois. Commandé par le général Daille, le 45e corps d'armée est fort de 29 000 hommes. Acculé par la 2e division blindée de Guderian, il pénètre en Suisse, dans la nuit du 19 au 20 juin 1940. Trois mille autres militaires arrivent peu de temps après et sollicitent un internement au nom des conventions internationales. Pour l'essentiel, ces soldats sont ensuite dirigés vers des camps du Seeland, de la région de Napf et de l'Oberland bernois. Après les accords franco-allemands du 23 novembre 1941, le Conseil fédéral autorise, en janvier 1941, le rapatriement des militaires français.

Présents aux abords de la frontière franco-suisse, une vingtaine de témoins décrivent l'arrivée des soldats français, en mai-juin 1940. Tous insistent sur l'état lamentable des troupes qui, suscitant la pitié ou la compassion, déclenchent des mouvements de sympathie de la part de la population suisse.

Habitante de Saint-Cergue, Nadine Barbezat assiste à l'accueil des soldats du Fort des Rousses. Dès leur entrée dans le village, elle est frappée par l'allure de cette armée tant admirée auparavant: des soldats en loques, sales, pas rasés, dont les habits dégagent une odeur désagréable. Ce choc est, pour elle, le signe que l'on est en guerre, que quelque chose d'important se joue de l'autre côté de la frontière. Si, selon ses propres mots, le contact avec ces hommes est d'emblée «super», ils lui font pitié. Spontanément, avec ses sœurs couturières, elles proposent de recoudre les boutons des uniformes dépenaillés et de partager leurs coupons d'alimentation, exprimant une solidarité que l'on retrouve dans nombre de témoignages.

Nous retrouvons cette vision apocalyptique dans la description d'Henry Spira. Adolescent, il dirige un groupe scout d'entraide à Porrentruy. Dans cette bourgade jurassienne (canton de Berne à l'époque), il participe à la prise en charge de soldats venant de Longwy.

> «Avec mon détachement, on avait des soldats français qui sont venus du nord de la France, du côté de Longwy, où la ligne Maginot s'arrête. Ces gens, ils étaient venus en partie à pied, en partie en train. Ils arrivent à Porrentruy, ils n'avaient pas enlevé leurs souliers depuis trois semaines. Tout était en sang, c'était plein de crasse! Ces samaritaines, elles coupaient la tige des souliers par morceaux, décollaient avec l'eau chaude, on en prenait plein le nez! Mes gamins amenaient des baquets d'eau chaude. Ça, c'était une des occupations! Ensuite, il fallait loger ce monde qui arrivait toujours de nuit. C'est normal parce que, de jour, on a la frousse, on se cache. Il fallait dévisser les bancs d'école, il fallait aller réquisitionner de la paille et du foin pour loger tout ce monde, s'occuper des blessés, des malades, les emmener à l'hôpital.»
>
> *Henry Spira, interviewé le 11 juin 1999, par F. Regard et M. A. Schüpfer, à Plan-les-Ouates*

En tant que soldat, Auguste Rossi est impressionné à Avenches par la qualité de l'équipement militaire français, notamment par les blindés équipés de moteurs 18 CV de voitures Renault. Pourtant, il les juge inefficaces sur des terrains accidentés où ils risquent de s'embourber.

Francophile, élevé dans le sud de la France, Jean Delafontaine, mobilisé à La Cure, assiste au désarmement de la compagnie du Fort des Rousses. D'emblée, il affirme une proximité culturelle avec ces étrangers qui

Les soldats français à Saint-Cergue (coll. Delafontaine).

ne le sont pas tant que ça. M. Delafontaine, alors que les Français en déroute vendent à la sauvette leur matériel militaire, leur achète un ceinturon. Il prend même une photographie souvenir de quelques internés mélangés à son unité.

A un autre niveau et assumant d'autres responsabilités, Curt Weideli se soucie du stockage des armes puis de la répartition des militaires étrangers par secteurs. Depuis mai 1940, il est chargé de l'internement et de l'hospitalisation de ces derniers. Il explique la dissémination des militaires étrangers par la crainte que ceux-ci puissent être utilisés par les forces de l'Axe, en cas d'invasion. L'armement est confisqué, puis mis en lieu sûr. Des écoles cadres sont créées afin d'assurer la formation des personnes employées ou mobilisées dans les camps d'internement: fourriers, cuisiniers, quartiers-maîtres, employés de bureau. Tout est mis en place pour encadrer les arrivants qui posent des problèmes logistiques, éthiques et stratégiques.

En revanche, nous sommes frappés par la description que font nos témoins des spahis. A l'unanimité, ils admirent leur prestance, leur politesse et leur gentillesse. Ces troupes de cavalerie n'évoquent-elles pas les portraits des Bourbakis de 1870-1871, représentés dans leurs livres d'histoire? Ces fiers destriers et leurs maîtres rendent encore plus misérables les pauvres fantassins accueillis en même temps qu'eux.

Habitant Lugnorre (FR), Madeleine Cressier assiste, émerveillée, au défilé des spahis internés à proximité de son village, à La Sauge. Tous les dimanches, ces Marocains et Tunisiens accompagnés d'officiers français vont baigner leurs chevaux, dans le lac de Neuchâtel. Au retour, ils permettent aux enfants de chevaucher leurs montures. Des sentiments ambivalents animent la jeune adolescente de 17 ans qui n'a jamais vu de peau noire auparavant:

> «Vous parliez avec ces spahis?
> »– Un petit peu mais pas trop! Parce qu'en même temps, on en avait un petit peu peur quand même, parce que c'était vraiment des étrangers! Il y en avait plusieurs qui étaient noirs. Mais, on ne peut pas se rendre compte maintenant de la différence. On n'avait pas le contact avec les autres nationalités, les gens allaient très peu à l'étranger.
> »– Est-ce que votre mère vous avait donné des recommandations de ne pas trop parler avec eux?
> »– Non, ma mère pas tellement, mais ma grand-mère qui habitait Sugiez: ‹Tu n'as rien à faire là. Tu n'as pas à monter sur ces chevaux.› [C'était] une forme de racisme, je pense! Mais, nous, enfants, on n'y voyait rien!»
> *Madeleine Cressier, interviewée le 23 mai 2001, par L. Neury, à Lugnorre*

Cette attitude montre que la rencontre avec «l'Autre» ne se fait pas sans heurts, les témoins y trouvant remise en question ou confirmation de leurs préjugés. La réaction est soit négative (méfiance et rejet pouvant mener au racisme), soit positive (curiosité puis échange interculturel), rarement indifférente (passer son chemin).

Les internés polonais

En juin 1940, la 2e division de chasseurs polonais entre en Suisse avec le 45e corps d'armée et le 7e régiment de spahis. Commandés par le général Prugar-Kelting, les 12 000 soldats attendent, dans des camps d'internement, un rapatriement que la France et l'Allemagne ne sont pas prêtes à accorder. Huit cent huitante internés profitent de l'enseignement universitaire, dans des camps spéciaux, alors que la majorité sont transférés dans des camps de travail.

Jean Dziurzynski en uniforme (coll. Dziurzynski).

Nos témoignages sur les internés polonais sont nombreux, détaillés et généralement enthousiastes. Selon eux, ces hommes jeunes, cultivés et pleins de bonnes manières appartiennent à trois catégories distinctes: mineurs du nord de la France, étudiants à Paris et aristocrates. Ces derniers, adeptes du baise-main, font sensation auprès de la gent féminine qui en garde un souvenir ému.

«La population jurassienne est sortie à notre rencontre avec une gentillesse extraordinaire. On était éreintés, sales, avant de franchir la frontière. On nous a alignés. Du moins les Polonais, j'en suis fier; on nous a décrassés dans la mesure du possible. Les officiers français et polonais pleuraient. Le choc! La France capitule ainsi. Voir des officiers pleurer devant la troupe, c'était un spectacle incroyable! En entrant en Suisse, on a dû donner nos armes, c'était un geste très déprimant. En arrivant à Saignelégier, la population est venue à notre rencontre, les dames surtout, les hommes étaient mobilisés. Et puis, ils ont apporté des victuailles qu'on n'a pas vues depuis longtemps: du chocolat, des fromages, des saucisses, et puis surtout des bassinets avec de l'eau chaude pour nous laver. Moi, j'osais pas! ‹Ne vous gênez pas!›, puis finalement, j'ai accepté. Elle a commencé à me frotter les cheveux que je n'avais pas lavés depuis trois mois. C'était incroyable! C'est le premier souvenir de Suisse qui est resté très longtemps, une Suisse comme cela!»

Henri Wermus, interviewé le 10 juillet 2000, par M. A. Schüpfer, à Genève

Habitant majoritairement dans des villages, peu de femmes sont habituées à ce type de contacts et se trouvent quelque peu esseulées après le départ des hommes mobilisés. A la différence des Français, les Polonais portent des uniformes impeccables et touchent une solde de 25 centimes à 1 franc par jour pour les soldats, 2 à 6 francs pour les officiers.

Dans un premier temps, les autorités internent les militaires polonais dans des camps. Ils sont ensuite affectés à des tâches d'intérêt général dans les champs, dans les mines ou dans le génie civil (assainissement, remaniement parcellaire, travaux agricoles, construction de routes ou de ponts...). Le soir, quand ils regagnent leurs baraquements, ils chantent des cantiques, mais aussi des hymnes populaires français, à la grande joie des voisines, en manque de distractions. Curt Weideli se souvient aussi de ces chants et prières. Cultivés, certains officiers nouent des relations privilégiées avec des Suisses sous forme d'enseignements réciproques. Dans un Foyer du Soldat, Robert Loup append à jouer aux échecs, avec un Polonais «charmant». Institutrice à Henniez (VD), Gilberte Aubert donne des cours de violon à un capitaine.

La plupart des témoins sont des hommes mobilisés qui ont rencontré des Polonais à la frontière, les ont surveillés dans des camps ou les ont côtoyés dans la vie civile. Prenons l'exemple du camp de La Lignière (NE): les soldats y sont sous les ordres d'un supérieur polonais qui lui-même se trouve sous la responsabilité d'un militaire suisse. Selon Franz Robert Koechli, la discipline est sévère sauf en ce qui concerne la consommation d'alcool et les sorties. Chargé de garder ce camp, M. Koechli dresse un portrait peu flatteur de ces hommes qu'il traite d'ivrognes. Ne boivent-ils pas la goutte dans un verre à vin! En cas d'indiscipline due à l'abus de boissons, ce surveillant doit les accompagner vers la prison de Bienne. Parfois, il avoue même avoir eu peur des 300-400 personnes sous sa responsabilité.

Travaux de voirie (1942) (collection Dziurzynski).

Partie de volley-ball au camp de La Chassotte (coll. Dziurzynski).

«Il n'y avait pas tellement de fraternisation, on n'osait pas! Je me souviens toujours, il y avait un gendarme de l'armée, en civil, il disait: ‹Vous ferez attention, c'est des voleurs, ces Polonais! Et puis, ils vont aux jeunes filles, faut faire attention!› Et puis, ils buvaient beaucoup! Mais, on n'a pas eu de grands problèmes avec eux, à part ça; ils étaient gentils!»
Franz Robert Koechli, interviewé le 11 novembre 1999, par S. Tendon, à Delémont

L'alcoolisme que l'on appelle alors la *Schnapspest* revient dans plusieurs témoignages.

«L'historiographie et la mémoire collective ont souvent souligné les problèmes d'alcoolisme qui sévissaient dans ces camps, attribuant en partie ce fléau qui touchait tous les internés militaires, y compris les officiers, à des habitudes culturelles ou au temps libre dont ceux-ci disposaient.»
Claude Hauser, *Les réfugiés aux frontières jurassiennes (1940-1945): accueil et refoulement-internement*, Von Känel Editeurs, Saint-Imier, 1999; p. 88.

Moins négatifs, la majorité des témoins vantent la qualité, l'ardeur et l'opiniâtreté des internés polonais. Si quelques rares critiques égratignent les mineurs qui piochent – soi-disant – plus de cailloux que de charbon, elles sont rares. En fait, la popularité des Polonais inquiète les autorités qui tentent de contrôler leur séjour et de limiter leurs contacts avec les Suisses – et surtout les Suissesses. Pour Ferdinand Dufour, jeune cadre du Département politique fédéral, la sympathie a une valeur politique.

«Il fallait éviter qu'il y ait trop de contacts avec la population locale. En fait, ils en avaient! C'était par souci de neutralité ou pour ne pas avoir des ennuis avec l'Allemagne… Il y avait une certaine sympathie pour les internés polonais, alors le gouvernement préférait qu'on soit discret dans ce domaine. Les internés polonais n'étaient pas censés engager des liaisons sentimentales avec les Suissesses.»
Ferdinand Dufour, interviewé le 7 août 2000, par F. Regard et L. Neury, à Lonay

Malgré cette méfiance venue plutôt du haut et des hommes, une sociabilité nouvelle se développe dans les villages qui intègrent les internés à leurs distractions. Bons souvenirs, les bals ou les fêtes sont mentionnés autant par les jeunes filles de l'époque que par les protagonistes eux-mêmes. Parfois, des rixes sont provoquées par les jeunes mobilisés rentrés en permission qui retrouvent leur fiancée en train de danser avec un Polonais. Mobilisé en Argovie, à l'automne 1943, Ernest Jomini est dépêché dans les bals, afin d'empêcher ces écarts de conduite.

> «Quand nous étions à Liniken, on a appris qu'il y avait un bal dans le village voisin. Le premier-lieutenant Duruz a décidé d'aller faire faire un contrôle parce qu'il était interdit aux Polonais de danser. Je pense pour éviter qu'il y ait des contacts entre les Suissesses et les Polonais et éviter de trop nombreuses naissances. Enfin, bref, c'était le règlement des officiers qu'on avait reçu pour la surveillance des camps. Ils devaient surveiller les Polonais et les empêcher d'aller dans les bals publics. Alors, un dimanche après-midi, il m'appelle avec un camarade plus âgé, il me dit: ‹Vous allez prendre les vélos et aller au village voisin de trois kilomètres. Il y a un bal, vous allez contrôler s'il n'y a pas de Polonais qui dansent.› On est arrivés à cette salle du bistrot, avec les fusils en bandoulière, casques… On arrive là-dedans, c'était bourré et il y avait des dizaines de Polonais qui dansaient, bien entendu! Alors, hein, qu'est-ce qu'on pouvait faire? On était deux, on avait beau avoir des cartouches et de la munition! On est rentrés à notre cantonnement, on a fait rapport. Et le premier-lieutenant Duruz: ‹Oh, on va mobiliser toute la section, on va intervenir, aller là-bas.› Puis le sergent Jacottet a dit: ‹Ecoute, Duruz, faut pas faire du zèle, qu'est-ce que tu veux te mêler de ça! Faut laisser ces gens danser!› Il a pas fait son devoir, mais enfin, je crois que c'était raisonnable!»
> *Ernest Jomini, interviewé le 26 mai 2000, par L. Neury, à Lausanne*

Dans la majorité des entretiens, les Polonais sont cités en références. Les autres internés, notamment les Français, jugés misérables et indisciplinés, ne souffrent pas la comparaison.

Les internés belges

En juin 1940, plus de 600 soldats belges suivent le 45e corps d'armée et la 2e division polonaise. Ils ne sont rapatriés qu'en juin 1941.

Arrivés en même temps, les internés belges sont parfois mélangés aux Polonais. Selon plusieurs témoins, ils travaillent ensemble au remaniement parcellaire, près des Verrières. Nous avons l'impression qu'ils se sont bien intégrés dans la population locale. Toutefois, leur manque d'ardeur heurte, parfois, certains témoins qui les traitent de fainéants.

Aux Verrières, les contacts avec les villageois s'effectuent également lors des cours organisés par le médecin, à destination des samaritaines et des internés. Ils apprennent à faire des pansements, des piqûres ou des brancards. Quelquefois, des rencontres restent sans lendemain après le départ des internés. Parfois, ces derniers se souviennent de leurs amours de guerre.

> «Elle était samaritaine, ma sœur à ce moment-là. Il est revenu la chercher après la guerre, on était sûr qu'il n'allait pas revenir! Ma mère était contente parce qu'elle avait sa fille qui n'était pas mariée. Elle était âgée, ma sœur, puis elle a dit: ‹Le petit Belge, il va pas revenir!› Mais vous savez, il voyait cette fille porter le lait à la laiterie, il avait demandé aux autres: ‹Mais qui c'est cette fille qui est toujours toute seule? Elle a l'air sérieuse!› Il était malin, il était venu chez ma maman, il a dit à ma sœur: ‹J'ai appris que vous êtes couturière, est-ce que vous ne pourriez pas me réparer telle ou telle chose?› Il a commencé comme ça! Puis, ma mère a dit: ‹Il va pas revenir, il est parti en Belgique, on ne risque plus rien.› Mais non, il est revenu la chercher!»
> *Germaine Garin, interviewée le 10 novembre 1999, par F. Regard, aux Verrières*

Les soldats italiens

Après la capitulation italienne, le 7 septembre 1943, des soldats coupés de leur état-major tentent de pénétrer en Suisse. Deux cents arrivent à Moillesulaz avec armes, bagages et véhicules. Une trentaine se présentent à Veyrier, une vingtaine à Perly, deux cents à Certoux. Rejoints par des civils, les militaires sont majoritairement dirigés vers des camps de travail et relativement bien perçus.

Tous les témoins mentionnent les internés italiens de façon plutôt allusive. Ceux qui ont pu les voir, en 1943, se souviennent de leur aspect physique, de leurs vêtements, mais surtout de la plume plantée sur leur chapeau. Au moment où l'Allemagne envahit la zone libre, les troupes italiennes craignent d'être envoyées sur le front russe et fuient en Suisse. A Moillesulaz (GE), les époux Meynet se lèvent en pleine nuit pour les voir passer sur la route. Selon Gilbert May, qui n'est pas présent, ces militaires de l'Axe se font conspuer par les Suisses amassés le long du convoi. Du moins, il l'a entendu dire!

Assez rapidement, les Italiens sont affectés à des travaux d'intérêt collectif, notamment dans le cadre du Plan Wahlen. Généralement, les paysans les considèrent comme de bons travailleurs.

Madeleine Cressier mentionne Giovanni, un réfugié italien, qui fait tourner l'exploitation agricole en l'absence de son beau-père mobilisé. En effet, les internés sont fréquemment réclamés dans les fermes pour aider aux travaux quotidiens et s'intègrent sans difficulté, en raison de leur côté «latin». Les Italiens habitent soit en camp, soit au sein de familles. Parfois, des liens amicaux perdurent au-delà de la Mob. Certains ex-Alpini sont même revenus travailler après 1945. Pierre Cuenoud a retrouvé en poste diplomatique un Italien avec qui il a étudié à l'Université de Neuchâtel.

Les soldats allemands

A la mi-1944, lorsque les Américains et les Forces françaises de l'Intérieur (FFI) libèrent la France, de nombreux militaires allemands tentent de se réfugier en Suisse. Le 30 août 1944, le Conseil fédéral décide que les Gestapistes et les Allgemeine SS doivent être refoulés comme indésirables alors que les Waffen SS sont traités en soldats. Les troupes allemandes posent de nombreux problèmes dès leur admission et sont étroitement surveillées.

Plusieurs témoins assistent à cette déroute ou en entendent parler par des connaissances ou la rumeur publique. Marcelle Lecomte rapporte le témoignage de son frère. Mobilisé dans la DCA, sur les bords du Rhin, il voit les gardes du camp de Buchenwald tenter de gagner la Suisse.

> «Ils ont vu des Allemands qui jetaient leurs armes, qui couraient et entraient en Suisse. Et les Suisses les ont repoussés et les ont obligés à repartir. Ils sont repartis, mais la mort dans l'âme!»
> *Marcelle Lecomte, interviewée le 28 avril 2000, par F. Regard et D. Pattaroni, à Bernex*

Défaite, cette armée arrive dans un piteux état. A Münchenstein, depuis un poste avancé des bords du Rhin, Gilbert May voit des soldats allemands internés par les membres de son bataillon. Arrivés au moment où l'armée française gagne le Rhin, ils franchissent la frontière au milieu des tirs d'artillerie: «Un vrai feu d'artifice!»

> «Les Allemands étaient exsangues! C'était une armée battue puisqu'ils remontaient vers l'Allemagne. J'ai eu l'occasion de voir deux, trois soldats qui étaient dans un état sanitaire! Des uniformes en loques! Des pneumonies, tout ce qu'on peut imaginer! C'était des troupes qui avaient combattu pendant cinq ans. Ils ont été cachés, emmenés à l'intérieur. On n'a même jamais su ce qu'ils sont devenus! Ce qu'on a su, c'est qu'ils ont été désinfectés, uniformes détruits, examens sanitaires de base, naturellement! C'était nécessaire pour pas qu'ils véhiculent des épidémies chez nous! La population ne réagissait pas!»
>
> *Gilbert May, interviewé le 3 mai 2000, par F. Regard et L. Neury, à Thônex*

Il nous semble possible de distinguer trois types de réactions face aux Allemands:

– Comme Gilbert May, Hélène Tourdot ne se souvient pas d'une réaction collective des habitants de Chavannes-de-Bogis à l'arrivée des Allemands désarmés. Aucun esprit de revanche, mais le soulagement de voir la fin des hostilités! Edmond Pidoux souligne que cette tolérance n'empêche pas d'avoir la haine des «Boches».

– Robert Carrel exprime un sentiment de pitié envers les soldats allemands entrés par La Forclaz: une compassion envers tous les soldats du monde quel que soit leur camp. Malgré un état de santé dramatique, ces derniers restent disciplinés et se mettent au garde-à-vous, même s'il leur manque un bras ou une jambe.

– Réfugié français, Jean-Philippe Charbonnier voit, en 1944, un groupe d'Allemands, à la gare de Lausanne. Ironique, alors qu'il a manqué travailler outre-Rhin, il constate un juste retour des choses: «Ils ne la ramenaient pas, ils étaient bien contents d'être là!» Pas d'agressivité, juste un désir de justice!

CONCLUSION

Les comparaisons entre réfugiés civils et internés militaires sont légion. La plupart des analogies tournent à l'avantage des soldats, considérés comme de «bons réfugiés». Pour quelles raisons? Nous nous limitons à suggérer quelques pistes:

– Pour les Mobards, il est plus facile de s'identifier aux réfugiés militaires. A la différence des réfugiés civils, ils arrivent en groupes homogènes, sont de sexe masculin, parlent souvent une langue connue et vivent selon des codes de conduite identiques. Pour les femmes, ils leur rappellent les hommes absents et comblent, parfois, l'attente du retour.

– En temps de guerre, le soldat et son uniforme sont magnifiés et valorisés par la propagande et les médias. Ces militaires sont reconnus comme victimes de guerre, leurs blessures et leurs médailles leur conférant un prestige supplémentaire. A contrario, les réfugiés civils représentent ce que les Suisses ont peur de devenir: des personnes ayant tout perdu et forcées de tout quitter. Ces êtres, une fois lavés et rasés, leur ressemblent. Si l'Allemagne envahit la Suisse, eux aussi devront peut-être prendre le chemin de l'exil!

– En général, les militaires ont un comportement proche de celui des civils suisses: goût de l'ordre et de la discipline, obéissance aux lois, reconnaissance de la hiérarchie, respect des supérieurs. Ils s'attirent la sympathie des Suisses chargés de les encadrer.

– Leur accueil étant réglementé par le droit international, les internés ne demandent rien si ce n'est l'application des conventions en vigueur. Entrant dans une catégorie légale, leur statut leur confère une légitimité. Mieux acceptés, ils développent des stratégies d'intégration et ne donnent pas l'impression de demander l'aumône. Les soldats se sentent moins humiliés, les Suisses moins sollicités.

– Les militaires internés en Suisse n'ont pas le même degré d'incertitude vis-à-vis du reste de leur famille que les réfugiés civils. La plupart du temps, leurs comportements ne sont pas liés à la survie, à l'angoisse ou à des traumatismes antérieurs. Leurs revendications et leurs actes sont compréhensibles pour l'ensemble de la population.

Finalement, la plupart des témoins utilisent la figure de l'interné comme un symbole de la tradition humanitaire helvétique. Au moins, le soldat ne se plaint pas! Ils sont fréquemment opposés aux réfugiés civils sur lesquels un jugement plus mitigé est porté.

«CES RÉFUGIÉS CIVILS!»

Quasiment tous les interviewés traitent, à un moment ou à un autre, du refuge civil: appréciations sur la politique suisse, sur l'attitude des autorités, sur les réfugiés eux-mêmes (principalement les juifs), relation d'une anecdote ou d'une expérience personnelles avec cette population. Quarante-huit réfugiés ont été interviewés en Suisse, en Belgique, en France ou en Israël: 5 Français (résistants et réfractaires au STO) et 43 juifs de différentes nationalités (Russes, Polonais, Belges, Français, apatrides, etc.). Comme pour les internés militaires, il est intéressant de confronter ces visions du monde, qui parfois se rencontrent mais souvent s'évitent. N'oublions pas que les auteurs travaillent sur des représentations qui sont toujours des reconstructions et doivent, dans la mesure du possible, être vérifiées. Certaines descriptions heurtent notre sensibilité d'aujourd'hui, elles ne peuvent pas être jugées avec les schémas actuels, même si on ne doit pas oublier qu'en 1942, certaines personnes ont refusé la raison d'Etat. Il faut les resituer dans l'esprit d'alors, dans le contexte d'une époque où la peur de «l'Autre» débouche, parfois, sur du racisme, de la xénophobie ou de l'antisémitisme.

Les Russes

Pendant la guerre, 3104 réfugiés civils de nationalité russe sont accueillis en Suisse. A partir de 1942, ils arrivent par vagues successives et sont internés dans des camps. Le comportement des Russes a surpris plus d'un témoin, y compris parmi les réfugiés qui les côtoient dans les camps. D'emblée, ils sont considérés comme différents et sont perçus avec méfiance. Cette divergence culturelle est mise en perspective autour de quatre thèmes clés: la violence et la force physique, la consommation excessive d'alcool, l'indiscipline et l'indécence des attitudes, une sexualité débridée. Les jugements de valeur sont expéditifs et généralisent des situations qui scandalisent les Suisses de l'époque. Laissons Nadine Barbezat nous raconter les péripéties des Russes internés à Saint-Cergue:

> «Aïe, aïe, aïe! les Russes, c'était terrible! Ils sont venus en couple, il y avait un groupe de femmes et un groupe d'hommes. Mais, alors ceux-là, quand vous parlez d'ivrognes, là c'était lamentable, parce qu'eux ne faisaient rien, ils ne les occupaient pas. Alors, ils buvaient et les bistrots, ils avaient plus rien à vendre au début. Ils ont même cassé; vous savez dans les gares, il y avait pas tout ce qu'il y a à présent, il y avait déjà l'eau de Cologne. Ils cassaient la vitre pour ramasser les petits flacons d'eau de Cologne pour boire. Et l'alcool à brûler! On avait un ami qui avait une grande épicerie. Il nous disait: ‹Mais j'ai dû en faire venir un stock.›
> »– Ils buvaient l'alcool à brûler?
> »– L'alcool à brûler, comme ça!

»– Et ils étaient pas malades?
»– Ben, faut croire que non! Ils étaient pas malades, car sur les bancs, vous voyez, c'était une station. Y avait pas mal de bancs à gauche à droite, ils ne regardaient pas avec ces dames à faire leurs petites histoires à n'importe quel moment du jour. Alors là, le syndic, il a eu à faire pour essayer de remettre ça à l'ordre!
»– Faire leurs petites histoires, qu'est-ce que ça veut dire?
»– Faire l'amour, voilà, tout simplement!
»– Sur les bancs, devant tout le monde?
»– Sur les bancs, ils s'occupaient pas, eux...»
Nadine Barbezat, interviewée le 23 mai 2001, par L. Neury, à Lausanne

L'alcoolisme est mentionné par plusieurs interviewés. Quelquefois, l'ébriété provoque des incidents graves (rixes, crimes, meurtres). De tels excès ont conforté les témoins suisses dans leur incompréhension de ce type de réfugiés. Un fait divers frappe la mémoire de Curt Weideli et renforce sa condamnation du comportement des Russes dans leur globalité.

«Il y a eu un mort! Il paraît qu'un Russe aurait cherché à essayer d'enlever une meule de fromage. Le garde suisse aurait donné l'avertissement: ‹Halte ou je tire.› On ne sait pas ce qui s'est passé, il a tiré et puis le soldat est mort! Les Russes, ils ne comprennent pas l'Europe, le Russe qui n'est pas sorti de son pays, il a vécu sous l'idéologie communiste. Ils ont une mentalité tellement différente. C'est difficile de faire comprendre un petit peu comment on doit se comporter. Ils sont abstraits et cruels tout de suite, ils battent les femmes et les enfants. Ils veulent avoir raison tout de suite. Ils font des choses que je ne pourrais pas faire. Quand ils ont bu, ils sont dangereux. Ils n'ont pas de limites! C'est tout de suite la bagarre! Nous avons de la peine à comprendre!»
Curt Weideli, interviewé le 17 novembre 1999, par F. Regard, à Aigle

S'il reconnaît leurs qualités physiques pour couper du bois, Georges Candaux renonce vite à faire appel aux services des réfugiés russes: ils lui coûtent de l'argent et surtout deux litres de vin par personne! Les fréquentant souvent, ce jeune homme est impressionné par la libido des travailleurs russes qu'il a engagés. Par des gestes éloquents, il suggère aux interviewers que ceux-ci faisaient l'amour sans cesse.

Ces perceptions et attitudes de rejet peuvent être interprétées comme une manifestation de l'anticommunisme qui règne dans certains milieux.

Les descriptions de réfugiés russes renvoient à l'image traditionnelle du Bolchevique: violent, ivrogne et pervers. La déshumanisation de ce type de réfugiés s'oppose notamment à l'image d'autres internés, tels que les Polonais. Les Suisses se représentent Russes et Polonais de manière simpliste: si les uns, bestiaux et impulsifs, pratiquent le coït violent, les autres passent d'abord par le baise-main et sont adeptes de l'amour courtois.

Les Français, frontaliers et résistants

En juin 1940, environ 12 000 frontaliers français se réfugient en Suisse, à la suite de la débâcle. Leur séjour est de courte durée, ils regagnent la France aussitôt l'Armistice du 25 juin signé. Ensuite, les Allemands bouclent rapidement la frontière empêchant toute nouvelle tentative de fuite. Les rapatriements se poursuivent jusqu'à la fin du mois d'août 1940. A partir de septembre 1944, les résistants et maquisards sont traités comme des militaires (AS, FFI, FTP); ils ne venaient d'ailleurs que pour un temps très court. A partir de la mi-1944, des frontaliers se réfugient en Suisse afin d'échapper aux combats entre Alliés, FFI et Allemands. Ils sont protégés par un statut spécial et ne restent que peu de temps sur sol helvétique. De 1939 à 1945, 66 549 frontaliers sont accueillis en Suisse.

Habitant à proximité de la frontière, certains témoins évoquent l'accueil occasionnel des Français. S'ils sont difficiles en temps de guerre, les liens frontaliers restent forts, qu'ils soient de nature religieuse, familiale ou économique. Des réseaux de solidarité s'instaurent spontanément même si ceux-ci doivent être illégaux (contrebande). Il arrive souvent que les Français en manque cruel de nourriture viennent profiter de certaines victuailles qui disparaissent de leur garde-manger.

> «Le tabac, il manquait. On avait la possibilité d'aller le chercher en Suisse. Je vais vous raconter comment cela se passait. Joseph avait un cheval qui était très méchant. Et quand ils allaient labourer, ils passaient en Suisse; ils travaillaient avec mon frère. Pour les gros labourages, il fallait quatre chevaux, deux fermes se mettaient ensemble. Quand il revenait de Suisse, il repliait les couvertures du cheval et ils passaient les paquets de tabac et la saccharine. Le cheval, il marchait

devant et eux ils marchaient derrière. Les douaniers n'allaient pas fouiller le cheval parce qu'il était méchant.»
Aimé Dujoux, interviewé le 20 décembre 1999, par F. Regard et L. Neury, à Veigy-Foncenex

Venant des maquis frontaliers, des résistants se cachent sur territoire helvétique pour un temps plus ou moins bref. S'ils n'ont pas le statut de réfugiés, ils sont considérés comme tels par les témoins.

«Les partisans et maquisards étaient-ils des soldats ou des civils, des combattants contre une armée étrangère protégés par la convention de 1907 ou des criminels de droit commun comme l'estimaient les autorités françaises et allemandes reconnues par la Suisse?»
André Lasserre, *Frontières et camps: le refuge en Suisse de 1933 à 1945*, Payot, Lausanne, 1995; p. 341.

Germaine Garin cite l'exemple d'un jeune résistant caché en Suisse dont la mère est condamnée à s'occuper du ménage des troupes d'occupation allemandes jusqu'à ce qu'il se rende et retourne chez lui. Grâce à ces contacts clandestins, les témoins suisses s'estiment bien informés de la vie des maquis et des exactions nazies en France. Lorsqu'ils viennent se ravitailler en nourriture ou en armes de l'autre côté de la frontière, les résistants discutent avec leurs fournisseurs.

«Ce que nous savions, c'était la Résistance française. Ça, nous les aidions! C'était des garçons, des jeunes types de Franche-Comté, 18-19 ans, qui venaient à Neuchâtel, à La Chaux-de-Fonds, au Locle, pour se ravitailler, acheter des munitions et du pain. On donnait des coups de main! Ceux-là venaient régulièrement! Ils se débrouillaient pour passer la frontière, c'était une frontière assez perméable.»
Paul Cuenoud, interviewé le 22 décembre 1999, par F. Regard, à Sion

Nos témoins les rejettent rarement car, malgré la frontière, ils se connaissent d'avant la guerre. Frontaliers suisses et français ont des références culturelles communes qu'ils ne partagent pas avec d'autres réfugiés. Il est rassurant de savoir qu'ils repartiront de l'autre côté et que leur séjour ne va pas durer. Parfois, ils passent la frontière seulement le temps de ressortir en zone sud, en direction de Genève. En outre, ces combattants de l'ombre sont magnifiés par l'imaginaire collectif: ne refusent-ils pas la défaite et le joug nazi? Ne prennent-ils pas des risques pour libérer leur pays? A l'âge de 12 ans, en 1944, le jeune Bouvier ne rêve pas de devenir général mais résistant! Certains ont franchi le pas: en juillet 1944, Jean Buhler s'engage dans les FFI et participe à la bataille de Pont-Royal. Enrôlé dans un maquis d'Abondance, Aimé Dujoux se souvient de ces recrues suisses:

> «Chez nous, là-haut, on avait cinq ou six Suisses qui étaient passés avec armes et bagages! C'était des gens courageux, c'était des bons tireurs parce qu'en Suisse, ils avaient une formation militaire que, nous, on n'avait pas eue! Donc, les Suisses, à la fin, surtout la population, nous ont beaucoup aidés!»
> *Aimé Dujoux, interviewé le 20 décembre 1999, par F. Regard et L. Neury, à Veigy-Foncenex*

Les réfractaires au STO

En France occupée, la mise en place de l'organisation Todt implique l'embauche forcée de main-d'œuvre. Les campagnes de recrutement commencent en été 1940, mais le nombre de travailleurs est rapidement jugé insuffisant par les autorités d'occupation. En mars 1942, Vichy et le Reich décident conjointement d'organiser «la relève». Ce système prévoit l'échange d'un prisonnier de guerre contre trois ouvriers spécialisés. A la fin 1942, 240 000 Français travaillent outre-Rhin. Afin d'augmenter ces effectifs, Vichy crée le STO, le 16 février 1943. D'une durée de deux ans, il touche tous les hommes nés entre 1920 et 1922. Refusant ce qu'ils considèrent comme du travail forcé, de nombreux réfractaires rejoignent les maquis ou tentent de s'enfuir en Suisse. Le 14 décembre 1942, le Conseil fédéral décide déjà de refouler les Français qui refusent «la relève» et se présentent aux frontières helvétiques. La directive de décembre 1942 est renforcée à la suite de la mise en place du STO.

Nous disposons de trois témoignages de réfractaires au STO qui tentent de passer en Suisse. Deux réussissent et sont accueillis (Jacky Fatton et Jean-Philippe Charbonnier), le troisième est immédiatement refoulé

(François Megevand). En 1943, ils franchissent la frontière séparant la Haute-Savoie du canton de Genève, au niveau de la ville d'Annemasse.

Très critique, François Megevand se sent trahi par la Suisse, pays qu'il perçoit comme patrie des droits de l'homme. En novembre 1942, il est mobilisé dans un chantier de jeunesse, «Jeunesse et Montagne», à Saint-Pierre-de-Rumilly. En avril 1943, il déserte car il est affecté au STO. Appartenant à la classe 22, de sexe masculin, il constitue une force de travail pour l'Allemagne en guerre. Considéré hors la loi, il est recherché par la gendarmerie. Un douanier de Bossey, M. Raphoz, l'aide à passer en Suisse, «sous les fils de fer barbelés». M. Megevand se déclare aux policiers de Pierre-Grand qui le transfèrent au camp des Cropettes. Trois jours plus tard, il est expulsé, la nuit, en plein couvre-feu. Le lendemain matin, la ferme familiale est cernée par les gendarmes à la recherche d'un terroriste. Sautant par la fenêtre, il échappe à l'arrestation, se procure une fausse carte d'identité, vit caché dans une maison voisine et rejoint l'AS.

> «Le troisième jour, ils nous ont dit: ‹Voilà, vous êtes refoulés.› Ils ont chargé un camion, on devait être quarante-sept. On n'était pas trop gais. Pas d'explications! Il y avait des pères de famille, des femmes avec des enfants qui pleuraient, des gens qui avaient payé des passeurs. On ne se connaissait pas! Ils nous ont emmenés à la frontière, à Ville-la-Grand, à Vallard. Y avait un douanier qui nous a dit: ‹Vous pouvez passer, il n'y a pas de patrouilles en ce moment.› Ils nous ont fait passer sur un petit pont et puis débrouillez-vous! Il nous ont dit surtout: ‹On a vos adresses, on vous avertit qu'il y aura des répressions si vous rentrez en Suisse.› Ce refoulement, ça m'a causé un choc nerveux, j'ai eu du psoriasis. Ça n'est jamais parti depuis!»
> *François Megevand, interviewé le 8 février 2001, par N. Fink, à Saint-Julien-en-Genevois*

En fait, la Confédération helvétique accueille peu de réfractaires au STO, les procédures d'expulsion étant suffisamment claires. Peu sont au courant, encore aujourd'hui, de ces pratiques d'époque. Pourtant, Jacky Fatton insiste sur la tradition humanitaire de la Suisse qui a protégé toute sa famille. Originaire de Lozère, il est convoqué au STO, avec son père, en 1943, en tant qu'ouvrier. Tous deux sont prévenus par un cousin, chef du personnel de l'usine où ils travaillent. Laissant derrière eux épouse et sœur, le père et le fils franchissent la frontière franco-suisse à Annemasse. Capturés par les gardes-frontière, ils sont acceptés car M. Fatton a un passeport suisse en poche et un frère habitant à

Genève. A Carouge, Jacky loge chez son oncle et fait de petits boulots avant de se lancer dans une carrière de footballeur professionnel. Après la guerre, il devient le symbole de l'intégration réussie d'un réfugié.

«Dans ma valise, j'avais juste ce qu'il fallait, des souliers de football, c'est tout! J'avais rien d'autre. Y avait des fils de fer barbelés et puis un ruisseau. C'était la frontière. On y a été au pif! Derrière, à Moillesulaz, il y a un chemin. On y allait tranquillement, moi avec mon sac et mes chaussures de football, mon père avec son sac. Et puis, tout à coup, on entend: ‹Eh, là-bas.› On se retourne. Deux messieurs en vélo, c'était des douaniers. Ils nous disent: ‹Qu'est-ce que vous faites là.› Et puis on leur dit: ‹Est-ce qu'on est bien en Suisse?› Ils nous ont dit: ‹Oui!› Ils nous ont emmenés dans leur bureau, à la douane de Moillesulaz et puis, ils nous ont interrogés un petit peu. Et ils nous ont mis dans une cellule parce que, pour eux, c'était l'heure de manger. Dans l'après-midi, une voiture est venue et nous a emmenés à Saint-Antoine, à la prison. Ils étaient très bien, très sympathiques! Ils ont pu téléphoner au frère de mon père, il est venu nous chercher à Saint-Antoine.»
Jacky Fatton, interviewé le 28 février 2001, par L. Nicolet et M. Reymond, à Genève

Les petits Français

Pendant toute la guerre, le Comité suisse d'aide aux enfants d'émigrés, la Croix-Rouge suisse – Secours aux enfants, fait venir, en collaboration avec les autorités, des convois organisés d'enfants. Leur séjour est de trois mois, le temps de se fortifier. Ils bénéficient de conditions d'entrée et d'accueil favorables. De 1939 à 1945, 59 785 enfants étrangers sont accueillis en Suisse, amenés par des transports organisés ou fuyant une région où sévit la guerre.

Plusieurs témoins se souviennent de l'action de ces comités d'assistance qui, à l'époque, est valorisée. Certains sont d'ailleurs actifs et donnent de leur temps pour aider les victimes du conflit. Tous ces volontaires sont membres de mouvements de jeunesse protestants, formés et prêts à s'engager auprès des défavorisés. Bénévole de la Croix-Rouge suisse – Secours aux enfants, Anne-Lise Wehrli-James est l'une d'entre eux.

«Pendant la guerre, il y avait des trains de petits Français qui arrivaient à Genève. Ils avaient eu une vie difficile, ils n'avaient pas

grand-chose à manger. La Croix-Rouge les faisait venir à Genève. Il y avait des trains qui venaient de France et qui arrivaient à 3 heures du matin. Je me revois traversant toute la ville, avec mon voile qui flottait. Et les voitures de gendarmes qui me faisaient des signes. Ce train arrivait, ces pauvres gosses étaient à moitié endormis et à moitié réveillés. C'était lamentable! Alors, on leur donnait à manger et on tâchait de les réconforter un petit peu. Il y en a beaucoup qui pleuraient quand même parce qu'ils n'étaient plus chez eux. Ils arrivaient dans une gare qui était obscure, il y avait le *black-out.* C'était vraiment pas gai pour eux! Quand on voit des enfants qui souffrent, on n'a pas à se poser de questions. On les prend par la main, on fait n'importe quoi!»
Anne-Lise Wehrli-James, interviewée le 16 août 2000, par F. Regard et L. Neury, à Chêne-Bougeries

Se sentant privilégiée, Alice Siegrist estime qu'il faut aider ces enfants: «C'était bien la moindre des choses qu'il fallait qu'on fasse.» La Suisse a été épargnée par la guerre, les Suisses ne peuvent rester impuissants face à la détresse de ces victimes innocentes. Pourtant, Mme Siegrist renonce à en prendre en pension car elle pense ne pas avoir suffisamment de coupons d'alimentation et de place à la maison.

Michelle, petite Française de Roubaix (coll. Cachemaille).

Beaucoup de ces enfants sont hébergés dans des familles. Les motivations des foyers d'accueil sont complexes: charité chrétienne et solidarité, reconnaissance/mauvaise conscience d'avoir échappé à la guerre, participation à la reconstruction (en 1944-1945), volonté d'aider le camp des vainqueurs. Tous les témoins mettent en avant cette assistance qui, selon eux, est emblématique de la tradition humanitaire de la Suisse. Aucun ne s'interroge sur la volonté politique de ne pas organiser le sauvetage massif des enfants juifs menacés d'extermination. Malgré l'insistance de certains organismes de secours, cette décision n'est jamais prise par les autorités fédérales.

Les réfugiés juifs

En janvier 1933, Hitler arrive au pouvoir en Allemagne. Dès avril, le pouvoir nazi instaure des lois sur le boycottage économique des juifs. Jusqu'en 1939, le départ des israélites est encouragé par le recours à la violence (ex: pogroms de la Nuit de Cristal), on parle même d'une émigration forcée à Madagascar. Contrairement aux projets d'Hitler, le départ des juifs allemands reste limité en partie à cause des politiques restrictives d'accueil des pays tiers (échec de la Conférence d'Evian, en juillet 1938). Entre 1933 et 1939, la Suisse ne fait pas exception. Les juifs y sont exclus du statut de réfugié politique; seules sont accueillies pour trois mois au maximum, les personnes ayant l'autorisation d'émigrer ailleurs. En septembre 1939, 10 000 réfugiés juifs résident en Suisse. Jusqu'au printemps 1942, peu de juifs sollicitent l'asile helvétique. En janvier 1942, la décision d'exterminer systématiquement les juifs est prise par les dignitaires nazis, lors de la Conférence de Wannsee. Dès lors, les grandes rafles et les déportations massives vers l'Est provoquent la fuite des israélites allemands, hollandais, belges et français. En août 1942, la frontière suisse est fermée afin d'endiguer ces flux, puis rouverte suite aux pressions de l'opinion publique. De 1942 à 1943, de nombreux refoulements sont pratiqués aux frontières conformément aux instructions successives du Département fédéral de justice et police. L'année 1944 se caractérise par un assouplissement de la pratique, même si les textes des 29 décembre 1942 et 26 juillet 1943 restent en vigueur. Le nombre de personnes cherchant asile reste considérable, car persécutions et déportations persistent en France, Hongrie, Roumanie et Yougoslavie. Il faut attendre juillet 1944 pour que les réfugiés juifs obtiennent le statut de réfugié politique. Au total, 28 000 réfugiés juifs sont accueillis en Suisse de 1939 à 1945.

La fuite vers la Suisse

Lorsque nous les interrogeons sur les motifs de leur départ, les témoins ont une réponse unanime: survivre! Si la prise de conscience du danger se fait progressivement, un événement soudain déclenche la fuite. Habitant Bruxelles, Max Rubin échappe à une rafle des Allemands, en juin 1942, dans le quartier de Saint-Gilles. Dans un réflexe de survie, il coupe la bâche d'un camion qui l'emporte vers un inconnu menaçant. Georges Rosenfeld décide de partir après avoir été interrogé et menacé par la Gestapo de Bruxelles. La vie est jugée impossible en raison des interdictions, des risques d'arrestation ou des manifestations d'antisémitisme. A l'époque, personne ne sait clairement ce que signifie la déportation vers l'Est. Tous sont convaincus qu'il faut éviter de tomber entre les mains des nazis même s'ils ignorent l'existence de la «Solution finale».

Elie Peeri, à Berlin, avant la guerre (coll. Peeri).

Pourquoi la Suisse? Les témoins insistent sur l'absence de choix: c'est «le seul pays sans Hitler» nous dit Esther Dagan-Frydman. La Suisse est décrite comme une contrée idéalisée où tous pensent être accueillis à bras ouverts, tradition humanitaire oblige! La plupart ont eu un contact préalable avec la Suisse: études dans une école privée, tourisme et excursions, vacances chez des parents. Moshe Spektor connaît bien Genève où il a des copains d'école avec qui il se baigne dans le Léman en été. Même ceux qui n'y sont jamais allés placent tous leurs espoirs en ce berceau de la Croix-Rouge et des droits de l'homme! Le pays de Heidi où il y a des montagnes, des vaches et du chocolat!

«La Suisse, c'était le sauvetage, il y avait plus de Gestapo! On s'est dit: ‹Bon, on va aller à Thonon, on verra comment ça se développe!› On va essayer de passer en Suisse. Aller jusqu'à Thonon, c'était dans l'idée que si vraiment tout allait mal et tout cassait, on essaierait de passer la frontière! On connaissait des gens! J'avais une de mes tantes qui était Suissesse d'origine, à Interlaken, dont la famille vivait à Interlaken et qui serait disposée à peut-être pas nous héberger, mais nous aider matériellement. Il y avait également, à Lausanne, quelqu'un avec qui nous étions apparentés, qui avait une pharmacie au Petit-Chêne et qui éventuellement pourrait aussi se porter garant et nous aider. On savait donc qu'il y avait une possibilité d'accueil et d'aide!»
Edith Guthmann, interviewée le 30 mars 2001, par L. Nicolet et M. Reymond, à Paris

En Suisse, les adultes espèrent manger à leur faim, vivre normalement, pouvoir retravailler, alors que les enfants et les adolescents rêvent de trouver des magasins de jouets et de reprendre leurs études. Le choix de la Suisse est parfois le fruit d'une rencontre opportune. A la suite d'un concours de circonstances, le frère de Sarah Fenigson invite, à Bruxelles, un jeune homme, membre de l'*Hashomer Hatzair* (un mouvement de jeunesse juif). Avant de leur voler toutes leurs cartes de rationnement, il leur laisse l'adresse d'un passeur et leur ouvre, par-là même, la voie de la fuite.

Toutes différentes, les trajectoires sont parfois surprenantes: nombreux allers-retours, étapes dans des lieux exposés, modifications incessantes des trajets initiaux. Souvent, les «fugitifs» précèdent l'avancée des troupes d'occupation nazies improvisant un itinéraire au gré des hasards, contacts et dangers. Habitant Milan, Berl Grosser, un juif italien, part en septembre 1943. Après une halte à Gênes, il est refoulé, retourne à

Milan en train, regagne une nouvelle fois Gênes et parvient finalement à rejoindre la Suisse.

La rencontre providentielle est récurrente dans nos témoignages; elle permet de surmonter un obstacle, de se retrouver ou de manger. Ces individus, rencontrés dans une gare, à un arrêt de bus, dans un hôtel ou dans la rue restent anonymes, la plupart de nos témoins en donnant une description vague.

Certains itinéraires sont organisés de manière individuelle, d'autres sont pris en charge par soit des mouvements sionistes (*Hashomer Hatzair, Gordona, Hatikva*), soit des groupes scouts (Eclaireurs israélites), soit des résistants, des comités d'entraide confessionnels (OSE, CIMADE, Amitié chrétienne). Sur les conseils de ces «professionnels», les «fugitifs» emportent peu de valises, quelques billets cousus dans une doublure, voire une carte des environs des frontières. Depuis Grenoble, Alfred Weinstein accompagne un couple âgé qui contacte et paie le passeur 10 000 francs. Habitant Annemasse, Moshe Spektor passe en Suisse grâce à l'intervention de la femme d'un douanier résistant, cliente du salon de coiffure de sa mère. Depuis Aix-les-Bains et Annemasse, Georges Loinger participe au réseau Garel qui sauve les enfants menacés d'extermination. Les jeunes juifs sont acheminés jusqu'à la frontière par des convoyeurs. Ces derniers sont recrutés parmi les EIF ou au MJS. Ils ont le sens des responsabilités, l'habitude de s'occuper d'enfants et aiment le risque. Dans un premier temps, M. Loinger passe les enfants lui-même, à proximité d'Annemasse. Conscient de son inexpérience, il décide de faire appel à des contrebandiers qui connaissent les lieux de passage et se taisent contre de l'argent.

Le passage de la frontière

Agissant la nuit, en silence et dans le secret, les réfugiés doivent se comporter comme des criminels qu'ils ne sont pas. La menace se matérialise par la présence des troupes d'occupation, des miliciens ou des gendarmes français et, parfois, des douaniers et des militaires suisses. Les lieux de passage sont souvent un endroit retiré (forêts, bosquets, montagnes, glaciers) et accidenté (ruisseau, fossé) où il y a moins de patrouilles italiennes puis allemandes, moins de barbelés, plus de cachettes. Certains improvisent eux-mêmes, d'autres s'en remettent à une ou plusieurs personnes qui prennent tout en charge. Le passage est différé au soir même, au lendemain matin ou aux jours suivants, le temps de le préparer. Il arrive que les «fugitifs» couchent une nuit dans un hôtel (au risque d'être dénoncés), dehors (dans le froid et l'obscurité), chez le passeur ou en un lieu plus ou moins sûr (église, cure).

La plupart des témoins se souviennent peu de leurs passeurs: oubli du nom (le plus souvent, ils ne l'ont jamais connu), de la morphologie ou des vêtements. L'instant est trop intense, les émotions trop fortes, la mémoire fait écran! Par exemple, Lucienne Skopek omet cet instant, elle ne se souvient que d'une transaction financière et d'un lieu avec un ruisseau: «Hermance». Les passeurs sont majoritairement des hommes, mais il arrive que des femmes s'impliquent. Leur rétribution varie de rien à des sommes astronomiques, atteignant 10 000 francs par personne. Le troc est utilisé lorsque les réfugiés n'ont plus d'argent. A son grand regret, Edith Guthmann laisse au passeur son vélo tout neuf avec lequel elle se déplace dans la ville de Thonon-les-Bains. Ironiquement, elle souligne que plus elle et sa famille s'approchent de la frontière, plus leurs sacs se vident!

«Nos bagages étaient devenus de plus en plus petits. En quittant La Baule, on avait la valise, en quittant Thonon, nous avions soit un rucksack sur le dos, soit une petite valise avec un minimum d'objets: brosse à dents, affaires de toilette et linge de rechange.»
Edith Guthmann, interviewée le 30 mars 2001, par L. Nicolet et M. Reymond, à Paris

Parfois, les passeurs sont de véritables gangsters qui extorquent aux réfugiés leurs maigres moyens. Cette image d'une mafia de contrebandiers est reprise par les autorités suisses qui appellent les militaires stationnés aux frontières à arrêter «ce trafic d'émigrants».

«Pour certains, le malheur des uns a été le gagne-pain des autres! On nous a dit d'aller à Annemasse, il y avait un café où se tenaient, là, tous les passeurs. Et alors, chacun faisait son prix! Le premier était trop cher, on a dit: ‹On ne peut pas.› On s'est adressé à un second. Mes parents ont dit: ‹Bon, il reste le manteau de fourrure de maman, on va le monnayer› Et c'est ce qu'on a fait avec le second monsieur qui était très gentil. Et alors l'autre, le premier, nous a coincés à la frontière puisque tout le monde pratiquait le même chemin. Si vous me donnez pas la moitié, je vous dénonce! Il s'est arrangé avec le passeur parce que le deuxième a monnayé le manteau. Toujours est-il qu'on a pu passer!»
Sarah Rotenberg, interviewée le 28 avril 2001, par L. Nicolet et M. Reymond, à La Chassotte

Selon nous, les perceptions du réfugié sont déterminées par l'âge, la condition sociale et familiale, l'appartenance à un mouvement de jeunesse, la pratique religieuse, le moment ou l'endroit du passage. Voici le témoignage d'une jeune Belge, Sarah Fenigson, fille de sourds-muets, qui part en Suisse accompagnée de son petit frère, en 1942.

> «J'étais un peu effrayée quand les deux hommes sont venus. Nous étions gosses donc et les deux personnes nous paraissaient immenses. J'ai eu peur quand j'ai vu ces deux hommes étrangers en qui j'aurais dû avoir fort confiance. Ils nous ont dit qu'ils partent dans le village et qu'ils vont entrer au bistrot, ils veulent boire quelque chose, que nous rentrons aussi. Alors, j'ai dit: ‹Non, nous vous attendons devant!› On a attendu, j'avais peur qu'ils sortent saouls, je ne savais pas. Et ils sont sortis, tout était en ordre. Nous avons marché! A l'entrée d'un bois, ils nous ont dit: ‹Il est impossible de marcher tous les quatre ensemble.› Là, ça a été très, très difficile pour moi de dire à mon frère qu'il aille avec ce monsieur-là et moi avec l'autre. L'homme qui était très costaud, il l'a pris sur le dos. Moi, je suis partie avec l'autre monsieur. Et ils nous ont dit: ‹Nous nous rencontrerons à un certain endroit et là nous nous quitterons. Et là, vous devrez simplement passer, il y a une guérite, avec des soldats, ce sont les Allemands, mais ils ne seront pas là. Vous courez vite, vous arrivez près de la frontière! La première maison que vous verrez, c'est la Suisse.› Quand nous nous sommes rejoints, un des deux hommes a demandé si nous avions de l'argent. Et ma maman m'avait laissé un petit sachet avec un peu d'argent. Pas beaucoup parce que nous n'en avions pas. J'ai dit: ‹J'ai un peu.› ‹Donnez-moi ce que vous avez.› Et alors là, nous avions très, très peur. Les feuilles étaient très sèches, on entendait chaque pas. On croyait que les Allemands allaient nous attraper. C'était la soirée! Il faisait déjà un peu sombre. Et nous sommes arrivés le long de la grille. Et la première maison que j'ai vue, j'ai poussé la porte et une dame m'a ouvert. J'ai demandé si c'était la Suisse. Elle a dit: ‹Oui, oui, oui› et nous sommes entrés!»
> *Sarah Fenigson, interviewée le 3 mars 2000, par F. Regard et L. Neury, à Tel-Aviv*

La question du danger couru par les passeurs et de leur motivation est soulevée par les témoignages de la dizaine de passeurs sollicités, qu'ils soient Suisses ou Français, hommes ou femmes, jeunes ou vieux. S'il existe des divergences au niveau de la connaissance du risque réel encouru, une inconscience commune semble les avoir conduits à agir.

Sur le plan des motivations, nous pouvons distinguer trois types d'interprétation:

– Sur un plan religieux: on n'avait pas le choix, ils avaient besoin de nous, on devait agir!

– Sur un plan politique et philosophique: on avait le choix – on pouvait agir (résister) ou ne pas agir (suivre la raison d'Etat)!

– Sur un plan personnel: on est jeune, on a le goût du risque, on veut être libre!

«Quand on est jeune, on fait n'importe quoi! On m'aurait demandé d'aller chercher, dans la caverne, un ours de Berne. J'serais allée en chercher un à condition que je puisse le ramener! C'était toujours faisable! Même pour passer des gens, on aurait un gars avec une jambe en bois, on l'aurait fait. On disait oui pour tout, parce qu'on voyait qu'on pouvait, on y arrivait! C'est parce qu'on a senti des gens qui allaient presque se faire tuer, ça compte! Ça a commencé comme ça!»
Victoria Cordier, interviewée le 6 mai 2001, par J. Veuve, à Chapelle-des-Bois

Les dix passeurs et passeuses sont conscients de pratiquer une activité dangereuse même s'ils ne savent pas exactement ce qu'ils risquent. Tous insistent sur l'illégalité des actes commis même si elle ne constitue pas un obstacle. Ancien paysan, Léon Balland habite toujours Saint-Cergues, en Haute-Savoie. Sa maison est située à proximité de la frontière, près de la colonie du «Secours aux enfants». A partir de 1942, il fait passer des enfants et des adultes juifs à la demande de la directrice, Mme Hommel. Lors de l'entretien, M. Balland est choqué par la question sur la motivation de ses actes. Cinquante ans plus tard, il s'emporte encore lorsqu'on met en doute la sincérité de son engagement d'alors.

«On pouvait pas avoir peur puisqu'on n'était au courant de rien! On lisait pas les journaux, on n'écoutait pas la radio! J'avais 19 ans, mon petit! On savait que la frontière, fallait pas la passer, c'est tout! Pourquoi je l'ai fait? Parce qu'on est venu me chercher! Pour moi, c'est normal. Si vous trouvez quelqu'un dans la cour qui s'est cassé la figure, vous passez à côté et vous dites rien? Vous allez le ramasser, hein! Les fils de fer étaient déjà écrasés, on savait qu'il y avait des gens qui y faisaient. Ceux qui y ont fait, ils se sont pas fait voir parce que ceux qui y ont fait, ils ont gagné de l'argent. Tandis que moi, j'ai rien gagné, j'ai pas gagné un franc! Moi, ils m'ont rien payé les juifs. J'ai fait ça bénévolement pour la Croix-Rouge!»
Léon Balland, interviewé le 8 février 2001, par N. Fink et M. A. Schüpfer, à Saint-Cergues

Ce sentiment d'évidence est partagé par Thérèse Lançon qui, avec l'aide de son père Joseph, aide plus de mille juifs de 1942 à 1944. Accueillis à La Planche, la ferme des Lançon, les réfugiés sont amenés à Crevy-Hermance. Joseph soulève les barbelés pendant que Thérèse aide les enfants et les vieillards à se faufiler dessous. Le risque est grand pour cette famille engagée contre le nazisme: en 1943, Thérèse est incarcérée plus d'un mois, au Pax d'Annemasse; en février 1944, Joseph est déporté à Auschwitz, Bergen-Belsen puis Hersbruck, où il meurt. Catholiques fervents, tous deux agissent par charité chrétienne.

Sur les dix passeurs, trois sont Suisses: Martin Fournier, Yvonne Estre-Quain, Anne-Marie Im Hof-Piguet. Douanier, paysanne et employée de la Croix-Rouge suisse, ils agissent tous en secret, craignant les représailles de leurs supérieurs ou des autorités helvétiques. A l'époque, il est interdit d'aider des réfugiés sous peine de poursuites pénales, d'emprisonnement ou de lourdes amendes. Deux sur les trois ont payé cher leur engagement. Yvonne Estre-Quain est incarcérée à la prison de Porrentruy et harcelée par ses voisins tout au long de la guerre. Elle leur en veut encore et ne mâche pas ses mots à leur encontre. Moins connu que Paul Grüninger et n'ayant jamais été réhabilité, Martin Fournier est contraint de quitter le service des douanes. Il perd, au moment où il en a le plus besoin, son unique source de revenus.

Malgré le dévouement de ces passeurs et l'acharnement des «fugitifs», certains réfugiés n'ont pas pu pénétrer sur le territoire suisse, capturés par les nazis ou refoulés par les Suisses. Leur sort a parfois été tragique, parfois plus heureux.

Le refoulement

La population

> «Lorsqu'on a le commandement d'une petite embarcation de sauvetage déjà lourdement chargée, ayant une faible capacité et pourvue d'une quantité limitée de vivres et que les milliers de victimes d'une catastrophe maritime appellent à l'aide, il faut savoir se donner l'air dur si on ne peut pas prendre tout le monde à bord.»
> *Edouard Von Steiger, Conseiller fédéral, chef du Département fédéral de justice et police, 30 août 1942, discours de l'assemblée de la Jeune Eglise, Zurich.*

Cette fameuse phrase est souvent citée et déformée par nos témoins, elle devient le symbole d'une politique d'asile restrictive face aux réfugiés juifs. Selon le point de vue adopté, elle sert soit à la justifier, soit à la condamner. La plupart des témoins suisses s'expriment sur les refoulements. Il nous semble possible de distinguer trois avis:

– «La barque n'était pas pleine mais la politique restrictive se comprenait!»

Pierre Scherler porte un jugement assez défavorable qui se retrouve dans peu de témoignages. Il dénigre ce qu'il juge comme un alignement sur la politique hitlérienne alors que, pour lui, la Suisse et les Suisses n'étaient pas antisémites. Selon Roger Schwarz, la barque n'est pas pleine, de 1942 à 1945. Il avoue même avoir douté, à l'époque, de l'action de Von Steiger, qu'il justifie tout de même comme étant un signe d'inquiétude face à l'Allemagne. Malgré tout, il estime que son pays aurait dû en faire plus. Enfin, il est intéressant que Jean Buhler attribue l'expression *Das Boot ist voll* à Heinrich Rothmund, ce dernier devenant l'emblème de la politique restrictive d'accueil. Selon M. Buhler, la phrase est inconvenante et représente un «réflexe de hérisson», tradition helvétique depuis la fondation originelle de la Confédération. En août 1942, il y a très peu de réfugiés en Suisse; donc, il reste de la place à bord de l'embarcation. Jean Buhler va plus loin en supposant l'instrumentalisation de l'antisémitisme au profit de l'extrême droite.

– «La population ignorait tout des refoulements, le gouvernement s'est débrouillé comme il pouvait!»

Selon Gilbert de Montmollin, la population n'est pas massivement informée des refoulements pratiqués aux frontières. Dès lors, il s'avère impossible de porter un jugement partial. «Sûrement que la barque n'était pas pleine!», concède Paul-Henri Glardon «mais quoi qu'il en soit les autorités ont fait pour le mieux!»

> «On a fait une montagne de déshonneur de la phrase célèbre ‹la barque est pleine›. Ceux qui n'étaient pas nés en 1940 ne peuvent pas ressentir le climat dans lequel nous avons vécu ces années de mobilisation. S'il est vrai qu'il y avait encore de la place en Suisse matériellement, il y eut des périodes où psychologiquement, pour la majorité de la population, c'était plein. Que ceux qui doutent ou condamnent aillent vivre six mois complets dans les HLM d'une grande cité... Vous connaissez le poète qui a écrit: ‹Un seul être vous manque et tout est dépeuplé.› Matériellement, c'est faux, mais sentimentalement, c'est vrai. On pourrait retourner la phrase: ‹Un seul

être de trop, tout paraît déborder.› Dans étranger, il y a étrange et dérange.»
Lettre de Paul-Henri Glardon, envoyée le 31 janvier 2001 à Archimob

– «La barque était pleine, les refoulements étaient indispensables!»
La majorité des témoins justifient et approuvent cette politique restrictive en raison des conditions géostratégiques de l'époque. Encore maintenant, après avoir appris ce qu'ils ignoraient alors, ils soutiennent leurs dirigeants d'alors. France Christoff-Secretan reprend le thème de l'enjuivement:

«Ce n'était pas apprécié, mais on comprenait pourquoi il l'avait dit, parce qu'il fallait que les juifs de l'étranger qui se précipitaient à nos frontières, ils venaient en bandes! Il fallait qu'ils comprennent que toute chose avait des limites et que le passage était fermé une fois pour toutes!»
France Christoff-Secretan, interviewée le 29 juin 2000, par F. Regard et L. Neury, à Lausanne

Henriette Ducret assimile ce danger à un risque d'invasion, voire à une subversion par une hypothétique Cinquième colonne.

«La barque est pleine, je l'ai entendue! Oui, j'étais pas choquée, mais la barque est pleine, oui, il y en a marre! J'avais toujours peur que parmi ces réfugiés, il y ait des traîtres et c'est ça qui nous faisait peur. On nous mettait tellement en garde contre la Cinquième colonne, fallait se taire, fallait jamais parler. Bon, quand on nous a dit, la barque est pleine, on n'en peut plus! La situation était bien plus dramatique parce qu'on était en danger d'être envahi. Il faut pas rêver. Je crois que la population était pas chaude, chaude, chaude, plus mentalement, moralement que financièrement. Je crois comprendre que nous avons, nous, une mentalité, un état d'esprit, une culture qui a traversé les siècles, qui est très spéciale, qui est tout à fait unique au monde. Quelqu'un qui vient ne peut pas adopter notre culture comme ça, d'un jour à l'autre et, en temps de guerre, c'est fragile. Moralement, je me croyais patriote de pas permettre qu'il y ait trop de gens qui n'avaient pas notre culture, qui n'avaient pas nos intérêts, qui allaient peut-être faire leur beurre, en nous vendant.»
Henriette Ducret, interviewée le 13 mai 2000, par F. Regard et L. Neury, à Lausanne

Les exécutants

Si certains appliquent les consignes et obéissent aux ordres, d'autres enfreignent les règles et refusent la raison d'Etat. Les reproches portés actuellement contre les hommes stationnés aux frontières les touchent de manière différente mais les décontenancent tous. Etant donné les polémiques actuelles, il nous a été difficile de faire parler les douaniers, soldats ou gardes-frontière. Un officier habitant dans l'Ajoie a notamment annulé plusieurs fois le rendez-vous fixé, car il hésite encore à s'exprimer sur ce sujet. Il concède avoir pratiqué des refoulements, mais insiste sur l'aide qu'il a apportée à quelques réfugiés. Nous avons choisi de vous présenter trois témoignages de personnes chargées d'appliquer les consignes de refoulement: un militaire et deux douaniers.

Historien ayant vécu cette période, Georges-André Chevallaz part de son expérience personnelle pour tenter de communiquer l'ambiance du moment. Mobilisé dans la région de Chêne-Bourg, en 1943, il est chargé de garder la frontière et d'empêcher les passages de réfugiés. A notre question sur l'existence de refoulements, il répond:

> «Il n'y en a pas eu beaucoup, il y en a eu trop! C'était en 1943! L'année de la chute de Mussolini. Mais, cela ne travaillait pas la population ni l'armée, on ne savait pas. Les cas de refoulements n'étaient pas connus de la population. La mesure d'interdiction d'entrer en soi avait sa justification car, à cette époque, en 42-43, quand la répression contre les juifs était la plus forte, la situation dans laquelle nous étions, nous étions le seul pays qui put servir de refuge de toute la zone contrôlée par les Allemands, depuis la France, l'Espagne jusque dans l'est de l'Europe. Il n'y avait pas de refuge possible, c'était le seul endroit où on aurait pu avoir l'espoir de se réfugier; il eût été impensable et impossible que la Suisse accueille les centaines de milliers de réfugiés qui auraient pu avoir droit à l'accueil. Situation impossible au point de vue ravitaillement, au point de vue politique car l'Allemagne n'aurait pas toléré d'avoir ce noyau israélite au milieu et elle aurait pris des sanctions contre nous. Ouvrir nos frontières toutes grandes, c'eût été impossible!»
>
> *Georges-Henri Chevallaz, interviewé le 6 octobre 1998, par F. Gonseth, à Epalinges*

Valaisan, Paul Curdy, instituteur, fils et petit-fils d'instituteur, a été habitué à obéir aux ordres et à respecter l'autorité. Tout à coup, sans que nous lui posions la question, il dit:

> «On a été envoyé à Genève, avec mon régiment d'élite, en 1942, pour renforcer les gardes-frontière. Ils surveillaient le réseau de barbelés et n'arrivaient pas à couvrir tout le réseau de barbelés. J'avais des soldats qui étaient disséminés tout le long, montaient la garde jour et nuit. Et puis, on avait vraiment la conviction que notre rôle, c'était surtout que personne ne passe et ne puisse entrer. Et une fois, il y avait un trou dans les barbelés et quelques personnes sont entrées par le trou. La sentinelle a arrêté une dame avec deux grands enfants. L'homme qui les a arrêtés, mon canonnier, était persuadé qu'il avait fait une action d'éclat, qu'il avait sauvé un bout de la Suisse parce qu'il avait rempli la tâche qu'on lui avait donnée. Personne ne devait rentrer! Alors il a conduit ces gens au bureau du bataillon où ils ont été interrogés. Et cet homme tout fier d'avoir réussi parce qu'il se passait pas grand-chose. Il était là pour ça. C'est pas son rôle d'aller savoir s'ils sont noirs ou blancs, chrétiens ou juifs. Il arrête et puis c'est tout! Et alors ces gens qui ont fait ça, on peut pas les condamner, on peut pas dire que c'était un scandale. La politique du gouvernement, c'est un point d'interrogation qu'on ne s'est jamais posé. On faisait tout simplement ce qu'on nous disait de faire!»
> *Paul Curdy, interviewé le 22 décembre 1999, par F. Regard, à Sion*

L'envers du décor se situe tout autant dans une perspective de justification! Même aujourd'hui où le politiquement correct change, avoir refusé d'obéir aux ordres et de refouler n'est pas facile à assumer. Il est difficile de faire parler des individus ayant refusé de procéder aux refoulements comme s'ils craignent encore maintenant d'être inquiétés.

Douanier valaisan, issu d'une famille très modeste, Martin Fournier décide de dire non à la raison d'Etat. Pendant quatre ans, il est en poste en montagne, sur le glacier de Théodule situé à plus de 3000 mètres d'altitude, près de Zermatt, à la frontière entre l'Italie et la Suisse. Il voit fréquemment arriver des femmes juives seules, épuisées et désespérées. Après que ses collègues les ont refoulées, il entend les coups de feu des mitraillettes allemandes. Son sang ne fait qu'un tour! Sans hésitation, il prend le bras de ces femmes et les conduit dans la vallée, plus à l'intérieur des terres.

> «Tous ceux qui avaient le passeport avec le sceau juif dessus, on devait les refouler. Les Allemands contrôlaient le bas du téléphérique, les Italiens avaient créé une station intermédiaire pour aller à la frontière suisse. La Confédération avait décrété, à un moment donné, qu'à partir de cinq kilomètres à l'intérieur du pays, on n'avait plus le

droit de refouler. Parce qu'ils avaient estimé que celui qui avait fait cinq kilomètres à l'intérieur de la Suisse, s'il ressortait il allait dire: ‹On a vu telle et telle chose, on a vu l'armée, les soldats.› A partir de cinq kilomètres on ne devait plus refouler. Quand elles arrivaient là-haut, les femmes, moi, j'étais en uniforme, je prenais cette femme par le bras et l'amenais en bas au-delà des cinq kilomètres. Elles arrivaient par le téléphérique; on avait notre cabane de douane ici, et le téléphérique là. Elles venaient à notre douane pour essayer de passer. Et puis, moi, à ce moment-là, je leur donnais le bras et je les descendais jusqu'à la cabane, sinon elles allaient être refoulées. Là, on n'avait plus le droit de les refouler. Ce qui m'a fait que j'ai fait ce que j'ai fait! C'est arrivé une fois ou deux que ceux qui étaient refoulés par les copains – c'était pas moi qui les refoulais – et puis tout à coup, on entendait ta ta ta ta!»
Martin Fournier, interviewé le 30 juin 2000, par F. Regard et L. Neury, à Sion

Cet ex-douanier valaisan a conscience d'avoir enfreint la loi et ne juge pas ses collègues qui, eux, ont obéi aux ordres:

«Ils ne sont pas antisémites! Il faut faire la différence; on était douaniers payés par la douane! Tu dois respecter les ordres; ils ne m'ont pas reproché d'aider les juifs, mais de ne pas obéir aux ordres! Eux, ils disaient: ‹Il faut respecter les ordres.› Moi, je disais: ‹Je respecte mes ordres intérieurs!»
Martin Fournier, interviewé le 30 juin 2000, par F. Regard et L. Neury, à Sion

Ce témoin ne semble pas au courant de la réalité des persécutions antijuives lorsque les déportations s'amplifient en Italie. Il pense que les hommes juifs sont déportés pour travailler dans des camps à l'Est et que les femmes risquent de mourir de faim. Selon lui, l'opinion publique suisse a changé de camp vis-à-vis de «la question juive» après la guerre. Il estime avoir anticipé «un peu» sur cette évolution.

Les victimes

Nous avons choisi de vous présenter deux exemples de refoulement, car le jugement porté par leurs victimes est assez différent. L'un est positif: le refoulement «gentil»; l'autre est plus négatif: le refoulement «violent». Ces douaniers ne remettent pas les réfugiés aux mains des autorités françaises ou d'occupation et les préviennent de la fréquence des patrouilles, de l'autre côté de la frontière.

Dans le premier cas, Eliahou Eilon a déjà été refoulé deux fois de Suisse. Après être rentré en Belgique, il tente son troisième passage. Ce Belge est alors âgé de 19 ans, il est accompagné d'un ami et de son père qui ne parle pas français. La scène se passe tout de suite après le deuxième refoulement, à Boncourt, en été 1942.

> «Nous sommes partis, mon ami et moi. Le premier Suisse qu'on a rencontré nous a dit: ‹Vous êtes réfugiés, vous!› ‹Mais oui, cela se voit.› ‹Pas d'histoire, je vous amène à souper.› Ce devait être déjà tard avec toutes ces aventures. Il a été le chef de gare de Buis, près de Porrentruy. Alors, donc, il nous a invités à manger et on avait faim! C'était vraiment très, très sympa; il nous a seulement demandé de dormir dans la grange. Il a dit: ‹Dès le matin, moi, je m'en vais, je suis seul à la gare, et voilà, vous aurez un ami à moi qui vous donnera un ticket de chemin de fer pour Porrentruy, alors bonne chance!› Il ne nous regardait plus. Comme s'il ne nous voyait pas, on ne le voyait pas. On a compris qu'il ne fallait pas faire d'histoires. On est arrivés à Porrentruy chez un des cousins Spira. Lui, il nous a donné des tickets de chemin de fer jusqu'à Berne. Tout allait bien, peut-être un peu trop bien! On est partis avec le train. On traverse le Jura, ces paysages suisses, ces vaches avec des cloches, c'est comme déjà du tourisme. Au moment où on est le plus épatés par le paysage, les viaducs, les prés bien verts avec les vaches, à ce moment-là, une sorte de soldat portant des insignes à coins orange, un soldat de la gendarmerie d'armée qui demandait très gentiment: ‹Vous êtes des réfugiés, est-ce que vous avez des papiers? A la deuxième station, je vous attends sur le quai, vous descendrez!› Et très gentiment, il nous a conduits à Bienne. De Bienne, il nous amène droit à la prison, et alors à la prison, il y avait d'autres gendarmes d'armée, ils ont dit: ‹Bonjour› et tout. Ils nous ont mis tous deux dans un cachot, et là-bas, on nous a dit: ‹Vous attendrez.› Jusqu'au soir, on a attendu; on nous a apporté une espèce de soupe avec de la viande dedans. On a mangé ça, le soir! Il y a le geôlier qui a dit: ‹Vous prenez toutes vos affaires avec vous. Là-bas, on vous attend gentiment dans la voiture.› On y est allés bien encadrés, dans la voiture. ‹On va vous refouler!› Et on nous a amenés à travers le Jura, avec un éclairage, les villes suisses éclairées la nuit, c'est ça qui m'a fait le plus d'effet. J'avais comme le sentiment que ce round-là il était raté et qu'il faudra en préparer un autre. Quand nous sommes sortis en France, les Allemands étaient en face de nous. Il y a eu un orage épouvantable, alors quand les Allemands ont voulu nous pour-

suivre avec leurs chiens, notre odeur a été dissoute dans l'ambiance de pluie, c'est ce qui nous a sauvés!»
Eliahou Eilon, interviewé le 2 mars 2000, par F. Regard et L. Neury, à Jérusalem

Le deuxième cas de refoulement concerne un frère et une sœur de nationalité belge. Elle est âgée de 15 ans, lui de 17, au moment où ils se présentent à Saint-Cergue. David Susskind vient d'une famille de juifs observants. Pour plus de sûreté, il dit s'être «aryénisé» physiquement avant de partir (cheveux, papillotes, vêtements).

«On s'est annoncé à la police, on nous a mis en prison. Malgré qu'il y avait une petite manifestation de Suisses qui criaient: ‹Vous êtes en Suisse, restez-y!› Mais nous, on n'a pas bien compris. La police a dit qu'il faut nous mettre pour la nuit en prison. Le matin, ils sont venus nous chercher et ils nous ont amenés à la frontière. On était sept personnes qu'ils ont remis à la frontière, à pied. C'était assez violent parce que les soldats avaient une baïonnette au canon. Ma sœur n'avait pas 15 ans et c'était contraire à la loi suisse. Elle a pas voulu rester si moi je restais pas! J'avais, par miracle, reçu une carte de la région du Jura que j'avais sur moi, j'avais la carte du Jura! Donc, on nous a montré la frontière. Il y a eu toutes sortes d'incidents parce qu'une bonne femme est tombée dans les pommes, on l'a emmenée à l'hôpital, elle a eu une attaque de cœur. Ça n'a rien servi, la gendarmerie suisse a continué à nous emmener vers la frontière. Et de la frontière, on nous a expulsés.»
David Susskind, interviewé le 24 août 2000, par F. Regard et L. Neury, à Bruxelles

Pouvons-nous affirmer que tous les réfugiés sont au courant des refoulements lorsqu'ils arrivent aux frontières? Certains les ignorent, d'autres entendent des rumeurs ou s'informent par des groupes résistants, des mouvements de jeunesse ou des connaissances elles-mêmes victimes d'un refoulement. Dans la presse européenne, des articles publiés à la demande de Berne dissuadent les éventuels candidats au refuge. L'idée de Rothmund est de fermer les frontières en août 1942 pour que les juifs sachent que la Suisse ne les accueille pas. Mieux vaut prévenir que refouler, tel semble être le raisonnement à l'époque. L'effet dissuasif de ces mesures n'est pas quantifiable, mais elles semblent avoir un impact sur la décision de tenter un passage ou de renoncer puis de se cacher sur place.

Les non-refoulables

Cinq de nos témoins bénéficient, à titres divers, de l'inscription sur une liste de non-refoulables. Ils ne le savent pas au moment du passage de la frontière, mais l'apprennent par la suite. Ils sont tous liés à des œuvres caritatives d'entraide, comme l'OSE, les Quakers ou la CIMADE. En 1944, au terme d'un passage dangereux, Fanny, la femme de Georges Loinger, est acceptée. Son mari, membre du réseau Garel, est proche de la direction de l'OSE. D'autres témoins sont inscrits sur ces listes grâce à l'intervention de personnes influentes et de politiciens de droite comme de gauche. En 1944, le père d'Adrien Kesselring permet notamment la venue de deux adultes juifs de Strasbourg, déjà refoulés une fois.

Les listes de non-refoulables sont établies dès l'automne 1942, par la Division de police, sur la base des renseignements fournis par les organisations de secours. Elles sont envoyées régulièrement aux postes frontière afin de protéger du refoulement une certaine catégorie de réfugiés.

«J'ai eu un non-refoulement, car j'étais pas en âge d'être admis en Suisse. J'avais un non-refoulement qui est dû aux amitiés que j'avais, qui ont pu l'obtenir. C'était par l'entremise d'un parti politique qui était pas communiste, dont ma fiancée connaissait un des patrons. Alors, ils m'ont obtenu un non-refoulement. C'était un parti politique international, le Parti socialiste, pour pas le dire! Je l'ignorais moi, je ne le savais pas! On m'a juste dit: ‹Je t'aurais un non-refoulement!› Alors quand ils m'ont pris, ils m'ont regardé, j'ai dit: ‹J'ai un non-refoulement.› Ils sont allés téléphoner; effectivement, il y avait un non-refoulement. Alors après, je lui ai demandé: ‹Comment tu as pu obtenir ça?› Ben, elle m'a dit: ‹Il y a celui-là et celui-là qui est un ponte de l'Internationale socialiste.› Sans doute qu'il avait des copains en Suisse aussi!»

Maurice Honigbaum, interviewé le 23 avril 2001, par L. Neury, à Nice

Le premier accueil

Une fois la frontière franchie, les réfugiés ne savent pas s'ils vont être accueillis ou rejetés. Nos témoins se perçoivent et sont perçus comme différents et facilement reconnus étrangers. Après y avoir essuyé quatre refoulements, Eliahou Eilon connaît bien la région de l'Ajoie, l'accent de ses habitants et leurs soucis quotidiens. Il essaie de se faire passer pour l'un d'eux en discutant avec le chauffeur de taxi qui l'amène à Zurich. Il maugrée, en particulier contre les passages à niveau, problème local. En 1942, Lucienne Skopek franchit la frontière près d'Hermance, accompagnée de ses parents et de son frère. Elle raconte leur arrivée à Genève:

> «Je peux vous dire, on n'avait pas l'air de Suisses! Habillés comme on était, on devait avoir l'air apeuré, c'était affreux! En pleine nuit, c'était après 11 heures, un vendredi soir. Bref, on devait monter dans le tram pour aller en ville. On avait des adresses à Genève, des amis que ma mère avait connus et à qui on devait s'adresser. Le fait est qu'il y avait absolument personne dans le tram. A une des stations, il y a un soldat suisse qui est monté. Il nous a regardés, c'était pas la peine de lui faire un dessin. Il s'est tout de suite rendu compte qu'on n'était pas du quartier! Ils nous a demandé ce qu'on faisait, d'où on était! Et, il a dit: ‹Bon, vous me suivez!› Et là, il nous a emmenés à Jussy. Je me vois dans cette station de police. Aux enfants, ils ont offert du lait chaud. Et que j'ai trouvé ça très, très gentil, j'avais probablement faim et soif et qu'ils nous ont fait dormir sur de la paille. Ce que j'ai appris plus tard, c'est qu'ils n'étaient pas du tout sûrs de nous laisser en Suisse. Ils devaient demander l'autorisation à Berne, de nous laisser en Suisse! C'était le 16 octobre 1942!»
> *Lucienne Skopek, interviewée le 19 février 2000, par F. Regard, à Veigy-Foncenex*

Très vite, les réfugiés se rendent aux autorités, que ce soit spontanément ou sur le conseil d'autochtones rencontrés en route. Lorsqu'ils se trouvent en contact avec des «officiels» – militaires, gendarmes ou douaniers – ils n'essaient pas de fuir et obtempèrent immédiatement aux instructions données. Alfred Hecht hésite à «casser la gueule» au douanier vociférant en Allemand, mais son ami d'infortune l'en dissuade sans trop de difficultés. La première impression est souvent un mouvement de recul en raison de la ressemblance entre les uniformes allemands et suisses et le fait que le «Halt» entendu sonne nazi. Puis, après tant d'efforts dépensés pour atteindre la terre d'asile, le réfugié ressent un immense soulagement.

Au poste, lorsque les gardes-frontière téléphonent à Berne pour obtenir des instructions, les réfugiés réalisent que, peut-être, ils sont refoulables. L'attente de la décision définitive peut durer plusieurs jours. Nos témoins décrivent, parfois, les tasses de chocolat ou de lait chaud, les tranches de pain avec du fromage comme des gestes inoubliables pour des «fugitifs». Le couchage sur la paille n'est pas ressenti comme infamant ou dégradant, mais comme un repos bienvenu après de longues heures de marche.

Lorsqu'ils n'ont pas de contact sur place, les réfugiés s'adressent aux institutions communautaires, rabbins ou familles juives susceptibles de les héberger. La première question que pose David Susskind lors de sa deuxième tentative de passage est: «Est-ce qu'il y a un juif qui habite ici?». Tous ne réagissent pas de la même manière aux ordres officiels donnés aux citoyens de signaler les arrivées de réfugiés. Certaines familles israélites se sentent plus libres d'héberger les réfugiés. Dans un premier temps, elles se renseignent sur les lieux d'acceptation potentiels, consultent des avocats pour défendre les intérêts des réfugiés ou leur offrent des billets de train. Habitant Porrentruy, la famille Spira est notamment mentionnée par plusieurs témoins.

Etant donné les difficultés d'hébergement, certains réfugiés sont placés dans des hôtels, des couvents ou des écoles publiques. D'autres sont incarcérés dans des prisons, ce qu'ils vivent mal. Tout de suite après son passage, Georges Rosenfeld se retrouve derrière les barreaux à Porrentruy et à Delémont. La privation de liberté renforce le sentiment d'une culpabilité chez ces innocents. Parfois, ils se révoltent contre les conditions d'incarcération, notamment lorsqu'ils sont mélangés avec des «droits communs». Par exemple, au moment de son emprisonnement, à la suite d'un interrogatoire pénible, David Susskind se demande ce qu'il a bien pu faire pour être traité comme un criminel.

Au contact de ces étrangers, les frontaliers ne réagissent pas de la même manière. Nous avons distingué trois attitudes perceptibles dans les propos des témoins interrogés:

– Certains ferment leurs portes aux juifs de crainte d'être dérangés ou agressés par des étrangers qui risquent d'être des espions ou pire encore. A l'époque, il existe une crainte entretenue et cultivée de la Cinquième colonne. Près de la frontière, les femmes seules connaissent cette angoisse, augmentée par l'obscurcissement. En l'absence de son mari mobilisé à Saint-Cergue, Nadine Barbezat craint ces visiteurs nocturnes.

> «C'était lugubre! Nous, on n'habitait pas très loin du village, à la lisière d'une forêt. J'avais une des filles de cette tante Lise, elle venait pour dormir avec moi parce que j'étais trop angoissée, nos fenêtres étaient à ras, il y avait une petite forêt derrière et c'était au moment

des juifs; qu'il y en a quelques-uns qui sont venus taper à leur porte, à des gens. Mais moi, heureusement, j'ai pas eu quelqu'un qui est venu taper à ma porte, alors ça allait!»
Nadine Barbezat, interviewée le 23 mai 2001, par L. Neury, à Lausanne

– D'autres, plus rares, accueillent chez eux ces réfugiés, le temps de réorganiser leur transfert ailleurs et de leur éviter d'être refoulés. Si elle devient après coup héroïque, cette bonne action n'exclut pas l'angoisse. Il faut du courage pour désobéir aux autorités et peut-être que, par moment, le risque encouru dépasse la griserie de l'aventure, celle du dépassement de l'interdit et bascule dans l'appréhension. Le témoignage de Marguerite Constantin nous apporte un éclairage sur les difficultés et des doutes soulevés par un acte de bravoure ainsi que de la complexité des réactions au sein d'une famille.

«C'était le Jeûne fédéral et, à l'époque, tout était fermé! Ce dimanche-là, on faisait une sortie. Il y avait un chalet d'alpage. Il y avait quelqu'un qui tournait autour. Maman a dit: ‹Ah, ça, ça, c'est des réfugiés!› Et puis papa: ‹Oh, mais tu crois?› Alors, ils ont polémiqué. Alors, on a été vers eux. Ils faisaient le tour du chalet. Ils nous fuyaient. Pour finir, on s'est quand même trouvé. Ils parlaient allemand et comme maman parlait allemand, c'est comme ça que le contact s'est fait. Alors, ils ont un petit peu raconté d'où ils venaient. Ils venaient depuis Amsterdam à pied! Alors on discutait, on allait pas les laisser. C'était l'époque où ils refoulaient tous les juifs. Alors, on leur a dit: ‹Vous allez nous suivre, mais pas trop près!› On avait un peu cette crainte d'être des collaborateurs! Ils nous suivaient à 200, 300, 400 mètres. Et puis, on les a laissés, là-derrière, dans la forêt de Malacrit. Et on a dit: ‹Ben maintenant, vous nous attendez jusqu'à la nuit.› Là-dessus, maman et moi, mon frère, on est descendus, on a fait le souper! On était apeurés, on était catastrophés, presque paralysés! Ils nous avaient raconté des choses qu'on ne croyait pas qui paraissaient tellement invraisemblables. Papa est allé les chercher, ils sont descendus. Ils ont soupé avec nous au chalet. Des pommes de terre de chambre, certainement du fromage, café au lait et puis des boîtes de corned-beef. Alors après quand on a su que c'était des juifs; les pommes de terre, ils les ont pas pelées. Nous, on était scandalisés, on regardait ça, on disait: ‹C'est pas possible.› On disait: ‹Faut les peler, les pommes de terre!› Quand on a su que c'était des juifs et qu'ils mangeaient du corned-beef. Nous, on savait que les juifs, ils étaient difficiles avec la viande! Quand on a faim, on mange n'importe quoi.

Ils ont couché ici. Ils voulaient partir pour Zurich parce qu'ils avaient des parents à Zurich.»

Marguerite Constantin-Marclay, interviewée le 10 mai 2000, par F. Regard et L. Neury, à Champéry

– La plupart des frontaliers se disent indifférents ou tout simplement ignorent ces passages. La population n'est pas sensibilisée à la question des réfugiés. Selon ces témoins, les journaux n'en parlent pas, la radio n'aborde pas ce problème que les autorités cachent, peut-être, aux simples citoyens. Ils mènent leur vie, avec leurs joies et leurs peines, avec leurs difficultés liées à une situation anormale. Comment peuvent-ils parler de personnes qu'ils n'ont pas rencontrées?

«Ça m'a échappé cette question civile des réfugiés, des juifs, comme ça! En étant près de la frontière, les passages comme ça! Vraiment, ça m'a échappé!

»– Et vous en entendiez pas parler?

»– J'étais pas dans le mouvement! Pas spécialement! J'étais occupé dans mes affaires!»

Emmanuel Meynet, interviewé le 19 janvier 2000, par F. Regard, à Chêne-Bougeries

Etre confronté à cette réalité ne suffit pas toujours à déclencher une action. L'anecdote d'une jeune femme habitant près de Genève, Marie Duret, le prouve.

«Je me rappelle ici, ce devait être à la fin de la guerre, parce que je me suis mariée, en 44. On se trouvait là, sur le quai du Foron, tout près du Foron, toujours près des barbelés. Il y avait des gens qui arrivaient avec des petits gosses, il y avait le douanier suisse qui était là, ne bougeait pas, ne bronchait pas, qui était devant eux. Ils auraient aimé passer mais la patrouille allemande est arrivée et elle les a embarqués. C'était une famille: le père, la mère et deux ou trois enfants...

»– Et vous, à l'époque, vous saviez ce qui allait leur arriver?

»– Oui, on se disait: ‹Dieu sait ce qu'ils vont en faire›. Je me rappelle bien qu'on était quand même anxieux de ce qu'ils allaient en faire mais qu'on sache qu'il y avait ces camps de destruction. On savait certainement qu'ils allaient être emprisonnés, sûrement, oui, je pense pas qu'on savait tout ce qui se passait dans les camps d'internement.»

Marie Duret-Bourgeois, interviewée le 17 mai 2000, par F. Regard et L. Neury, à La Villette

Qui savait quoi?

Toutes les sources le confirment: dès l'été 1942, les autorités sont informées de la politique d'extermination menée par Hitler. Qu'en est-il de la population et des personnes en poste aux frontières qui ont une certaine marge de manœuvre (ne pas pratiquer les refoulements dans les cas particulièrement douloureux)? De quel type d'informations disposent-ils pour prendre leur décision et agir? Que signifie savoir? Il ne faut pas oublier que la Shoah est un phénomène unique dans l'Histoire. En 1942, il n'y a aucun élément de comparaison pour se référer à un quelconque schéma interprétatif qui permette d'envisager, de réaliser ce qui est en train de se produire. A ce propos, les témoignages recueillis sont clairs:

> «Nous, nous habitions Satigny, et on nous a dit qu'il y avait des réfugiés qui sont passés à Chancy. On n'a jamais su l'histoire des juifs non plus. On n'a jamais su l'histoire des camps de concentration, jamais. Je l'ai appris quand les Américains sont arrivés et ont filmé. Eh bien, je n'ai pas dormi pendant huit jours. Ça a été l'horreur, mais l'horreur, ces cadavres qui sortaient des camps de concentration. On n'avait jamais vu ça de notre vie, on ne pouvait pas l'imaginer.»
> *Henriette Ducret, interviewée le 13 mai 2000, par F. Regard et L. Neury, à La Croix-de-Rozon*

N'oublions pas que l'acquisition de connaissances comporte plusieurs phases: obtenir l'information, la confronter à ce qu'on connaît pour la mettre dans des schémas de représentation nous permettant de la comprendre, la ranger dans des cases qui donnent un sens global à la réalité à partir duquel on va agir et réagir. Le problème de compréhension de la Shoah se pose en 1942 car les cases préalables n'existent pas. Donc, l'information est rejetée et classifiée sous les rubriques «bobard de guerre» ou «propagande» qui sont des catégories existantes, particulièrement sollicitées en temps de guerre. Face à la confirmation par des sources diversifiées et la preuve par l'image, la société doit se créer de nouvelles échelles de valeurs. Rappelons enfin qu'être au courant de la politique antijuive d'Hitler ne signifie pas forcément connaître la mise en place de la «Solution finale.»

La majorité des témoins affirment ignorer la réalité de la «Solution finale», la découvrir, pour la première fois, après 1945. Souvent, ils en comprennent l'ampleur bien après la guerre, que ce soit en assistant à des conférences, en s'informant dans les médias ou en rencontrant des survivants. En revanche, les témoins ayant occupé des postes stratégiques au niveau du SR ou Département politique possèdent, dès 1942, des informations précises à partir de contacts, de témoignages, de films et de photographies.

Philippe Mottu effectue de nombreux voyages à l'étranger pour le compte du Département politique. Il est notamment chargé de nouer des contacts avec des officiers de la Wehrmacht hostiles à la cause nazie. Lors d'un voyage vers la Finlande, il s'arrête à Berlin et, au cours d'une réception officielle, discute avec un militaire qui lui transmet des informations sur ce qui se passe à l'Est:

> «Oui, j'ai été au courant, mais quand j'ai été en 42, inofficiellement à Berlin, à la demande d'un de mes amis de la Résistance allemande, pour voir d'autres hommes de la Résistance, c'est la première fois que j'ai rencontré ces hommes et que j'ai entendu parler des camps de Pologne pour l'extermination des juifs. Avant ça, je n'étais pas du tout au courant. Il y a des tas de choses qu'on ne sait pas ou qu'on n'enregistre pas. Les gens ne se sont absolument pas rendu compte de ce qui se passait en Allemagne.
> »– A partir de quand est-ce que vous avez su ce qu'était la Shoah?
> »– C'est beaucoup plus tard! Cet officier de la Wehrmacht m'a parlé de ce qui se passait, c'était en novembre 42, mais d'après ce que je sais, je parle pour moi. A ce moment-là, quand il m'a parlé, c'était pas du tout la Shoah au sens de l'Holocauste. C'était beaucoup plus le fait qu'il y avait ces camps de concentration en Pologne. Il n'a pas du tout parlé de l'élimination systématique des juifs. Je ne sais pas du reste historiquement à quel moment cela a conféré. Ce qu'il m'a dit, c'était cette concentration des juifs en Pologne.
> »– Est-ce que vous en avez parlé, vous, en rentrant?
> »– J'en ai parlé avec Pilet, avec le Général, Allan Dulles.»
> *Philippe Mottu, interviewé le 22 septembre 2000, par F. Regard et L. Neury, à Lonay*

A partir du printemps 1942, Paul de Saugy dirige le bureau «Alliés» du Service de renseignements, à Genève. Lors d'une mission à Berne, à l'état-major, il se trouve confronté à des photographies classées secrètes.

> «En 42, à l'état-major, dans un rapport militaire à Berne, le colonel de garde a dit: ‹Il y a des choses sur cette table, regardez s'il y a quelque chose qui vous intéresse.› Il fallait avoir le cœur bien en place pour pouvoir supporter les photographies atroces de ce qui se passait

dans le ghetto de Varsovie! Des tas de cadavres sur des brouettes ou des charrettes et puis des gens dans un état comme on les a vus après dans les camps de concentration, des squelettes... Les Allemands avaient fermé le ghetto de Varsovie en 42, et rien n'entrait dans le ghetto, même pas la nourriture, rien à manger; ces gens-là mouraient de faim. J'ai dit: ‹Il faut les montrer ces photos!› ‹On ne peut pas.› Moi, mon colonel, il n'allait pas me dire pourquoi. Mais: ‹On ne peut pas montrer ça! Il y a des gens qui ignorent et puis ça a l'air grave.› D'emblée, j'ai dit que je ne pouvais pas être neutre parce que j'en savais trop. Parce que c'était pas possible de supporter ce genre de choses. On ne pouvait pas pardonner aux Allemands de faire des choses comme ça. Ce qu'on savait, c'était une histoire d'organisation des Allemands, ce qu'ils faisaient comme préparatifs militaires, tout ça, mais de voir des documents photographiques qui prouvaient la monstruosité des actions allemandes, c'est insupportable!»

Paul de Saugy, interviewé le 5 juin 2001, par F. Regard et L. Neury, à Genève

C'est l'époque où le Département politique reçoit, transmis par les légations suisses à l'étranger, des documents photographiques concernant les pogroms, les fusillades de masse et les camps. L'ensemble de ces informations fournit la base des rapports rédigés par les diplomates et les fonctionnaires du Département politique ou par le SR. Franz Rudolf Von Weiss, consul général de Suisse à Cologne signale, fin 1941, des départs de convois vers Minsk ou Riga. Dès 1941, René de Weck, ministre de Suisse à Bucarest, donne des détails sur le pogrom de Jassy, en Moldavie. Au cours du semestre 1943, des bulletins du gouvernement polonais en exil sont envoyés à Berne, par le ministre de Suisse à Ankara: les noms de Belzec, Sobibor, Treblinka, Auschwitz sont mentionnés. Le plus connu de ce type de documents est sans doute le rapport Jetzler (l'adjoint de Rothmund) qui affirme, fin juillet 1942, que les déportations inspirent une telle horreur que l'on peut comprendre les tentatives désespérées des juifs pour échapper à leur sort. Le SR, à travers des interrogatoires de déserteurs allemands internés en Suisse, accumule des informations précises sur les exécutions en masse des juifs. Au même moment, Gerhart Riegner informe le Congrès juif mondial et les consulats américain et anglais, à Genève, suite à de renseignements transmis par un industriel allemand. Très tôt, les missions médicales à l'Est confirment la gravité de la situation.

Comme le souligne Paul de Saugy, il fallait se taire. Jusqu'à l'été 1944, ces informations suscitent de l'embarras.

«Quant à l'opinion publique suisse, le Conseil fédéral n'a jamais songé, politique de neutralité oblige, à la sensibiliser à l'horreur de l'extermination des juifs à laquelle procédait l'Allemagne. Par le biais du contrôle de la presse, il a tenté, au contraire, d'en modérer l'indignation.»
Daniel Bourgeois, *Business helvétique et Troisième Reich: Milieux d'affaires, politique étrangère, antisémitisme,* Editions Pages Deux, Lausanne, 1998; p. 206.

Si la plupart des témoins ignorent la réalité de la «Solution finale» pendant la guerre, ils sont aussi surpris d'apprendre qu'il a existé des camps dans leur région. En effet, les réfugiés sont soit invisibles – «Cela ne se voit pas sur leur visage!» – soit trop visibles, comme le dit Jean Buhler. Certains sont libérés de camps lorsqu'ils ont de la famille pouvant payer une caution, leur entretien et se porter garant ou bien quand ils sont volontaires pour travailler comme domestiques ou commis agricoles dans une famille suisse. Souvent, ils décident de retourner en camp car les préoccupations quotidiennes des Suisses sont à mille lieues de leur traumatisme!

Les camps

Les camps d'accueil, de transit et de quarantaine

Situés près des frontières, ces camps de transit sont rudimentaires. Encadrés militairement, des lieux publics sont réquisitionnés pour faire face à l'urgence de la situation: écoles reconverties en centres d'hébergement (comme les Cropettes, à Genève), stade sur lequel des baraquements de bois sont dressés (comme Varembé, à Genève), etc. Le confort y est spartiate, l'équipement sommaire: paille pour dormir, sanitaires à l'extérieur, cantines. S'ils le font remarquer, nos témoins ne s'en plaignent pas, trop préoccupés qu'ils sont par leur sort futur. Après des visites médicale et sanitaire, ils subissent, sans en comprendre les véritables motifs, désinfection, interrogatoire et dactyloscopie. Ils restent inactifs quelques jours avant d'être transférés ailleurs. Souvent, ce désœuvrement est difficile à vivre. Au terme de ces examens, sont indiqués leur capacité à travailler et leur état global de santé. En fonction de ces données, les membres des familles sont séparés et chacun est envoyé de son côté, en camp de travail. Pour nos témoins, les interrogatoires sont vécus comme des moments pénibles mais obligés. La plupart du temps, les militaires suisses ne croient pas ce qu'affirment leurs interlocuteurs. Ils n'ont pas tout à fait tort puisque les réfugiés ne vont ni dénoncer leurs passeurs, ni mettre en danger la vie d'autres personnes en détaillant les filières de passage. Pour cette raison, il est difficile de se fier aux renseignements fournis par les procès-verbaux d'interrogatoires.

Jeune juive allemande, Rita Thalmann franchit la frontière le 9 septembre 1942, avec son frère. Elle nous raconte sa première expérience avec les camps suisses:

> «On nous a expédiés au stade de Varembé. A Varembé, il y avait des baraquements! On a passé une visite médicale. On a déclaré un peu n'importe quoi sur les questionnaires! Si on est venus seuls? Oui, on est venus seuls! On n'allait pas mettre en difficulté des gens qui nous ont aidés. On faisait le tour du stade comme des prisonniers. C'était militaire! On n'est pas restés longtemps!»
> *Rita Thalmann, interviewée le 20 février 2001, par N. Fink et M. A. Schüpfer, à Villars-sur-Ollon*

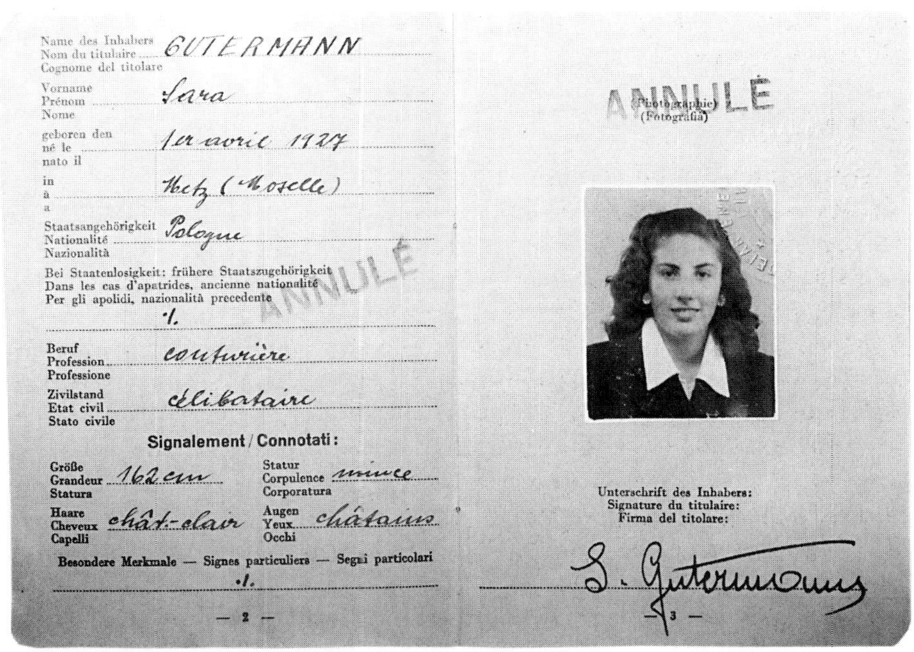

Name des Inhabers / Nom du titulaire / Cognome del titolare: GUTERMANN
Vorname / Prénom / Nome: Sara
geboren den / né le / nato il: 1er avril 1927
in / à / a: Metz (Moselle)
Staatsangehörigkeit / Nationalité / Nazionalità: Pologne
Bei Staatenlosigkeit: frühere Staatszugehörigkeit / Dans les cas d'apatrides, ancienne nationalité / Per gli apolidi, nazionalità precedente: ./.
Beruf / Profession / Professione: couturière
Zivilstand / Etat civil / Stato civile: célibataire

Signalement / Connotati:

Größe / Grandeur / Statura: 162 cm
Statur / Corpulence / Corporatura: mince
Haare / Cheveux / Capelli: chât-clair
Augen / Yeux / Occhi: châtains
Besondere Merkmale — Signes particuliers — Segni particolari: ./.

— 2 —

ANNULÉ

(Photographie) (Fotografia)

Unterschrift des Inhabers: / Signature du titulaire: / Firma del titolare:
S. Gutermann

— 3 —

Livret de réfugié de Sarah Gutermann (coll. Archimob).

Les types de camps

Disséminés dans tout le pays, les camps de travail sont destinés prioritairement aux hommes en âge et en état physique suffisants pour effectuer des tâches indispensables à l'économie de guerre. Que ce soit dans l'agriculture ou le génie civil, les réfugiés travaillent sous la direction d'un contremaître suisse et souvent d'un responsable d'équipe choisi par l'encadrement du camp parmi les réfugiés. Il existe également des camps de travail pour femmes où elles s'occupent de «raccommodage», de couture et de blanchisserie. Dans les homes pour familles, sont réunis des hommes, femmes et enfants qui n'appartiennent pas forcément à la même famille. Dans certains camps, les travaux physiques et manuels sont accompagnés d'un désir de formation théorique et pratique. Organisés à partir de 1944, cours et stages professionnels sont mis en place afin de préparer l'après-guerre.

Nous avons choisi de présenter deux camps: Büren et Davesco, qui représentent deux cas extrêmes. Les autres camps se trouvent quelque part entre ces deux réalités jugées emblématiques de la diversité des expériences vécues. En fonction de l'encadrement, l'ambiance qui règne dans les camps diffère. Un même camp peut être apprécié ou non selon la période à laquelle le réfugié s'y trouve. Plus de cinq témoins connaissent d'abord Büren puis Davesco, ce qui leur permet d'établir une comparaison. Pour eux, l'image de la Suisse, c'est à la fois l'enfer et le paradis, le jour et la nuit! Leur séjour helvétique reste marqué par cette dichotomie qui illustre la complexité des expériences de vie.

Büren: un ilot infernal

Six de nos témoins sont internés à Büren an der Aare, un camp situé entre Bienne et Soleure, dans une presqu'île entre les deux bras de l'Aar. En juillet 1940, Büren est créé pour accueillir la division polonaise internée en Suisse, au moment de la débâcle. Composé essentiellement de baraquements en bois, ce camp porte, à sa création, le nom de «camp de concentration», ensuite «camp des Polonais», puis «camp d'internement» et enfin «camp de masse». Lorsque les Polonais sont envoyés dans des camps de travail ou libérés, Büren reçoit d'autres réfugiés civils, notamment des juifs. L'endroit acquiert une sinistre renommée pour deux raisons:

– Son aspect physique et son emplacement géographique. Plus que rudimentaire, le camp est décrit comme un lieu humide, froid, marécageux et boueux.

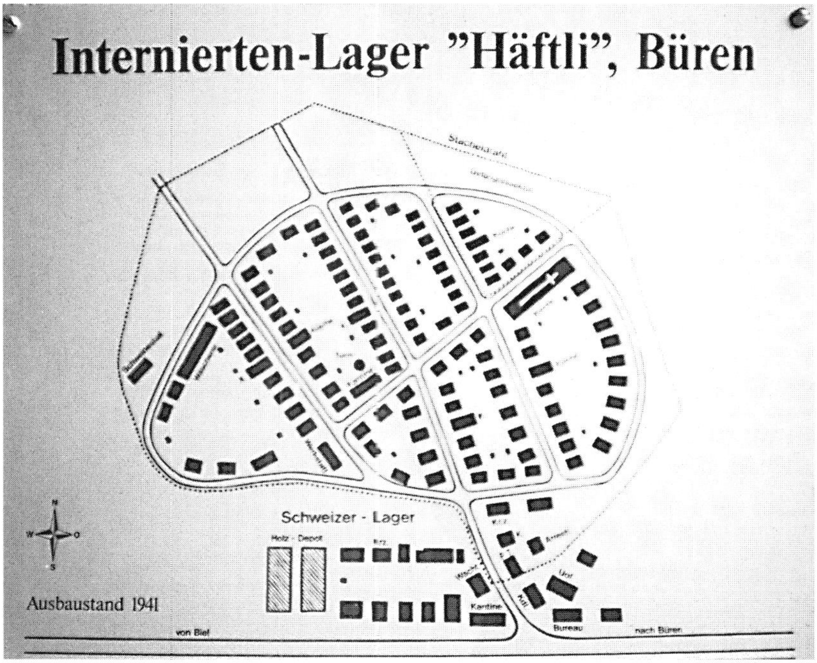

Plan du camp de Büren (coll. Regard).

Baraques du camp de Büren, en hiver (coll. Archimob).

«C'était un camp où il y avait peut-être mille réfugiés, il y avait beaucoup de baraques, on dormait sur des châlits et on passait notre temps à nous balader à l'intérieur du camp, sous surveillance militaire. Le camp de Büren n'était pas réjouissant, c'était des baraquements.»
Moshe Spektor, interviewé le 31 mars 2001, par L. Nicolet et M. Reymond, à Paris

– Le comportement de l'un de ses chefs de camp, condamné pénalement.

«J'ai été transféré à Büren, baraque n° 100. Le fameux camp où on a continué à avoir faim! Le capitaine Lindt! Ce Monsieur avait un élevage de cochons et il prélevait la nourriture destinée aux réfugiés pour alimenter ses cochons.»
Gaston Levy, interviewé le 9 avril 2000, par F. Regard et L. Neury, à Porrentruy

Le témoignage de Georges Rosenfeld illustre la vision idyllique de la Suisse, telle qu'elle existe chez les réfugiés avant la guerre. Le choc est d'autant plus grand face à cette triste réalité: la baraque de Büren n'a rien à voir avec le chalet de Heidi!

«J'ai été envoyé dans un grand camp d'accueil qui se trouvait à Büren. Cela contredisait toutes les impressions que j'avais de la Suisse; j'avais jamais été en Suisse! En fait, j'avais jamais quitté la Belgique avant! La Suisse, c'était les montagnes, les vaches, le chocolat, un pays idyllique! Et je rentre dans une plaine sombre, triste, comme le plat pays chez nous!»
Georges Rosenfeld, interviewé le 24 août 2000, par F. Regard et L. Neury, à Bruxelles

Venant d'un milieu assez favorisé, Gaston Levy a 19 ans lorsqu'il franchit la frontière genevoise. Il est immédiatement interné dans le camp des Charmilles avant d'être transféré à Büren. Peu préparé à ce qui l'attend, il souffre du fossé existant entre sa vie passée et celle de l'internement.

«C'est un camp dans lequel on ne travaillait pas. C'était au mois de novembre ou décembre. Il faisait froid, il y avait de la neige. Un jour, c'est probablement la seule fois de ma vie où j'ai volé. J'étais mobilisé, avec deux ou trois camarades, pour aller trier des légumes dans la cave du camp. Et puis en sortant, je me suis aperçu que le gardien qui nous surveillait avait fermé à clef et avait mis la clef au-dessus de la porte. Le soir, nous avons organisé une expédition pour aller cambrioler cette cave et voler des pommes de terre et des carottes, etc., que nous avons cuisinées sur le poêle de notre baraque. Après quoi dans ce camp, on était venu me solliciter pour aller cultiver un champ de pommes de terre voisin. On cherchait des volontaires, il n'y en avait pas! J'ai dit: ‹Je suis volontaire mais à condition d'avoir une ration alimentaire suffisante.› Ils ont dit: ‹Pas de problème, les gens qui travaillent pourront avoir double ration alimentaire!› ‹D'accord.› J'y suis allé le matin! A midi, nous avons eu une ration alimentaire exactement identique à celle des autres, euh… pas prisonniers, mais incorporés. L'après-midi, j'ai refusé d'y aller! Le lendemain, j'étais convoqué chez le chef de camp, le capitaine Lindt, qui était dans une rage folle, il était rouge de colère. Puis, il m'a sérieusement sermonné en allemand, son sermon s'est terminé, je traduis: ‹Et demain, vous allez au travail sinon je vous envoie en camp disciplinaire! Vous serez enfermé!› Je comprenais parfaitement ce qu'il disait; j'ai dit à l'interprète: ‹Vous pouvez dire au capitaine Lindt que je n'ai pas compris ce qu'il a dit.› Je croyais qu'il allait exploser de colère!»

Gaston Levy, interviewé le 9 avril 2000, par F. Regard et L. Neury, à Porrentruy

Comme Gaston Levy, Alfred Weinstein combat la faim et le manque de nourriture comme il peut. Il se propose pour être de corvée de pluche de patates. Ce poste stratégique du ravitaillement ou de la cuisine se retrouve dans la plupart des descriptions de camps, le nombre de personnes affectées à ces tâches est malheureusement limité.

«Büren, c'était affreux, mais pas pour moi parce que j'avais trouvé tout de suite le moyen de manger à ma faim, en m'installant à la cuisine et en pelant des pommes de terre. J'avais atteint le record, je crois, de cinquante kilos à l'heure. Je ne crois pas avoir jamais vu, si ce n'est à des appels, le capitaine en question. J'ai appris plus tard que si on mangeait aussi mal et qu'on avait toujours faim, c'était de la faute au capitaine Lindt.

»– Comment passiez-vous vos journées?

»– En pelant des pommes de terre. Je me souviens que de la cuisine bien chaude où je me plaisais et je retournais dormir dans la baraque.»

Alfred Weinstein, interviewé le 22 août 2000, par F. Regard et L. Neury, à Bruxelles

Les autres, non corvéables, doivent se débrouiller que ce soit par le vol, le système D ou l'acceptation résignée de leur sort. Permanente, la sensation de faim est accentuée par le jeune âge, l'inactivité et l'angoisse. On cherche à la combattre par tous les stratagèmes possibles!

Pour les réfugiés ayant connu l'enfer de Gurs ou de Rivesaltes (camps du sud de la France), Büren rappelle de mauvais souvenirs même s'ils soulignent les différences entre ces deux expériences.

> «C'était un camp de rassemblement! Je ne peux pas me souvenir! Je me rappelle très bien de celui de Gurs, ça devait y ressembler! Mais, étant donné la Suisse, c'était peut-être plus confortable! Il y avait sûrement de la paille ou quelque chose, tandis qu'à Gurs il n'y avait rien! J'y suis resté très peu de temps, moins d'un mois!»
> *Alfred Weinstein, interviewé le 22 août 2000, par F. Regard et L. Neury, à Bruxelles*

L'inoccupation est un problème majeur pour les internés de Büren, nos témoins insistant sur le fait qu'ils n'ont pas été dans un camp de travail. Selon le moment où ils arrivent et les personnes qui sont avec eux, des activités culturelles sont mises en place par leurs propres soins. Georges Rosenfeld participe activement à la vie artistique de Büren.

> «On est resté quelques semaines! Quand je suis arrivé à Büren, j'ai été accueilli par un comité d'accueil de nos camarades qui avaient des responsabilités. C'est là que j'ai fait la connaissance de René Levy, qui s'appelait René Legrand à l'époque, et qui était un homme que vous n'avez pas connu. Ce René Levy était un personnage haut en couleur, très grand, 1 mètre 90, drôle! Il racontait des histoires et avait la repartie facile! L'animateur né, ce qu'il a fait d'ailleurs pendant toute sa période suisse, il a été animateur! On a formé une petite troupe de théâtre. C'est à Büren que j'ai fait la connaissance d'Isaïe Disenhauser dont je vous ai parlé et de deux frères qui s'appelaient les frères Feigenbaum. Louis et Harry qui aimaient la musique; l'un était peut-être musicien chez Ray Ventura et il jouait de la guitare, on a fait un quatuor vocal. Disenhauser, musicien, Feigenbaum Harry, musicien, moi, musicien d'occasion, le quatrième était un féru de jazz et on a fait un quatuor qui n'était pas sans qualité, je dois le dire! Il y avait quand même des loisirs, on essayait d'aménager le temps libre de la meilleure manière possible. Je crois même qu'on a dû faire une ou deux représentations théâtrales, toujours sous la houlette de René Legrand, Levy qui avait organisé tout ça. L'ambiance dans notre baraque était bonne! J'étais dans la baraque de René Lévy

qui distrayait les gens. On se voyait souvent avec les frères Feigenbaum, on travaillait, on organisait les répétitions. On ne travaillait pas, on était là que pour attendre qu'on nous envoie dans les différents camps de travail.»
Georges Rosenfeld, interviewé le 24 août 2000, par F. Regard et L. Neury, à Bruxelles

L'ARCHE DE NOÉ
Texte: Georges Rosenfeld (dit Ronnel)
Compositeur: Georges Pionnel

Couplet 1

Sur la terre, la terre impie
Il pleuvait sans arrêter
Et le monde sous la pluie
Menaçait de se noyer
Et les bêtes de la création
En proie à la plus grande émotion
Cherchaient à sauver leur peau
A sauver leur peau de l'eau
Quand elles virent sur un bateau
Un vieil homme chantant tout haut

Refrain

Il pleut, il pleut
Tout le jour et toute la nuit
Il pleut, il pleut
Ah! Quel déluge
Il pleut, il pleut
Ouvrez tous vos parapluies
Il pleut, il pleut
Et pas d'refuge
Par le monde, le monde qui gronde
A la ronde, tombe l'onde
Et l'orage, l'orage fait rage
Ravage rivages et paysages
Venez, venez
Il fait bon dans l'arche à Noé
Entrez, entrez
Vous n's'rez pas mouillés

Par la suite, sous la houlette de René Levy, Georges Rosenfeld va faire des tournées théâtrales et musicales, de camp en camp. Leurs textes illustrent leur réalité quotidienne et mettent en avant leurs préoccupations philosophiques.

Le camp de Davesco: un petit coin de paradis

Ces photographies montrent le lieu idyllique dans lequel était situé le camp de Davesco, habité par des adolescents et des hommes de 14-25 ans environ. L'atmosphère de Davesco est chaleureuse, bouillonnante de réflexions philosophiques et discussions politiques. Les jeunes gens disposent d'une bibliothèque, se tiennent au courant de la situation internationale en écoutant Radio Londres et créent des liens étroits avec les communistes tessinois ainsi qu'avec les cellules organisées du camp de Gordola. Les réfugiés internés dans les camps où règne une idéologie forte (sionisme, socialisme, communisme) ont une perspective dans la vie, ils croient à un futur et se battent pour leurs idées. Même si leur quotidien est difficile – par exemple, ils n'ont pas de nouvelles de leur famille – ils supportent mieux l'incertitude grâce à leurs projets et leurs rêves.

Le manoir de Davesco (coll. Spektor).

A Davesco, les conditions matérielles sont jugées idéales: suffisamment de pommes de terre et de polenta pour tout le monde, des châlits confortables, un immense jardin entouré de palmiers avec au centre une fontaine et une vue imprenable sur le lac de Lugano.

Alfred Weinstein (1944) (coll. Weinstein).

«Entre Büren et Davesco, c'était le jour et la nuit! A Davesco, on mangeait à sa faim, on mangeait même bien. Puisque je faisais le ravitaillement avec un âne qui s'appelait *Boubi*. J'allais une fois par jour, donc tous les jours, à Lugano; j'ai hérité de ce métier d'un certain Max Wexler, artiste peintre à Paris aujourd'hui. Lui, à un moment donné, pour des raisons que je ne me rappelle pas en avait assez de jouer l'ânier. Moi, cela me plaisait beaucoup; aller tous les jours à Lugano qui était un paradis sur terre, où il faisait bon vivre; mon âne me conduisait là sur une charrette. Je cherchais le ravitaillement à la gare et dans certains magasins et je retournais tranquillement soigner mon âne au camp. Ceci a duré deux ans!»
Alfred Weinstein, interviewé le 22 août 2000, par F. Regard et L. Neury, à Bruxelles

Le chef du camp de Davesco, Milani, est apprécié des réfugiés:

«Comment étaient les relations avec le chef de camp?
»– Pas mauvaises sauf si on était opposé à quelque chose, si on ne faisait pas exactement ce qu'il demandait ou si on le contrariait, il était très méchant! J'ai un seul exemple. Je pense me souvenir d'un jeune garçon qui a volé des bottes, pour nous qui avions des chaussures qui avaient de deux à trois ans d'âge, il avait volé ces nouvelles bottes. Si mes souvenirs sont bons, mais je ne veux pas accuser avec un retard de soixante ans ce chef de camp; il a refoulé ce jeune homme en France. Le vol d'une botte vaut la peine de mort! C'est la seule chose que je pourrais reprocher à cet homme-là! Parce que pour tout le reste, je pense que les gens n'étaient pas malheureux à Davesco.»
Alfred Weinstein, interviewé le 22 août 2000, par F. Regard et L. Neury, à Bruxelles

Les anciens de Davesco (coll. Weinstein).

Foyer de réflexion, le manoir de Davesco est un espace autour duquel s'organisent le travail manuel et intellectuel ainsi que les loisirs, tels que soirées théâtrales et musicales. Une fresque est peinte dans la salle à manger. S'il est parfois jugé pénible, le travail est considéré comme raisonnable: «Il n'y avait personne avec des fouets», concède Raymond Katz. Contrairement à des camps comme celui de Büren, les réfugiés sont en régime de semi-liberté puisqu'ils sortent le week-end, font sans problème le mur, le soir, et établissent des relations amicales avec les Tessinois et les jeunes filles du camp de Brissago. Ils ont l'impression d'une certaine normalité d'existence ainsi que d'être traités et respectés comme des «hommes!»

La vision suisse

L'encadrement des camps est assuré par des chefs de camps, des chefs de chantiers, des infirmières et des sentinelles chargées de la surveillance (militaires, voire, dans certains cas, miliciens de la garde locale). Face à l'afflux de réfugiés, ce dispositif se met en place dans l'urgence sans que ces personnes ne suivent de formation adéquate. Des inspections ont lieu dans les camps, suite sans doute aux nombreuses réclamations des réfugiés. Interné à Davesco, Kurt Bigler se souvient notamment d'un chef de chantier qui les traite de «sales petits youpins» lorsqu'ils rechignent au travail. Même dans un camp «paradisiaque»!

Nous avons recueilli le témoignage d'un garde de camp, même s'il juge cette appellation inappropriée. A 16 ans, Kaspar Götz s'enrôle dans la garde locale par patriotisme. A sa grande surprise, il est très vite convoqué pour garder un camp de réfugiés, à Dietikon, près de Zurich. La formation est sommaire: après avoir reçu un uniforme, un brassard et un fusil, il passe une demi-journée à apprendre à tirer. Il s'interroge encore aujourd'hui sur le sens de son rôle.

> «C'était un camp de réfugiés, des juifs, on nous l'a dit. On n'a pas bien compris pourquoi il fallait garder le camp devant, les gens auraient pu entrer par-derrière. On nous interdisait de fraterniser avec ces gens, on ne comprenait pas! On s'est jamais posé la question pourquoi c'est des juifs, pourquoi ils étaient là, c'était une conséquence de la guerre, voilà tout!»
> *Kaspar Götz, interviewé le 11 novembre 1999, par S. Tendon, à Delémont*

Un autre témoin se trouve en contact direct avec des réfugiés enfermés dans un camp; Louis Sidler devient le cuisinier du Baslerheim de Prêles. Boulanger de profession, il «mobilise» le 20 janvier 1943, dans la cour de la caserne de Colombier. Il entend dire qu'on cherche un chef de cuisine et décide de postuler. En raison de sa formation de base, il est choisi. Il s'étonne que sa profession ait suffi pour le faire engager. Louis Sidler est envoyé dans le camp de Prêles, au-dessus de Bienne. Dirigé par le capitaine Jenni, un Suisse de l'étranger, ce camp comprend trois hôtels. L'encadrement est constitué par trois cuisiniers, un homme qui fait les commissions et des gardes, sentinelles «changées» régulièrement. On lui donne juste comme instructions: «Vous avez tant et tant de personnes à nourrir, le repas est à telle ou telle heure, alors débrouillez-vous!» Louis Sidler y reste deux mois; s'il loge dans une chambre à part, il partage nombre d'expériences de vie avec les internés.

L'organisation interne du camp l'a choqué. En particulier, le népotisme du «président» juif qui confie les corvées les moins agréables aux jeunes sans famille et protège sa fille et son épouse en les chargeant du dépoussiérage du piano. Il exprime son indignation *a posteriori* par les termes suivants: «J'ai compris que le monde était plus divisé en classes sociales qu'en races ou religions, même dans un monde en marge.»

Sur le moment, son premier souci est surtout de se débrouiller avec la cuisine:

> «On recevait des rations de l'armée et le pain du village! Du maïs, on pouvait le préparer comme si on le donnait à des poules ou comme si on le donnait à des gens! A la fin, ils m'ont fêté, ils m'ont remercié. Ils m'ont offert une cravate, un cadeau, ils m'ont donné ce qu'ils avaient, à mon départ.»
> *Louis Sidler, interviewé le 1er novembre 1999, par F. Regard, à Renens*

Antimilitariste, il dénonce l'attitude des sentinelles trop zélées qui interdisent aux réfugiés d'aller d'un hôtel à l'autre, d'écouter la radio et de boire du thé l'après-midi. Cela ne dure pas, vu que les gardes sont changés régulièrement. En revanche, il souligne que le chef de camp n'est pas responsable de ces excès. Pour Louis Sidler, se révolter ne sert à rien! Il préfère détourner les règlements jugés stupides: il envoie les réfugiés chercher des pommes de terre dans l'autre bâtiment, installe le poste dans sa chambre pour que les responsables juifs du camp puissent s'informer, prépare de l'eau chaude – ce qu'on a oublié de lui interdire – afin que les réfugiés n'aient plus qu'à y rajouter un sachet de thé. Tous ces petits gestes au quotidien rendent plus humaine la vie des détenus.

S'il participe aux fêtes et apprend énormément, il reste avant tout l'organisateur des corvées et le responsable de la cuisine.

> «Pour éplucher des pommes de terre, je les mettais en rond autour d'un baquet. Je leur disais: ‹Ne sera cuit que ce qui sera pelé sinon le repas sera mince.› La viande n'était pas cachère. Un petit vieux, il

avait une barbe, me demandait toujours s'il y avait des os dans la soupe. Je lui mentais, sinon, il n'aurait rien mangé!»
Louis Sidler, interviewé le 1er novembre 1999, par F. Regard, à Renens

Ce boulanger, d'origine modeste, ne connaît rien au judaïsme avant son expérience de Prêles. Il ne s'intéresse pas particulièrement à des traditions qui le surprennent souvent.

«Je me posais pas de questions. Pour moi, c'était des gens. J'aurais été envoyé dans un camp où il y avait des autres confessions, ça aurait été pour moi le même problème, le même travail.»
Louis Sidler, interviewé le 1er novembre 1999, par F. Regard, à Renens

Lors des inspections, Curt Weideli prend conscience des troubles psychologiques de certains réfugiés. Les difficultés qu'ils causent à l'encadrement sont souvent le signe d'un traumatisme plus profond, que les chefs de camp, les gardes ou les cuisiniers ne comprennent pas toujours. Selon lui, plusieurs facteurs expliquent ce mal-être: nostalgie du pays d'origine, ignorance du sort des siens, peur de la déportation.

«Les difficultés rencontrées par les réfugiés sont liées à l'absence du pays et au psychologique. Pour les célibataires, c'était encore facile! Pour ceux qui avaient une famille, qui avaient des petits enfants, c'était plus difficile! Par la littérature, la musique, le sport ils cherchaient à oublier et d'autres qui cherchaient plutôt dans l'alcool. Ils cherchent à oublier par une occupation physique et mentale!»
Curt Weideli, interviewé le 17 novembre 1999, par F. Regard, à Aigle

APRÈS 1945

Comme prévu par les autorités, la majorité des réfugiés quitte la Suisse, après la guerre. Les internés militaires rentrent chez eux. Dès 1944, une partie des réfugiés civils essaie de quitter clandestinement la Suisse pour rejoindre la Résistance et se battre contre les nazis. Parfois, ils échouent au moment de passer la frontière, sont incarcérés et demandent leur refoulement. Maurice Honigbaum souligne le paradoxe de la situation: il est aussi difficile d'entrer en Suisse que d'en sortir. En 1945-1946, les réfugiés civils regagnent leur pays d'origine. Parfois, les juifs décident d'émigrer en Palestine soit par choix idéologique, soit en raison de la perte de leur famille et de leurs biens.

La mémoire collective des réfugiés est unanime sur la reconnaissance éprouvée face à l'Etat qui leur a sauvé la vie et permis d'attendre à l'abri la fin de la guerre. Un certain syndrome du survivant apparaît au fil de nombreuses interviews sous la forme de la question: «Pourquoi ai-je été accepté alors que d'autres individus, persécutés pour la même raison, ont été repoussés?» Le refoulement est unanimement dénoncé par l'ensemble des réfugiés. Rares sont les témoins qui, comme Jeanne Zinenberg, critiquent la manière dont le droit d'asile a été exercé. Outre l'impression d'avoir été maltraitée, elle regrette surtout de ne pas avoir pu faire d'études. La vie de camp reste, pour elle, un traumatisme qui l'a poursuivie toute sa vie. Avec la découverte, après 1945, de l'ampleur de la Shoah, l'accueil en Suisse prend une autre dimension – les critiques face à la vie en camp sont souvent atténuées – mais le refoulement aussi.

Conclusion: voyage au pays des mémoires

Tous les témoins s'accordent sur une évidence: la Suisse s'en est bien sortie, puisque les Suisses ont échappé à la guerre. S'ils n'en ont pas conscience, les civils ont participé à cette entreprise en soutenant leur armée par des gestes quotidiens et en faisant corps derrière les autorités. La «Défense spirituelle», par l'intermédiaire d'organes comme la section Armée et Foyer, renforce le lien entre ces deux pôles. Le mythe d'une «union sacrée» couronne le peuple suisse d'une aura de pureté, occultant le fait que la survie n'a été possible qu'au prix de compromissions avec le vainqueur du moment (le pouvoir nazi jusqu'en 1943-1944) et d'une uniformisation des opinions (le musèlement de la gauche et des syndicats, y compris au sein de l'armée). Tous nos témoignages le prouvent: l'esprit de résistance est fort, même s'il se nourrit d'une propagande officielle ignorée par les Suisses d'alors. Le *Widerstandsgeist* se développe au cœur de la population qui attend de son gouvernement («par l'esprit ») et de ses soldats («par les armes») la défense du pays, que ce soit contre les nazis ou tout autre attaquant. Chacun se méfie, épie et guette la menace susceptible de mettre en danger l'unité territoriale, culturelle, sociale et économique de la nation. La vigilance est de tous les instants et touche des victimes innocentes, les réfugiés, qui font les frais de la cohésion nationale face à l'extérieur. A cause de cette tension, la fin de la guerre est ressentie comme la libération d'un poids écrasant pour les soldats (défendre son pays) et pour les civils (se couler dans un moule de vertu et de solidarité). En 1945, les Suisses rient, dansent, boivent, s'embrassent et font la fête.

Le bilan est remis à plus tard, sûr que l'on est d'avoir résisté au défaitisme, à la trahison des valeurs de l'Helvétie. Il surgit au moment où les héros d'hier, les Mobards, sont célébrés pour le cinquantenaire de la Mob. On ne leur reproche ni leur capacité militaire, ni leur esprit combatif, mais un certain égoïsme face à ceux qui ont frappé aux portes qu'ils étaient chargés de défendre. La défense a un prix, les Suisses le payent peut-être seulement maintenant, certains réfugiés en ont bénéficié, d'autre l'ont payé pendant la guerre.

Actuellement, les témoignages deviennent un enjeu politique et idéologique, ils sont utilisés par des partis extrémistes, des groupes de pression, des médias en mal d'audience. Afin d'abonder dans leur propre lecture de l'histoire (qui est soit très positive, soit très négative), ils détournent les dires des témoins. Si quelqu'un affirme avoir vu un train de déportés traverser la Suisse, pour eux, cela signifie que tous les Suisses sont antisémites et criminels. Si un Juste suisse a aidé un juif, c'est la preuve irréfutable de la tradition humanitaire de la patrie. Ces

Remise des médailles aux soldats (1945) (coll. Delafontaine).

falsificateurs ne retiennent que les témoignages qui servent leurs intérêts. Nous espérons avoir compris le sens des propos de nos protagonistes et les avoir mis en perspective selon les méthodes historiques en vigueur, en toute honnêteté. Nous sommes conscients des enjeux de mémoire et de notre responsabilité envers les personnes qui ont accepté de partager leurs souvenirs. Ce grand écart est d'autant plus périlleux que des rapports d'amitié se sont noués avec certains témoins, ce qui risque d'instaurer inconsciemment une autocensure. Notre collaboration scientifique a évité une partie de ces écueils.

La richesse de la collection Archimob n'est qu'effleurée dans cette recherche qui nous a permis de réaliser l'ampleur de la documentation recueillie pendant ces quatre ans de travail d'équipe. Nous avons rencontré différentes difficultés: la profusion d'informations et de points de vue exprimés par deux cent six voix différentes, la restitution écrite de ces récits puis leur analyse en les confrontant aux études historiques existantes et à nos interprétations personnelles. Cette tridimensionnalité (témoin, autres historiens et nous) risquait d'aboutir à une cacophonie incompréhensible. Il a fallu trouver des astuces graphiques pour clairement établir les différents niveaux de discours. L'écriture à quatre mains a constitué une expérience pleine d'enseignements et garante de l'atteinte d'une certaine objectivité par la confrontation de nos critiques. Certes, le moment le plus agréable de cette aventure reste, sans conteste, le contact avec les témoins et le transfert de connaissances d'une génération à l'autre. Nous espérons que le projet se poursuivra aussi longtemps que les témoins parleront!

Liste des abréviations

AS	Armée secrète
ATS	Agence télégraphique suisse
CFF	Chemins de fer fédéraux
CFIH	Commissariat fédéral à l'internement et l'hospitalisation
CHERSA	Centre d'historiographie et de recherches sur les sources audiovisuelles
DAP	Défense aérienne passive
DCA	Défense contre avions
DMF	Département militaire fédéral
EIF	Eclaireurs israélites de France
FFI	Forces françaises de l'Intérieur
FTP	Francs-tireurs et partisans
IUHEI	Institut universitaire de hautes études internationales
MJS	Mouvement de la jeunesse sioniste
MNS	Mouvement national suisse
OSE	Œuvre de secours aux enfants
PA	Protection aérienne
SCF	Service complémentaire féminin
SDN	Société des Nations
SR	Service de renseignements
SSR	Société suisse de radiodiffusion
STO	Service du travail obligatoire

Table des matières

PRÉFACE 7

INTRODUCTION 9

LEURS VIES 13
«On a peur!» 13
Le syndrome de l'encerclement 14
La peur du bombardement 23
Les peurs liées à l'obscurcissement 26
Le fantasme de la Cinquième colonne 27
«On n'a pas faim!» 33
Les réserves 33
A la campagne comme en ville 35
Le marché noir 45
«On a froid mais on reste dignes!» 50
L'hygiène/la propreté 50
La lessive 52
Le chauffage 54
«On travaille sans cesse!» 57
Les enfants 57
Les adultes 60
«On s'aime!» 69
Les rapports amoureux 70
La sexualité 74
«On s'amuse quand même!» 77
Sports et loisirs 77
Culture et divertissements 78
Se divertir à la maison 80
Les tours patriotiques à bicyclette 81
«On croit» 84
Le catholicisme 84
Le protestantisme 86
Le judaïsme 89
«On se tait!» 91
La figure de Mussolini 92
La voix d'Hitler 93
Les frontistes 94
La gauche 97
L'anticommunisme 100

Le Conseil fédéral 100
Le mythe Guisan 102
Conclusion 109

LEUR MOB 111
«Défendons la Suisse par l'esprit!» 113
L'idéologie 114
La Landi 115
Armée et Foyer 117
Les journaux 123
La radio 128
Le cinéma 138
La portée de la Défense spirituelle 139
«Défendons la Suisse par les armes!» 139
L'armement et l'équipement 139
La stratégie ou l'idéologie du Réduit 155
Le régime militaire 159
Les services complémentaires 174
Les Services complémentaires féminins (SCF) 180
La vie à l'armée 190
L'espionnage 207
Conclusion 214

DES RÉFUGIÉS 217
«Nos internés militaires!» 217
Les soldats français 218
Les internés polonais 221
Les internés belges 226
Les soldats italiens 227
Les soldats allemands 228
Conclusion 229
«Ces réfugiés civils!» 230
Les Russes 231
Les Français, frontaliers et résistants 233
Les réfractaires au STO 235
Les petits Français 237
Les réfugiés juifs 239
Après 1945 275

CONCLUSION: VOYAGE AU PAYS DES MÉMOIRES 277

LISTE DES ABRÉVIATIONS 281

Achevé d'imprimer
le vingt-six novembre deux mille deux
pour le compte des Editions Cabédita à Yens sur Morges.
Mise en pages: Nadine Casentieri, Genève

Si ce livre vous a plu, si cette collection vous intéresse, demandez notre catalogue à votre libraire ou les autres titres édités par nos soins. A défaut, adressez-vous directement à:

SUISSE
Editions Cabédita
Rue Miéville
1137 Yens

INTERNET
www.cabedita.ch

FRANCE
Editions Cabédita
BP 16
74500 Saint-Gingolph

Imprimé en Suisse